Handwörterbuch
der
Rechtswissenschaft

HdR

unter Mitberatung von

Präsident des Reichsgerichts Dr. Dr. E. BUMKE / Reichsgerichtsrat Dr. L. BUSCH / Oberreichsanwalt Prof. Dr. Dr. L. EBERMAYER / Geh.-Rat Prof. Dr. Dr. FR. ENDEMANN Geh. Justizrat Prof. Dr. Dr. E. HEYMANN / Senatspräsident am Reichsgericht Dr. O. STRECKER / Präsident des Bayerischen Obersten Landesgerichts Staatsrat Dr. K. v. UNZNER †

herausgegeben von

Fritz Stier-Somlo
Dr. jur., ord. Prof. an der Univ. Köln

und

Alexander Elster
Dr. jur., Berlin

49. Lieferung
(Ergänzungsband Lfg. 5)

Rechtspflegestatistik — Russisches Recht

Berlin und Leipzig 1931
Verlag von Walter de Gruyter & Co.

stischen Landesamts über die Zwangsversteigerungen ländlicher Grundstücke (Zahl, Fläche und Gesamtgrundsteuerertrag der versteigerten Grundstücke sowie ihre hypothekarische Belastung, aufgeteilt nach Provinzen und Regierungsbezirken). Die sächsische Statistik weist für die einzelnen Kreishauptmannschaften die Zahl der Versteigerungsfälle sowie der versteigerten Grundstücke nebst dem amtlich erhobenen Schätzungswert aus unter besonderer Angabe, ob die Versteigerungen land- oder forstwirtschaftliche bzw. gewerbliche Besitzungen, Bauplätze, Wohnhäuser usw. betreffen. Die statistischen Publikationen der anderen größeren Länder enthalten gleiche oder ähnliche Zusammenstellungen. Aufschlußreiches und detailliertes Material über die Zwangsversteigerungen von Grundstücken enthält schließlich noch die seit einigen Jahren vom Statistischen Reichsamt bearbeitete Statistik über den Grundbesitzwechsel in den deutschen Groß- und Mittelstädten.

Während von der Immobiliarzwangsversteigerung in der Hauptsache der städtische und ländliche Grundbesitz betroffen wird, berühren die Konkurse das bewegliche Vermögen, also in erster Linie Industrie und Handel.

Die Konkursstatistik erfaßt in den Konkursen und den Vergleichsverfahren (bis zum Oktober 1927 Geschäftsaufsichten) die wichtigsten Insolvenzen und dient allgemein neben einer Information über ihre Bedeutung im Rahmen der ordentlichen Gerichtsbarkeit vor allen Dingen einer schnellen Beobachtung wichtiger Konjunkturerscheinungen. Ermittlungen über die Konkurse wurden mit Inkrafttreten der Konkursordnung am 1. Oktober 1879 in gleicher Weise wie bei der Statistik über die Zivilrechtspflege angestellt. Die Ergebnisse, die jedoch rein geschäftsstatistischen Charakter besaßen, wurden in der „Deutschen Justizstatistik" veröffentlicht. Auf weit breiterer Basis wurde im Jahre 1893 durch das damalige Kaiserliche Statistische Amt eine Statistik der Konkurse, und zwar von volkswirtschaftlichen Gesichtspunkten aus aufgenommen. In ihrem gegenwärtigen Stand ermittelt die Konkursstatistik die Zahl der eröffneten Konkurse sowie die der wegen Massemangels abgelehnten Konkursanträge und die Vergleichsverfahren nach Ländern kombiniert mit den Erwerbs- und Wirtschaftszweigen einerseits, den Rechtsformen der gewerblichen Unternehmungen andererseits. Vom Jahre 1928 ab werden auch wieder die finanziellen Ergebnisse der beendeten Konkurse und Geschäftsaufsichten ermittelt. Die Veröffentlichung der statistischen Einzelergebnisse erfolgt in den „Vierteljahrsheften zur Statistik des Deutschen Reichs" jährlich, die der wichtigsten Hauptergebnisse in „Wirtschaft und Statistik" monatlich.

Die Konkurse, Geschäftsaufsichten und Vergleichsverfahren zeigten seit der Währungsstabilisierung im Vergleich zum Durchschnitt des letzten Vorkriegsjahrfünfts im Deutschen Reich folgende Entwicklung:

Jahre	Eröffnete Konkurse	Wegen Massemangels abgelehnte Konkurse	Konkurse insgesamt	Angeordnete Geschäftsaufsichten und Vergleichsverfahren
1909/13[1] .	8 936	2598	11 534	—
1924 . .	6 187	1847	8 034	7111
1925 .	11 380	3425	14 805	6052
1926 .	12 034	3795	15 829	7454
1927	5 702	2168	7 870	1083 (354)[2]
1928 .	8 120	2475	10 595	3147
1929 . .	10 001	3179	13 180	5001
1930[3]	.	.	15 200	7159

[1]) Durchschnitt. [2]) Die eingeklammerte Zahl betrifft Vergleichsverfahren. [3]) Vorläufige Zahlen.

Die Konkurs- und Vergleichszahlen lassen deutlich den Konjunkturrückgang in den letzten Jahren erkennen; sie haben 1930 etwa das Niveau der Krisen- und Depressionsjahre 1925 und 1926 wieder erreicht.

In Zusammenhang mit der Konkursstatistik ist auch auf die interessanten statistischen Ermittlungen Hamburgs und Bremens über die Offenbarungseide und die erlassenen Haftbefehle zur Erlangung des Offenbarungseides hinzuweisen.

Die Rechtshilfesachen, ebenso die Hinterlegungssachen, die sich häufig aus den Prozeßverfahren ergeben und deshalb in diesem Abschnitt unbedenklich aufgeführt werden können, werden ebenfalls von den meisten Landesstatistiken, mitunter getrennt nach bürgerlichen Rechtsstreitigkeiten und Strafsachen, erfaßt.

2. Besondere Gerichte. Die Geschäftsstatistik der Arbeitsgerichtsbehörden behandelt für das Reich und die

B. Strafsachen in erster Instanz.

Jahre	A. Schöffen-(Amts-)Gerichte						B. Strafkammern				C. Schwurgerichte		D. Schöffengerichte, Strafkammern und Schwurgerichte zusammen.	
	Anträge auf Erlaß eines amtsrichterl. Strafbefehls	Anhängig gewordene Anklagesachen[1]) wegen Übertretungen	Anhängig gewordene Anklagesachen[1]) wegen Vergehen	Anhängig gewordene Anklagesachen überhaupt	Anhängig gewordene Privatklagesachen	Erlassene Urteile in Strafsachen überhaupt[6])	Anhängig gewordene Anklagesachen wegen Vergehen	Anhängig gewordene Anklagesachen wegen Verbrechen	Anhängig gewordene Anklagesachen überhaupt	Erlassene Urteile[6])	Anhängig gewordene Anklagesachen wegen Verbrechen	Erlassene Urteile[6])	Anhängig gewordene Anklagesachen wegen Vergehen	Anhängig gewordene Anklagesachen wegen Verbrechen
1882	602 833	303 830	265 688	569 068	82 197		36 799	31 396	68 195	.	5865	.	302 487	37 261
83	517 594	269 219	265 989	535 208	83 988		35 690	30 362	66 052	.	5618	.	301 679	35 980
84	441 753	240 428	268 942	509 370	87 906		35 368	30 871	66 239	.	5396	.	304 310	36 267
85	446 357	239 770	264 379	504 149	87 293	.	35 616	29 681	65 297	.	5519	.	299 995	35 200
86	436 612	237 159	270 166	507 325	88 430	.	35 766	29 330	65 096	.	5286	.	305 932	34 616
87	436 335	221 431	260 198	481 629	86 678	.	36 478	28 673	65 151	.	5114	.	296 676	33 787
88	444 945	212 187	259 612	471 799	85 857	.	36 607	28 721	65 328	.	4716	.	296 219	33 437
89	453 302	211 995	277 441	489 436	90 142	.	37 499	31 623	69 122	.	4735	.	314 940	36 358
1890	447 651	202 995	281 714	484 709	91 093	.	39 469	32 576	72 045	.	4657	.	321 183	37 233
91	451 868	216 321	291 392	507 713	88 808	543 269	41 227	34 546	75 774	74 928	4689	4614	332 619	39 236
92	482 377	244 280	311 583	555 863	92 925	593 535	44 686	38 646	83 332	82 177	5086	5090	356 269	43 732
93	488 203	241 715	314 163	555 878	97 197	601 059	45 619	36 585	82 204	82 448	5275	5233	359 782	41 860
94	485 346	255 083	324 751	579 834	99 411	620 126	45 799	37 766	83 566	83 746	5368	5315	370 551	43 134
95	470 722	243 949	328 993	572 942	98 334	624 084	46 660	37 459	84 119	85 165	5432	5532	375 653	42 891
96	492 674	247 620	336 524	584 144	105 921	622 332	46 214	38 699	84 913	84 980	5397	5288	382 738	44 096
97	489 542	231 582	341 559	573 141	108 341	609 005	46 420	39 032	85 452	84 347	5021	5066	387 979	44 053
98	488 173	216 836	349 170	566 006	110 472	600 698	47 377	41 575	88 952	88 329	5199	5186	396 547	46 774
99	481 072	208 884	344 732	553 616	109 662	593 544	47 953	40 268	88 221	88 203	4982	4965	392 685	45 250
1900	481 893	203 545	350 580	554 125	107 669	581 551	47 960	41 525	89 485	88 805	4756	4807	398 540	46 281
01	494 942	231 185	365 567	596 752	113 864	624 786	50 933	45 441	96 374	95 343	5097	5017	416 500	50 538
02	495 533	243 686	366 510	610 196	115 351	643 478	52 449	47 078	99 527	98 923	4907	4976	418 959	51 985
03	529 100	235 876	367 763	603 639	118 923	636 845	53 315	46 945	100 260	99 191	4981	4947	421 078	51 926
04	557 524	229 899	376 096	605 995	124 167	646 070	54 124	46 146	100 540	99 558	4917	4840	430 220	51 333
05	540 566	226 566	397 104	623 670	124 164	647 464	42 216	46 397	88 613	91 216	4425	4487	439 320	50 822
06	533 011	227 254	420 331	647 585	129 331	667 825	30 219	48 657	78 876	77 900	4461	4460	450 550	53 118
07	532 197	212 006	418 837	630 843	128 762	660 320	27 754	49 105	76 859	76 459	4282	4285	446 591	53 387
08	539 432	223 719	430 297	654 016	133 883	682 924	28 110	53 182	81 292	81 657	4442	4440	458 407	57 624
09	547 174	229 643	424 292	653 935	136 130	686 434	27 179	53 714	80 893	81 707	4564	4640	451 471	58 278

1910	547 649	219 079	427 450	646 529	143 064	678 905	27 973	55 046	83 019	82 655	4350	4464	455 423	59 396
11	565 851	213 153	431 510	644 663	148 436	681 109	28 366	54 751	83 117	83 492	4405	4468	459 876	59 156
12	562 435	206 727	435 609	642 336	149 495	685 246	31 698	56 616	88 314	88 459	4535	4633	467 307	61 151
13	589 587	205 701	421 209	626 910	153 836	660 149	31 848	57 888	89 736	89 577	4555	4655	453 057	62 443
14	468 824	165 250	334 508	499 758	112 966	526 600	27 656	48 267	75 923	77 475	3695	3911	362 164	51 962
15	348 145	88 559	277 710	366 269	76 640	370 241	49 639	38 932	88 571	86 109	1906	1950	327 349	40 838
16	534 936	66 467	266 107	332 574	68 890	370 487	9 276	43 167	52 443	52 209	1739	1795	275 383	44 906
17	843 588	47 282	294 784	342 066	62 663	400 608	9 152	52 385	61 537	57 243	1421	1421	303 936	53 806
18[2])	969 958	36 145	187 514	223 659	69 408	347 611	7 529	53 686	61 215	60 551	1469	1468	195 043	55 155
19	774 513	42 529	215 699	258 228	100 980	338 121	10 875	76 163	87 038	72 736	3490	3121	226 574	79 653
1920[3])	1 063 324	61 487	334 299	395 786	140 144	573 730	17 655	95 355	113 010	106 674	4713	4711	351 954	100 068
21	902 170	80 787	286 818	403 306[5])	162 510	579 853	14 476	46 733	61 209	80 218	5373	5710	301 294	87 807
22[4])	869 753	93 469	278 769	429 550[5])	169 070	520 749	10 009	27 003	37 012	40 074	4480	5298	288 778	88 795
1923	1 004 907	73 956	363 019	521 107[5])	175 239	596 479[7])	10 078	27 237	37 315	38 422[8])	4212	4399[9])	373 097	115 581

[1]) Vgl. Anm. 5. — [2]) Ab 1918 ohne die Ergebnisse der ehemaligen Oberlandesgerichtsbezirke Colmar und Posen. — [3]) Ohne die Ergebnisse der an Polen abgetretenen Gerichtsbezirke des Oberlandesgerichtsbezirks Marienwerder. Im übrigen auch unvollständig, weil die Akten in Hamburg am 25. VI. 1919 vernichtet worden sind. — [4]) Ab 1922 ohne Saargebiet. — [5]) Ab 1921 einschließlich der gemäß § 27 Nr. 7a GVG. (alte Fassung) anhängig gewordenen Anklagesachen wegen Verbrechen; diese betrugen 1921: 35701, 1922: 57312, 1923: 84132. — [6]) Seit 1891 erst festgestellt. — [7]) Darunter (ab 1. VI. 1923) 40147 Urteile der Jugendgerichte. — [8]) Darunter 1525 Urteile gegen jugendliche Personen. — [9]) Darunter 16 Urteile gegen jugendliche Personen.

Jahre	A. Schöffen-(Amts-)Gerichte: Anträge auf Erlaß eines amtsrichterlichen Strafbefehls	Anhängig gewordene Anklagesachen wegen Übertretungen	Vergehen	Verbrechen	Anklagesachen überhaupt	Privatklagesachen	Urteile der Amtsrichter	der Schöffengerichte mit 1 Richter	mit 2 Richtern	der kleinen Jugendgerichte	der großen Jugendgerichte	zusammen	B. Schwurgerichte: Anhängig gewordene Anklagesachen	Urteile	C. Oberlandesgericht u. Bayer. Oberstes Landesgericht in erster und letzter Instanz: Anhängig gewordene Anklagesachen	Urteile	D. Schöffen-(Amts-)Gericht, Schwurgerichte, Oberlandesgerichte u. Bayer. Oberstes Landesgericht zusammen: Anhängig gewordene Anklagesachen wegen Verbrechen [7])
1924[1])	694 186	126 011	163 383	42 761	332 155	106 584	362 457	37 990	8 557	28 053	349	437 406	2042	2059	180	161	44 983
25	892 830	199 268	236 698	71 767	507 733	124 284	465 819	52 529	22 572	27 743	115[2])	568 778[2])	3166	3190	95	101	75 028
26	878 568	180 709	254 139	70 329	505 177	122 386	451 515	56 028	38 642	26 042	143[3])	572 370[3])	3381	3359	86	78	73 796
27	831 677	147 244	240 256	66 585	454 085	116 958	412 682	54 323	38 040	24 530	139[4])	529 714[4])	3329	3418	57	59	69 971
28	831 447	140 072	227 833	67 056	434 961	113 633	383 000	52 442	39 315	23 845	184[5])	498 786[5])	3099	3220	46	50	70 201
1929	786 451	115 021	182 196	68 621	365 838	111 787	370 368	55 703	39 016	22 510	118[6])	487 715[6])	2709	2838	53	61	71 383

[1]) Aus Anlaß der Änderung des Gerichtsverfassungsgesetzes (RGBl. 1924 I S. 15) erstreckt sich die Zählung nur auf die Zeit vom 1. IV. bis 31. XII. 1924. — [2]) Darunter 2 Urteile der erweiterten Jugendgerichte (§ 29 Abs. 2 GVG.). — [3]) Darunter 1 Urteil der erweiterten Jugendgerichte. — [4]) Darunter 3 Urteile der erweiterten Jugendgerichte. — [5]) Darunter 6 Urteile der erweiterten Jugendgerichte. — [6]) Darunter 1 Urteil der erweiterten Jugendgerichte. — [7]) Beim Reichsgericht betrug die Zahl der in erster und letzter Instanz anhängig gewordenen Anklagesachen im — ganzen — Jahr 1924: 99, 1925: 51, 1926: 75, 1927: 79, 1928: 39 und 1929: 52; die Zahl der Urteile 1924: 57; 1925: 56; 1926: 51; 1927: 83; 1928: 40 und 1929 37. Der Staatsgerichtshof zum Schutze der Republik war strafgerichtlich nur noch bis zum 31. III. 1926 zuständig. Die Anzahl der Anklagesachen und Urteile daselbst ist für die Zeit vom 1. I. bis

Länder (bei Preußen auch für die Provinzen) zunächst die Zahl der anhängig gewordenen bürgerlichen Rechtsstreitigkeiten des Arbeiterlebens (mit Unterscheidung in allgemeine Arbeiter-, Angestellten- und Handwerksstreitigkeiten) und gibt dann weiter für die Urteils-, Beschluß-, Rechtsbeschwerdeverfahren usw. in den einzelnen Rechtszügen Aufschluß über den Gegenstand (Wert des Streitgegenstandes) und den Gang des Verfahrens (die verschiedenen Erledigungsarten und die Prozeßdauer).

Es waren in den Jahren 1928 und 1929 u. a. anhängig bei den Arbeitsgerichten:

Streitsachen	1928	1929
im Urteilsverfahren:		
Allgemeine Arbeiterstreitigkeiten	252 833	277 640
Angestelltenstreitigkeiten	89 796	109 880
Handwerksstreitigkeiten	37 060	40 084
im Beschlußverfahren:		
Fälle . . .	2 935	3 247

Bei den Landesarbeitsgerichten waren 1929 16738 (1928: 13497) Berufungen, beim Reichsarbeitsgericht 959 (1928: 762) Revisionen im Urteilsverfahren anhängig.

Von den im Urteilsverfahren bei den Arbeitsgerichten anhängigen und zu Ende geführten Streitigkeiten wurden im Jahre 1929 wie im Vorjahr rd. zwei Drittel ohne Entscheidung im Streitverfahren erledigt, und zwar 37,5% (1928: 40,2%) durch Vergleich im Güte- wie im streitigen Verfahren. Unerledigt blieben im Jahre 1929 rd. 39200 oder 9% der Streitsachen. Der Wert des Streitgegenstandes betrug bei fast 60% der Streitigkeiten im Urteilsverfahren bei den Arbeitsgerichten unter 100 RM.

Was die Geschäftsbelastung der Gemeindegerichte betrifft, so vermittelt die badische Statistik einen Einblick in die von diesen Sondergerichten erledigten Mahnsachen, Arreste und einstweiligen Verfügungen, die bürgerlichen Rechtsstreitigkeiten (anhängige Fälle nebst ihren wichtigsten Erledigungsarten) sowie die Berufungen auf den ordentlichen Rechtsweg. Württemberg veröffentlicht im Anhang zu seiner allgemeinen Geschäftsstatistik der Justizverwaltung die Zahl der bei den Gemeindegerichten angefallenen Schuldklagesachen sowie die bürgerlichen Rechtsstreitigkeiten und deren Erledigungsarten.

Aus der Tätigkeit der Rheinschiffahrtsgerichte, sofern solche in Baden bestehen, werden von der badischen Landesjustizverwaltung für die Gerichte 1. Instanz sowie das Obergericht die anhängig gewordenen Fälle, die Endurteile und Vergleiche in Zivilsachen einerseits, die anhängigen Fälle, Urteile und Strafbefehle in Strafsachen andererseits mitgeteilt. Preußen dagegen weist in seiner vorgenannten Geschäftsstatistik nur aus, wie viele Zivil- und Strafprozeßverfahren bei den als Rheinschiffahrts- und Elbschiffahrtsgerichten tätigen Gerichten anhängig geworden sind, Hessen berücksichtigt in seiner Statistik ebenfalls nur die Zahl der Rheinschiffahrtssachen.

Es ist anzunehmen, daß die gemäß § 14 Nr. 2 GVG. zugelassenen sogenannten „Agrargerichte“ (Auseinandersetzungsbehörden), die zur Zeit in Preußen, Sachsen, Thüringen und Hessen bestehen, ebenso wie ihre Rechtsmittelinstanzen (die Landeskulturämter in zweiter und das Oberlandeskulturamt in dritter Instanz) zwar statistische Feststellungen über ihre geschäftliche Inanspruchnahme treffen, die aber der Öffentlichkeit nicht mitgeteilt werden.

Die durch die Bestimmungen des Vertrages von Versailles größtenteils aufgehobene Konsulargerichtsbarkeit besteht gegenwärtig nur noch in Abessinien und Ägypten. Aus ihrem Geschäftskreis werden in der Kriminalstatistik die von den Konsulargerichten wegen Verbrechen und Vergehen gegen Reichsgesetze abgeurteilten Personen nachgewiesen. Früher brachte dagegen die „Deutsche Justizstatistik“ bis zu ihrer Einstellung anhangsweise regelmäßig eine ausführliche Übersicht der Geschäfte in konsulargerichtlichen Sachen getrennt nach bürgerlichen Rechtsstreitigkeiten und Strafsachen.

Als Sondergerichte gelten weiterhin die Disziplinargerichte, deren Aufgabe es ist, Zuwiderhandlungen gegen die Beamtenpflichten zu ahnden. Ihre Betätigung als Disziplinarkammer oder als Disziplinargerichtshof wird, soweit sich an Hand des vorhandenen Quellenmaterials feststellen läßt, allerdings nur von der Hamburgischen Statistik bekanntgegeben.

In der Reihe der besonderen Gerichte sind schließlich noch zu nennen: das Reichswirtschaftsgericht in Berlin, bei dem auch das Kartellgericht gebildet ist. Geschäftsstatistische Ergebnisse dieser Gerichte sind jedoch seit ihrer Errichtung im Jahre 1919 nicht publiziert worden. Ebenso gehört hierzu auch die durch Gesetz vom 17. August 1920 äußerst eingeschränkte Militärgerichtsbarkeit, die im wesentlichen nur für die Strafrechtspflege im Heere und in der Marine bestimmt war. (Über die „Kriminalstatistik für das deutsche

Heer und die kaiserliche Marine" vgl. HdR. III, 820). Gegenwärtig werden nur noch die von Militärgerichten (Bordgerichten) wegen Verbrechen und Vergehen gegen Reichsgesetze abgeurteilten Personen in der Kriminalstatistik nachgewiesen.

3. Verwaltungsgerichte und Verwaltungsbehörden. Die Geschäftstätigkeit der eigentlichen Verwaltungsgerichtsbarkeit wird Jahr für Jahr von Bayern, Baden, Württemberg, Hessen und Hamburg ermittelt, wobei — meist für die einzelnen Instanzen — in eingehend gegliederter oder auch in zusammenhängender Form Unterlagen über die anhängigen Verwaltungsstreitsachen, die erstatteten Rechtsgutachten und die Gegenstände der angefallenen wie erledigten Verwaltungsstreitigkeiten geboten werden.

Aus der Verwaltungsgerichtsbarkeit ist weiterhin die Rechtsprechung des Reichsversicherungsamts in Unfall- und Invalidenversicherungssachen zu nennen. Statistisches Material hierüber wird in dem Jahresbericht des Amtes bekanntgegeben, der u. a. Mitteilungen über die Zahl der im Laufe des Jahres anhängig gewordenen Rekurse und Revisionen der Versicherten und Versicherungsträger, ferner über die zu erledigenden Streitsachen sowie die Erledigungsart der abgeschlossenen Verfahren enthält.

Die Tätigkeit der Versicherungsämter und Oberversicherungsämter wird auf Grund einer Verordnung des Reichsarbeitsministers vom 17. XI. 1928 (RGBl. I 391) vom Jahre 1929 auf einheitlicher statistischer Grundlage für das gesamte Reichsgebiet ermittelt. Der in den „Amtlichen Nachrichten für Reichsversicherung" publizierte Bericht enthält Angaben über die Zahl der Versicherungs- und Oberversicherungsämter nach Ländern gegliedert sowie eingehende Ergebnisse über die rechtsprechende Tätigkeit dieser Versicherungsbehörden im Spruchverfahren wie im Beschlußverfahren auf dem Gebiete der einzelnen Versicherungszweige.

In Verbindung hiermit sei auch auf die Tätigkeit der Versorgungsgerichte hingewiesen, welche in der bayerischen Statistik Berücksichtigung findet.

Zu den Verwaltungsbehörden, die auf Grund von Landesbestimmungen zur Entscheidung bürgerlicher Rechtsstreitigkeiten berufen sind, gehört weiterhin die Schätzungskommission in Hamburg, welche bei Enteignungen die Entschädigung festzusetzen hat. Ihr Geschäftsumfang unter besonderer Berücksichtigung der einzelnen Erledigungsarten gelangt jährlich im „Statistischen Jahrbuch für die Freie und Hansestadt Hamburg" zur Darstellung.

Das Bundesamt für Heimatwesen, das für Streitigkeiten zwischen verschiedenen Fürsorgeverbänden zuständig ist, hat bis kurz nach dem Kriege Geschäftsergebnisse veröffentlicht, wobei es sich allerdings nur um die Zahl der Eingänge handelte.

Über die gerichtliche Tätigkeit der Seemannsämter in Zivil- und Strafsachen werden von Hamburg und Bremen, über die Geschäfte der Seeämter und des Oberseeamts von Hamburg für jedes Jahr statistische Ergebnisse publiziert.

Sofern das Reichspatentamt in seinem Aufgabenkreis rechtsprechende Obliegenheiten hat, bei denen es vor allen Dingen über Nichtigkeitsanträge (§ 10 des Patentgesetzes), die Zurücknahmeanträge und die Anträge auf Lizenzerteilung (§ 11) zu entscheiden hat, werden Zahlenergebnisse regelmäßig in dessen Amtsorgan nachgewiesen, wobei auch die Bestätigung oder Abänderung der patentamtlichen Entscheidungen durch das Reichsgericht besondere Berücksichtigung findet.

Zu interessanten Resultaten würden sicherlich auch zahlenmäßige Ermittlungen über die Rechtsprechung seitens der Finanzgerichte und des Reichsfinanzhofs führen. Nach Auskunft der maßgebenden Stellen wird aber eine derartige Statistik zur Zeit nicht bearbeitet. Bemerkt sei jedoch, daß vor dem Kriege durch eine besondere Statistik die Zuwiderhandlungen gegen die Vorschriften über die Erhebung öffentlicher Abgaben und Gefälle („Die Zoll- und Steuerstraffälle") erfaßt wurden, deren Ergebnisse in jährlicher Folge in den „Vierteljahrsheften" (zuletzt 1908) veröffentlicht wurden.

D. Statistik der Angelegenheiten der freiwilligen Gerichtsbarkeit: Statistische Ermittlungen über die Inanspruchnahme der Gerichte auf dem Gebiet der freiwilligen Gerichtsbarkeit werden ausschließlich von den Ländern vorgenommen, die allerdings in ihrem Umfang und Inhalt sehr voneinander abweichen. Die ausführlichsten Mitteilungen gibt wieder Preußen. Es berichtet in seiner Geschäftsstatistik in einem besonderen umfangreichen Abschnitt, der sich mit der freiwilligen Gerichtsbarkeit befaßt, über die gerichtlichen Beurkundungen, die Grundbuchsachen, Eintragungen und Löschungen in die verschiedenen öffentlichen Register, Nachlaß- und Teilungssachen, familienrechtlichen Angelegenheiten (hierunter Vormundschafts-, Pflegschafts- und Beistandssachen, Schutzaufsicht, Fürsorgeerziehungssachen, Stiftungen u. a. m.).

Hierbei ist zu bemerken, daß bei einer Reihe der vorstehend aufgeführten Angelegenheiten der freiwilligen Gerichtsbarkeit noch spezielle oder ergänzende Feststellungen getroffen werden, die im nächsten Abschnitt näher zu besprechen sind.

Während Preußen, weiterhin Württemberg und Sachsen, wenn auch letztere in weniger detaillierter Aufgliederung, die Nachweisungen über die Belastung der Gerichte durch Akte der freiwilligen Gerichtsbarkeit nur für das jeweilige gesamte Staatsgebiet veröffentlichen, gliedert Bayern die statistischen Ergebnisse der freiwilligen Gerichtsbarkeit nach Oberlandesgerichtsbezirken, Baden nach den einzelnen Amts- und Landgerichtsbezirken.

E. Geschäftsstatistik sonstiger Organe der Rechtspflege. Aus den statistischen Ermittlungen über die Tätigkeit sonstiger zum Teil der modernen Sozialpolitik entsprungenen Einrichtungen, welche der Rechtspflege wesentliche Dienste leisten, sind zunächst die Rechtsauskunftstellen hervorzuheben. Berichte über die Geschäfte sämtlicher Auskunftsstellen im Deutschen Reich brachte vom Jahre 1905 ab zunächst auf Grund von Vereins- und Einzelberichten, vom Jahre 1909 ab auf Grund einheitlicher Fragebogen, das Reichsarbeitsblatt und das Statistische Jahrbuch für das Deutsche Reich. Im Jahre 1917 wurde die Reichsstatistik der Rechtsauskunftstellen bis auf weiteres eingestellt, von einzelnen Ländern, wie z. B. von Bayern, Baden, Hamburg und Bremen, dagegen bis zur Gegenwart fortgeführt. Es wird hierbei u. a. nachgewiesen die Zahl der erteilten Auskünfte unter Angabe der Sachgebiete, die angefertigten Schriftsätze, die persönlichen Vertretungen.

Anschließend ist die Geschäftsstatistik der Schiedsmänner zu nennen. Sie gibt z. B. für Preußen, Sachsen und Anhalt ein zahlenmäßiges Bild über die Zahl der von den Schiedsmännern zu erledigenden bürgerlichen Rechtsstreitigkeiten und der Strafsachen, wobei bei den ersteren der Vergleich, bei den Strafsachen der erfolgreiche Sühneversuch gesondert aufgeführt wird.

Wie bei den Schiedsmännern ist auch die Geschäftsstatistik der Notariate ausschließlich Landesstatistik, was sich daraus begründet, daß die Notariate in den einzelnen deutschen Ländern auf verschiedener gesetzlicher Grundlage beruhen, die Gestaltung der Notariate infolgedessen eine verschiedene ist (teils Anwalts-, teils sogenannte Nurnotariate) oder aber in einigen Ländern, wie in Lippe und Schaumburg-Lippe, Notariate überhaupt nicht bestehen. Laufend statistisch erfaßt und amtlich veröffentlicht werden die Notariatsgeschäfte gegenwärtig lediglich von Preußen, Bayern, Württemberg und Baden. Die Darstellung der einzelnen Geschäfte in diesen Ländern bezieht sich im wesentlichen auf die Beurkundungen und Entwürfe, Beglaubigungen von Unterschriften, freiwillige Versteigerungen oder öffentliche Verpachtungen von Grundstücken, Aufnahme eidesstattlicher Versicherungen, Wechselproteste, bei Baden auf die von den Notariaten wahrzunehmenden Angelegenheiten der freiwilligen Gerichtsbarkeit. Während die preußische Justizverwaltung die Notariatsgeschäfte summarisch nach Oberlandesgerichtsbezirken aufteilt, werden von Bayern und Baden die Einzelgeschäfte für die Oberlandesgerichtsbezirke bzw. die Amts- und Landgerichtsbezirke mitgeteilt.

Ergebnisse über die Geschäfte der Pachteinigungsämter werden jährlich von Preußen veröffentlicht. Aufgeteilt nach Oberlandesgerichtsbezirken gelangt hier die Zahl der im Erhebungsjahr anhängigen Pachtschutzsachen sowie die Art ihrer Beendigung in den einzelnen Instanzen zur Darstellung.

Eine besondere Statistik über die gerichtlich anhängig gewordenen Mieterschutzsachen wird in letzter Zeit von Thüringen bearbeitet. Außerdem weist Preußen im Rahmen der Geschäftsstatistik die anhängig gewordenen Mieteinigungssachen wie auch Pachtschutzsachen alljährlich aus. Eine ziemlich ausführliche Statistik liegt auch über die Tätigkeit des Mieteinigungsamtes in der Stadt Hamburg vor.

Ergebnisse aus der Geschäftstätigkeit des Gerichtsvollzieherwesens gibt die bayrische Statistik bekannt, wobei die Zwangsvollstreckungshandlungen, die Wechselproteste sowie die öffentlichen und freiwilligen Versteigerungen und ähnliche Fälle mitgeteilt werden. Eine besonders eingehende und instruktive Gliederung zeigen die statistischen Nachweisungen über die einzelnen Geschäfte des Gerichtsvollzieheramtes in der Stadt Hamburg sowie der Gerichtsvollzieher bei den Hamburgischen Amtsgerichten.

F. Sonstige Statistik der Rechtspflege. Mannigfache Zweige der Rechtsstatistik im weiteren Sinne gehören, wie im ersten Abschnitt hingewiesen wurde, systematisch teils zur Bevölkerungs- bzw. Moralstatistik, teils zur Wirtschaftsstatistik.

Aus der Zahl der rechtsstatistischen Gebiete bevölkerungsstatistischen Charakters sind zunächst die für die Gebiete des Familien- und Erbschaftsrechts bedeutsamen Erhebungen über die Eheschließungen, Geburten (und zwar eheliche wie uneheliche) und Sterbefälle zu nennen. Sie werden — für die Länder und Landesteile — in der Reichsstatistik der Bevölkerungsbewegung nachgewiesen, deren wichtigste Ergebnisse vierteljährlich, für die Gemeinden mit 15000 und mehr Einwohnern monatlich und für die Großstädte (d. h. Städte mit über 100000 Einwohnern) wöchentlich bekanntgegeben werden. Die gleichfalls zum System der Bevölkerungsstatistik gehörende Statistik der Ehescheidungen, die ursprünglich nur in einzelnen Ländern bearbeitet wurde, vom Jahre 1926 ab für das gesamte Reichsgebiet durchgeführt wird, gibt Aufschluß über die Zahl der Ehescheidungen in territorialer Gliederung, die Dauer der geschiedenen Ehen sowie die vom Standpunkt des Rechtswesens besonders interessierenden Ehescheidungsgründe. In Zusammenhang mit der vorerwähnten Ermittlung der unehelich Geborenen kommt der Legitimationsstatistik eine entsprechende Bedeutung zu, die aber zur Zeit amtlicherseits nur von Bayern gepflegt wird und die über die Zahl der Eheschließungen mit Legitimierung unehelicher Kinder sowie die Zahl der durch Eheschließungen legitimierten Kinder aufschlußreiches Material bietet.

Mit der Frage der Unehelichkeit ist weiterhin z. T. das Vormundschaftswesen und die Fürsorgeerziehung verknüpft, welch letztere andererseits auch zur Kriminalität in enger Beziehung steht. Die statistischen Ermittlungen über Obliegenheiten des Vormundschaftswesens wurden bereits im Kapitel über die freiwillige Gerichtsbarkeit kurz gestreift. Sie werden aber nur von einzelnen Ländern angestellt und besitzen ausschließlich geschäftsstatistischen Charakter. Einen tieferen Einblick in das Vormundschaftswesen gewährt dagegen die Statistik über die Amts- und Berufsvormundschaft, die ebenso wie die Statistik über die Fürsorgeerziehung bis vor kurzem nur Landessache war (teilweise es auch noch ist) und wegen ihrer inhaltlichen Verschiedenheit und der abweichenden Erhebungsmethodik kaum eine Vergleichbarkeit der Ergebnisse bot. In Preußen wird laufend die vom preußischen Ministerium des Innern bearbeitete „Statistik der Fürsorgeerziehung Minderjähriger und Zwangserziehung Jugendlicher" herausgegeben. Auch Bayern, Sachsen, Württemberg und Baden sind zu nennen, deren Statistik der Fürsorge- und Zwangserziehung meist recht gut ausgebildet ist.

Vom Jahre 1927 ab soll nun über diese wie auch andere Zweige der öffentlichen Jugendhilfe auf einheitlicher Grundlage die „Reichsjugendwohlfahrtsstatistik" laufend Aufschluß geben, deren Ergebnisse gegenwärtig in „Wirtschaft und Statistik" erscheinen. Diese Statistik unterrichtet in eingehend gegliederter Weise über die Organisation der öffentlichen Jugendwohlfahrt und die Tätigkeit der Jugendämter, welche den Schutz der Pflegekinder, die Amtsvormundschaft und Schutzaufsicht, Fürsorgeerziehung und Jugendgerichtshilfe umfaßt. Hierbei ist allerdings zu bemerken, daß die in der Statistik enthaltenen Angaben über die Fürsorgeerziehung sich nur auf solche Fälle beziehen, in denen die Jugendämter mittätig waren, letztere aber nur ein Mitwirkungsrecht besitzen, da in den meisten Ländern für die Fürsorgeerziehung besondere Behörden bestehen. Eine Reichsstatistik über die Fürsorgeerziehung ist sonach also noch nicht vorhanden, vielmehr liegen über dieses wichtige Gebiet — wie schon oben erwähnt — nur Teilstatistiken allerdings der meisten Länder vor.

Aus der Rechtsstatistik als Bevölkerungsstatistik i. w. S. sind noch die Erhebungen über die Entmündigungen hervorzuheben, weil die Kenntnis ihres Umfanges und die Ursachen dieser gerichtlichen Maßnahmen aus mannigfachen Gründen von besonderem Interesse sind. Ähnlich wie in der früheren „Deutschen Justizstatistik" werden gegenwärtig in der preußischen Geschäftsstatistik Mitteilungen über die Entmündigungen veröffentlicht. Es werden hierbei einerseits die Entmündigungsgründe (Geisteskrankheit und Geistesschwäche, Verschwendung sowie Trunksucht) berücksichtigt, andererseits die Beschlüsse auf Wiederaufhebung der Entmündigung ausgewiesen. Weiterhin werden die zahlenmäßig — allerdings geringfügigen — Prozesse vor den Landgerichten mitgeteilt, die entweder die Aufhebung des vom Amtsgericht erlassenen Entmündigungsbeschlusses oder die Wiederaufhebung der Entmündigung betreffen. In den Statistiken anderer Länder, z. B. von Bayern, wird dagegen nur summarisch die Anzahl der anhängig gewordenen Entmündigungssachen angegeben.

Unter der Vielzahl der Rechtsgebiete wirtschaftlichen Charakters nimmt wegen der überragenden Bedeutung für die wirtschaftlichen und sozialen Verhältnisse die Gestaltung des Grundbesitzes, seine Verteilung und seine Bewegung eine Sonderstellung ein. Einen gewissen Einblick in die Verteilung des Grundbesitzes im Reich, seinen Ländern und deren größeren Verwaltungsbezirken, allerdings nur in der

Landwirtschaft, gewähren die Ergebnisse der landwirtschaftlichen Betriebszählung, die zum letzten Male in Verbindung mit der allgemeinen Volkszählung im Juni 1925 stattgefunden hat. Grundbesitz und Grundvermögen im Reich lassen sich weiterhin aus der Einheitswertstatistik und der Vermögenssteuerstatistik ersehen. Ebenso bieten über den Grundbesitz die landes-und kommunalstatistischen Veröffentlichungen (Statistisches Jahrbuch Deutscher Städte) vielfach eingehendes Material.

Das wichtigste und schwierigste Problem des Grund und Bodens ist seine Verschuldung und hypothekarische Belastung. Sie wird teils in der Reichsfinanzstatistik (Schuldenstatistik), teils in der Bankenstatistik (Bodenkreditinstitute) sowie in der Sparkassenstatistik behandelt, über welche in den Veröffentlichungen des Statistischen Reichsamts, hauptsächlich in „Wirtschaft und Statistik", regelmäßig eine Berichterstattung erfolgt. Die Bewegung der Bodenbelastung findet besonders auch in der Landesstatistik weitgehende Berücksichtigung. So wird von Preußen fortlaufend eine Statistik über die Hypothekenbewegung geführt, welche sämtliche Eintragungen und Löschungen erfaßt. Wertvolles Material zu dieser Frage enthält auch die bayerische Statistik.

Der Grundbesitzwechsel läßt sich einmal aus den Grundbucheintragungen beobachten, welche in den justizstatistischen Ergebnissen fast aller größeren Länder nachgewiesen sind, außerdem werden von einigen derselben (Württemberg und Hamburg) besondere statistische Ermittlungen über die Tätigkeit des Grundbuchamts veröffentlicht. Preußen bietet Material über die Anträge von Grundstücksübereignungen. Wertvolle und inhaltreiche Angaben enthält auch die schon an anderer Stelle genannte Statistik über den Grundbesitzwechsel in deutschen Groß- und Mittelstädten. Sie wird vom Statistischen Reichsamt seit dem 1. Januar 1927 bearbeitet und erfaßt den Besitzwechsel der städtisch bebauten, landwirtschaftlich bebauten und unbebauten Grundstücke infolge Kauf, Tausch und Versteigerung, nicht dagegen den Besitzwechsel durch Erbgang, Schenkung oder Auseinandersetzung.

Eine gleich starke Beachtung kommt der Statistik der wirtschaftlichen Vereinigungen zu. Da diese in das Vereinsregister nicht eingetragen werden, sind die Gerichte nicht in der Lage, statistisches Material über dieses wichtige Gebiet des Wirtschaftslebens zu liefern. Sofern es sich allerdings um die einzelnen Gesellschaften des Handelsrechts handelt, enthalten die justizgeschäftsstatistischen Nachweisungen Angaben über Eintragungen und Löschungen in den verschiedenen öffentlichen Registern. Darüber hinaus ist die seit 1906 für das gesamte Reich bearbeitete Statistik der Aktiengesellschaften zu nennen, welche eine Bestands-, Bewegungs- und Bilanzstatistik umfaßt, weiterhin die Statistik der Unternehmungen, die in Gründungen und Auflösungen, Kapitalzusammensetzung und Geschäftsergebnissen der Unternehmungen, vor allen Dingen durch die Bilanzstatistik der Aktiengesellschaften Unterlagen zur Beurteilung der konjunkturellen und strukturellen Wirtschaftswandlungen bietet.

Die Statistik der Konzerne und Interessengemeinschaften untersucht die Kapitalverflechtung und die Erscheinungen der Konzentration wirtschaftlicher Machtstellung; sie ist in der Nachkriegszeit in einmaliger Bearbeitung in der Reihe der vom Statistischen Reichsamt herausgegebenen Einzelschriften zur Statistik des Deutschen Reichs erschienen und stellt unter dem Titel „Konzerne, Interessengemeinschaften und ähnliche Zusammenschlüsse im Deutschen Reich Ende 1926" den Aufbau von rund 350 Konzernen dar.

Zu erwähnen ist auch die Statistik der Berufsvertretungen und Berufsverbände (und zwar Unternehmerverbände, Angestelltenverbände, freie sowie christliche Gewerkschaften usw.), welch letztere insbesondere im Reichsarbeitsblatt bekanntgegeben wird.

Ferner wäre auf die Stiftungen hinzuweisen, deren Wichtigkeit allein schon daraus erhellt, daß nach den Bestimmungen des Bürgerlichen Gesetzbuchs (§ 80) zur Entstehung jeder rechtsfähigen Stiftung die staatliche Genehmigung erforderlich ist. Gegenwärtig zählt nur Preußen im Rahmen der Justizgeschäftsstatistik die anhängigen Stiftungen. Dagegen wurde bis zur letzten Vorkriegszeit von Bayern eine gut ausgebaute Statistik über diese Materie geführt, die sich mit der fortlaufenden Beobachtung des gesamten Bestandes des bayerischen Stiftungswesens befaßte.

Auf eine Besprechung noch anderer wirtschaftsstatistischer Zweige des Rechtslebens muß hier des Raumes wegen verzichtet werden. Immerhin dürften die vorstehend aufgeführten Beispiele einen gewissen Einblick in dieses wichtige Gebiet vermittelt haben.

Schließlich wären, um das Bild der Rechtsstatistik i. w. S. möglichst zu vervollständigen, noch folgende Zweige derselben wegen ihres speziellen Charakters zu erläutern:

In das Betätigungsfeld der gerichtlichen Medizin fällt die von Sachsen bearbeitete Jahresstatistik über gerichtliche Leichenöffnungen; sie weist die Zahl der ausgeführten Sektionen nach und läßt weiterhin erkennen, welche verdächtigen strafbaren Handlungen zu ihnen Veranlassung gegeben haben.

Von sonstigen statistischen Ermittlungen auf dem Gebiet des Rechtswesens spielen die Erhebungen über das Studium und die Ausbildung des juristischen Nachwuchses eine nicht zu unterschätzende Rolle.

Die Entwicklung und der Stand des Rechtsstudiums gelangt im Rahmen der vom Statistischen Reichsamt semesterweise bearbeiteten Statistik betreffend den „Besuch der wissenschaftlichen Hochschulen im Deutschen Reich" und der seit einigen Jahren auch von den Hochschulverwaltungen herausgegebenen „Deutschen Hochschulstatistik" zur Darstellung. Sie behandelt wie jedes andere Studienfach so auch das der Rechts- und Staatswissenschaft unter folgenden Gesichtspunkten: Zahl der Rechtsstudierenden an den einzelnen Universitäten zusammengefaßt nach den Hochschulländern, Geschlecht, Lebens- und Studienalter (d. h. Semesterzahl) der Studierenden, Konfession und Staatsangehörigkeit, Reichsangehörigkeit und Ausländerstudium, Vorbildung der Studierenden (d. h. Gliederung in die Haupttypen der höheren Lehranstalten: Gymnasien, Realgymnasien usw.), Beruf und soziale Stellung des Vaters, gegen Entgelt ausgeübte Beschäftigung der Studierenden (Werkstudententum), beabsichtigter Studienabschluß und Berufsziel. Eine besondere Zusammenstellung unterrichtet über den akademischen Lehrkörper der rechts- und staatswissenschaftlichen Fakultäten.

Die außerordentlich starke Entwicklung des Studiums der Rechts- und Staatswissenschaften in der Nachkriegszeit veranschaulicht die nachstehende Übersicht:

Bezeichnung	Sommersemester						
	1911	1925	1926	1927	1928	1929	1930
Zahl der Studierenden aller Fakultäten insgesamt	55 556	59 645	64 680	72 270	83 322	93 090	99 577
davon: Reichsangehörige	51 279	55 200	60 432	68 428	79 245	88 926	95 197
Ausländer	4 277	4 445	4 248	3 842	4 077	4 164	4 380
Von der Gesamtzahl der Studierenden sind weiblich insgesamt	2 464	6 779	7 921	9 585	12 052	14 923	17 455
davon: Reichsangehörige	2 240	6 133	7 304	8 989	11 371	14 186	16 598
Ausländer	224	646	617	596	681	737	857
Zahl der Studierenden der Rechts- und Staatswissenschaften insgesamt	10 705	16 368	18 066	20 518	22 982	22 990	22 060
davon: Reichsangehörige	10 288	15 937	17 610	20 033	22 438	22 445	21 513
Ausländer	417	431	456	485	544	545	547
Von der Zahl der Studierenden der Rechts- und Staatswissenschaften sind weiblich insgesamt	44	459	456	609	782	1 037	1 175
davon: Reichsangehörige	41	441	436	581	755	998	1 134
Ausländer	3	18	20	28	27	39	41

Ein kurzer Blick auf die einzelnen Zahlenreihen zeigt den anschwellenden Zustrom zum Studium der Rechts- und Staatswissenschaften in den letzten Jahren, das gemessen an einem der letzten Sommersemester der Vorkriegszeit eine weit stärkere Zunahme aufweist als das Studium aller anderen Fakultäten. Obwohl der Höhepunkt in dem Andrang zum Rechtsstudium überschritten zu sein scheint, dürfte der jährliche juristische Nachwuchs noch auf Jahre hinaus den Bedarf bei weitem übersteigen. Einen riesigen Aufschwung zeigt vor allen Dingen das Frauenstudium auf dem Gebiet der Rechts- und Staatswissenschaften, indem sich die Zahl der Rechtsstudentinnen von 1911 bis 1930 um mehr als das Fünfundzwanzigfache erhöht hat. Demgegenüber steht nur eine Zunahme um das Siebenfache bei dem Gesamtstudium der Frauen.

Während die Hochschulstatistik Reichsstatistik ist, werden Erhebungen über die Ergebnisse der Prüfungen ausschließlich von der Landesstatistik angestellt. Die Ergebnisse der ersten juristischen Prüfung

(Referendarprüfung) werden laufend von Preußen auf Grund von Mitteilungen des Justizministeriums im Preußischen Statistischen Jahrbuch veröffentlicht, bei welchen die Bekanntgabe über die erteilten Prädikate besonders interessante und wertvolle Einblicke in die jeweiligen Leistungen des juristischen Nachwuchses bieten. Die Prüfungsergebnisse der letzten Jahre in Preußen auf Grund der Ausbildungsordnung vom 11. VIII. 1923 wiesen im Vergleich zum letzten Vorkriegsjahr nach der Prüfungsordnung folgende Wertungen auf:

Jahre	abgelegt	Die Prüfung haben bestanden: insgesamt	mit dem Zeugnis: mit Auszeichnung	gut	vollbefriedigend	ausreichend	nicht bestanden
			a) nach der Prüfungsordnung:				
1913	1781	1196	7	159	—	1130	585 = 32,8%
1926	267	161	—	—	8	153	106 = 39,7%
			b) nach der Ausbildungsordnung:				
1926 am 1. Tage	1711	1219[1]	3	111	304	794	492 = 28,8%
1926 am 2. Tage			2	141	301	769	
1927	2439	1634	—	—	—	—	805 = 33,0%
1928 am 1. Tage	2814	1910[2]	1	101	366	1442	904 = 32,1%
1928 am 2. Tage			2	117	387	1400	

[1]) Prüfungsleistungen erlassen: des ersten Tages 7, des zweiten Tages 6 Kandidaten.
[2]) 4 Kandidaten sind nach der Prüfungsordnung nur am ersten Tage geprüft.

Eine ähnliche Statistik über die abgelegten „Universitätsschlußprüfungen" wird regelmäßig von Bayern bekanntgegeben. Allerdings ohne Nachweisung über die erteilten Prädikate.

Zahlenmäßige Ergebnisse der zweiten juristischen Prüfung (Gerichtsassessorenprüfung) werden von Preußen alljährlich in dem umfangreichen Bericht des Präsidenten des Juristischen Landesprüfungsamtes, weiterhin von Bayern und von Sachsen bekanntgegeben. Die Prüfungsergebnisse des großen juristischen Staatsexamens zeigten in Preußen in den letzten Jahren folgendes Bild:

Jahre	abgelegt[1]	Die Prüfung haben bestanden: insgesamt	mit dem Zeugnis: mit Auszeichnung	gut	vollbefriedigend	ausreichend	nicht bestanden
1913	1544	1188	3	114	—	1071	356 = 23,1%
1927	1135	917	—	67	211	639	218 = 19,2%
1928	1236	998	2	82	255	659	238 = 19,3%
1929	1460	1221	2	133	313	773	239 = 16,4%

[1]) Ohne die Nichtpreußen.

Preußen stellt außerdem noch besondere Erhebungen über die Prüfungen für den höheren Verwaltungsdienst (Regierungsassessorenprüfung) an, deren Ergebnisse nach Mitteilung des Ministeriums des Innern im Statistischen Jahrbuch abgedruckt sind.

Die Anzahl der Doktorpromotionen in der rechts- und staatswissenschaftlichen Fakultät weisen für die einzelnen Universitäten je Semester Bayern, Baden und Hamburg nach; letzteres auch unter besonderer Hervorhebung der Ehrenpromotionen. Ebenso enthält auch die Hamburgische Statistik Zusammenstellungen, welche die Prüfungsergebnisse der Beamten des mittleren und unteren Justizdienstes behandeln.

IV. Die Rechtsstatistik im Ausland. Wie bereits vorstehend hervorgehoben wurde, ist von den meisten ausländischen Staaten und ihren kolonialen Besitzungen im Verlauf der zweiten Hälfte des vorigen Jahrhunderts amtlicherseits eine Statistik der Rechtspflege aufgenommen und in Anpassung an die Bedürfnisse der Praxis in mehr oder minder umfangreichem Maße ausgebaut worden. Es sei hierbei nochmals darauf hingewiesen, daß die Verschiedenheiten in den Gesetzgebungen und in den Justizeinrichtungen die gegenseitige Vergleichbarkeit in den Ergebnissen der nachstehend aufgeführten einzelstaatlichen rechtsstatistischen Quellenwerke sehr erschweren, wenn nicht gar völlig ausschließen.

Unter dem Haupttitel „Zahlenmäßige Darstellung der Rechtspflege" veröffentlicht Österreich in jährlicher Folge ein Heft über „Justizstatistik" und ein weiteres über „Kriminalstatistik". Die „Justizstatistik" behandelt den Aufbau des Gerichtswesens, die Ergebnisse der Zivilgerichtsbarkeit (nebst Konkursverfahren und Ehescheidungen) sowie die Strafrechtspflege, weiterhin die Rechtsmittelverfahren, den Strafvollzug, die bedingte Begnadigung und die Entlassung.

In Österreich bestanden im Jahre 1928 1 Oberster Gerichtshof, 1 Oberlandesgericht, 19 Landes- und Kreisgerichte und 244 Bezirksgerichte. Die Zahl der Richter betrug im gleichen Jahre 1540, die der staatsanwaltlichen Beamten 117.

Die Geschäftstätigkeit der österreichischen Gerichte zeigte in den letzten Jahren folgenden Umfang:

Bezeichnung	1927	1928	1929
Zivilgerichtsbarkeit:			
Mahnsachen	287 461	310 705	341 869
Angefallene Klagen bei den Bezirksgerichten	343 588	361 588	380 867
„ „ „ „ Gerichtshöfen	33 130	31 900	33 395
Zwangsvollstreckungen	609 028	670 580	791 736
Grundbuchsachen	429 751	436 116	451 222
Konkurse	541	737	656
Ausgleiche	2 025	2 268	1 997
Ehelösungen	5 148	5 703	6 003
Strafgerichtsbarkeit:			
Bezirksgerichte:			
Übertretungsfälle	265 781	276 263	276 185
Gerichtshöfe:			
Strafsachen	86 865	88 736	91 093
Verurteilungen insgesamt	104 285	111 406	114 643
darunter wegen Verbrechen	13 794	15 232	14 855
„ „ Vergehen	1 004	1 474	1 326
„ „ Übertretungen	89 487	94 700	98 462

Für Ungarn sind justizstatistische Angaben augenblicklich nur in dem jährlich erscheinenden „Annuaire statistique hongrois" enthalten.

Die Tschechoslowakei gibt die „Statistik der Zivilgerichtsbarkeit" und ebenso die „Kriminalstatistik" regelmäßig in den „Mitteilungen des Statistischen Staatsamtes der čechoslovakischen Republik" bekannt. Außerdem erscheint seit einigen Jahren als ein besonderer Band der tschechoslowakischen Statistik die „Kriminalstatistik", die sich zunächst jedoch nur auf Böhmen, Mähren und Schlesien bezieht.

Für Polen bietet die „Statystyka czynnosci sadów. Czynnosci sadów powszechnych w sprawach cywilnych i karnych" (Justizstatistik in Zivil- und Strafsachen) sowie die „Statystyka Kriminalna" (Kriminalstatistik) eingehendes Material.

Danzig veröffentlicht in gewisser Zeitfolge statistische Angaben über das Gerichtswesen sowie über die Kriminalität in den amtlichen „Danziger Statistischen Mitteilungen", das Memelgebiet Ergebnisse über die wichtigsten Geschäfte seiner Justizbehörden sowie der Kriminalstatistik in den „Statistischen Mitteilungen, Memelgebiet".

Frankreich, dessen Ermittlungen auf dem Gebiet der Justizstatistik zeitlich am weitesten, um über 100 Jahre, bis 1826, zurückreichen, gibt in jedem Jahr den „Compte général de l'administration de la justice civile et commerciale" und den „Compte général de l'administration de la justice criminelle" heraus. Anschließend sei bemerkt, daß beide Berichte auch entsprechende Angaben für Algier und Tunis enthalten.

In Frankreich bestehen zur Zeit (1926) 1 Kassationsgerichtshof, 65 Appellationsgerichte, 280 ordentliche Gerichte erster Instanz, 235 spezielle Handelsgerichte und

2968 Friedensgerichte. Bei den erstinstanzlichen Gerichten sind 1087 Richter, 246 Ersatzrichter und 469 Staatsanwälte tätig. Ferner waren bei diesen Gerichten 4568 „eingetragene Anwälte" und 1776 „Anwaltsanwärter" tätig. Die Zahl der Notare bezifferte sich auf 7414.

Über den Geschäftsumfang der französischen Gerichte unterrichtet nachstehende Zusammenstellung:

Bezeichnung	1924	1925	1926
Zivilgerichtsbarkeit:	Anhängig gewordene Sachen		
Friedensgerichte:			
Güteverfahren	536 111	506 594	582 574
Streitverfahren	198 983	183 729	227 753
Handelsgerichte	228 424	240 368	231 137
Zivilgerichte	134 858	142 656	140 187
Appellationsgerichte	24 464	25 898	28 243
Gerichtliche Verfügungen (assistance judiciaire)	38 148	39 236	37 158
Ehesachen (verfügte Trennungen und Scheidungen)	25 487	25 530	25 699
Strafgerichtsbarkeit:	1925	1926	1927
		Angeklagte	
bei Schwurgerichten (Cours d'Assises)	1 333	1 922	1 844
„ Korrektionsgerichten (Tribunaux correctionnels)	233 565	247 981	255 331
„ Polizeigerichten (Tribunaux de simple police)	679 198	728 310	714 816

Luxemburg weist im „Annuaire officiel" nur Angaben über den Strafvollzug nach, die Schweiz bringt zwar im „Statistischen Jahrbuch" einen Abschnitt über „Rechtspflege und Verwaltung", der aber nicht zu inhaltreich ist und sich in der Hauptsache auf die Eintragungen in das Güterrechtsregister und die prozessuale Tätigkeit des Bundesgerichts beschränkt. Dagegen ist nach einer fast zwanzigjährigen Unterbrechung im Jahre 1929 eine Kriminalstatistik als gemeinsame Zusammenarbeit des eidgenössischen Zentralpolizeibüros und des eidgenössischen statistischen Amtes ins Leben getreten, deren Hauptergebnisse in den Schweizer „Wirtschafts- und Sozialstatistischen Mitteilungen" veröffentlicht sind, künftig aber in einer besonderen Publikation erscheinen sollen.

Sehr reichhaltig ist die von Belgien jährlich herausgegebene „Statistique Judiciaire de la Belgique" (Gerechtlijke Statistiek van België). Die Statistik behandelt außer der Prozeßtätigkeit der Gerichte in Zivil-, Handels- und Strafsachen u. a. auch das Gefängniswesen, die Landstreicherei und Bettelei und die Begnadigungen.

In den Niederlanden erscheint im Rahmen der „Bijdragen tot de Statistiek van Nederlanden" regelmäßig die „Justitieele Statistiek" und die „Crimineele Statistiek".

Die Nachweisungen für England und Wales wie für Schottland finden sich in den „Civil Judicial statistics" und in den „Criminal statistics".

Die bei den Gerichten von England und Wales und von Schottland anhängigen Zivilsachen sowie die Zahl der Angeklagten in den Strafverfahren zeigten in den letzten Jahren folgenden Umfang:

(Tabelle s. S. 461.)

Von den drei skandinavischen Staaten sind die Angaben für Dänemark im allgemeinen statistischen Quellenwerk in der Veröffentlichung „Danmarks civile og kriminelle Retspleje" enthalten. Schweden gibt in den Jahresreihen von „Sveriges officiella Statistik" unter dem Titel „Domstolarnas och de exekutiva verksamhet" sowie „Rätsväsen-Brotsligheten" umfangreiches Material, allerdings überwiegend strafrechtsstatistischer Natur bekannt. Norwegens Nachweisungen werden in den verschiedenen Heften von „Norges Offisielle Statistikk" („Den civile Rettspleie" und „Kriminalstatistikk") veröffentlicht.

Unter den Randstaaten führt Finnland seit langen Jahren eine „Rättstatistik", die laufend in der Reihe von „Finlands officiella statistik" erscheint.

Über die Inanspruchnahme der Zivil- und Strafrechtspflege sowie den Umfang der Kriminalität und des Strafvollzugs in Estland wird periodisch in der Monatszeitschrift „Eesti statistika" berichtet.

Ein umfangreiches Kapitel widmet Litauen der Rechtsstatistik im „Lietuvos Statistikos Metraštis" (Statistisches Jahrbuch).

Ebenso finden sich im „Latvijas Statistika Gada Gramata" (Statistisches Jahrbuch) von Lettland Unterlagen über die Tätigkeit der dortigen Rechtspflege.

Bezeichnung	1926	1927	1928	1929
Zivilgerichtsbarkeit				
England und Wales:				
in der ersten Instanz				
insgesamt	1 086 385	1 243 252	1 305 411	1 317 880
darunter				
Oberster Gerichtshof	106 738	104 246	99 761	103 377
Grafschaftsgerichte.	897 895	1 044 300	1 122 144	1 134 333
andere Gerichte	80 615	94 152	82 429	79 193
in der Appellationsinstanz				
insgesamt	1 137	1 094	1 077	977
darunter				
Geheimer Rat .	129	165	133	141
Oberhof . . .	71	58	73	60
Appellationshof . . .	538	470	487	456
Oberster Gerichtshof	399	401	384	320
Schottland:				
in erster Instanz				
Oberster Gerichtshof .	2 511	2 635	1 905	1 717
Scherifgerichte .	159 116	171 575	179 276	176 931
Sonstige Gerichte	17 908	22 210	24 157	25 243
Strafgerichtsbarkeit				
England und Wales:				
Schwurgerichte (Assizes and Quarter Sessions)[1]	7 924	7 136	7 283	7 072
Gerichte mit summarischem Verfahren (Courts of summary jurisdiction)[2]:				
„indictable offences“[3]	79 591	65 163	63 194	61 723
„non indictable offences“[4] .	606 921	621 708	601 138	588 511
Schottland:				
Schwurgerichte	1 197	1 214	1 180	1 049
Gerichte mit summarischem Verfahren:				
„indictable offences“[3] . . .	28 148	19 519	18 674	18 263
„non indictable offences“[4] .	92 777	99 513	98 629	97 201

[1]) Gerichte höherer Zuständigkeit. — [2]) Einschließlich der Schwurgerichtssachen, da die „Courts of summary jurisdiction“ über die Überweisung von Strafsachen an die Schwurgerichte bestimmen. — [3]) d. s. Verbrechen. — [4]) d. s. leichte, vielfach „nichtkriminelle“ Verfehlungen.

Rußland (UdSSR.), das vor dem Kriege ein eigenes „Annuaire de statistique du Ministère de la Justice“ herausgab, bietet gegenwärtig nur einige strafrechtsstatistische Nachweisungen in einem Abschnitt des „Statistitscheskij Sprawotschnik“ (d. i. Statistisches Handbuch).

Was die Balkanstaaten betrifft, so ist zuerst die recht ausführliche Statistik Griechenlands zu nennen. Sie gliedert sich in 4 Teile: *Στατιστικὴ τῆς Πολιτικῆς Δικαιοσύνης — Στατιστικὴ τῆς Ποινικῆς Δικαιοσύνης — Στατιστικὴ Ἐγκληματολογικὴ — Στατιστικὴ Σωφρονιστική.*

Rumänien gibt eine „Statistica Judiciară a României“ heraus, die Zivilrechts- und Kriminalstatistik umfaßt.

Über die Organisation und die Tätigkeit der Gerichte in Zivil- und Strafsachen usw. in Bulgarien unterrichtet ein Kapitel des „Statistitscheski Godischnik na Blgarskoto Zarstwo“ (Statistisches Jahrbuch), während die Kriminalstatistik („Kriminalna Statistika“) als besondere Publikation erscheint.

Portugals Justizstatistik ist im „Anuário Estatistico de Portugal“ veröffentlicht, Angaben für Spanien bieten das „Anuario estadistico de España“ und die „Estadistica de la Administración de Justicia en lo Criminal“.

Die außereuropäischen Staaten und kolonialen Gebiete veröffentlichen in der Mehrzahl die Ergebnisse ihrer justiz- und kriminalstatistischen Feststellungen in den Jahrbüchern. So z. B. die Türkei: „Istatistik Yilliği“, Japan: „Resumé statistique de l'empire du Japon“, Siam: „Statistical Yearbook of the Kingdom of Siam“, Ägypten: „Annuaire statistique de l'Egypte“, Uruguay: „Anuario Estadistico de la Republica Oriental del Uruguay".

Das Gleiche gilt von den größeren britischen überseeischen Besitzungen Britisch-Indien: „Statistical abstract of British India", Australischer Staatenbund: „Official Yearbook of the Commonwealth of Australia", Südafrikanische Union: „Official Yearbook of the Union of South Africa", Kanada: „The Canada Yearbook". Die beiden letzteren britischen Dominien veröffentlichen weiteres rechtsstatistisches Material im „Monthly Bulletin of Union Statistics" und im „Canada Annual Report of the criminal statistics". Neuseeland gibt einen besonderen „Report on the justice statistics of the Dominion of New Zealand" heraus.

Gefängnis- und kriminalstatistische Angaben von Mexiko finden sich fortlaufend in der „Estadistica Nacional". Chile veröffentlicht regelmäßig statistisches Material über das Justizwesen im „Anuario Estadistico. Justicia, Policia y Criminalidad" sowie in der Zeitschrift „Estadistica Chilena".

Rechtsstatistische Nachweisungen über Niederländisch-Indien enthält die „Statistisch Jaaroverzicht van Nederlandsch Indië", von Indochina das „Annuaire statistique de l'Indochine".

Schrifttum:

Die Organisation der Statistik der Rechtspflege mit besonderer Rücksicht auf Thüringen, Mitteilung des statistischen Bureaus vereinigter thüringischer Staaten, Jahrbücher für Nationalökonomie und Statistik, 4. Bd., Jena 1865. — Yvernès, L'administration de la justice civile et commerciale, Paris 1876. — von Oettingen, Moralstatistik, Erlangen 1882. — Böhmert, V., Die Statistik der Rechtspflege mit besonderer Rücksicht auf das Königreich Sachsen von 1860—1877, Zeitschr. des K. Sächsischen Statistischen Bureaus, XXV. Jahrg. 1879. — Derselbe, Die sächsische Kriminalstatistik mit besonderer Rücksicht auf die Jahre 1882—1887, I. Allgemeines über die Rechtsstatistik, Zeitschr. des K. Sächsischen Statistischen Bureaus, Jahrg. 1889, Heft III u. IV. — von Mayr, G., Statistik und Verwaltung, Allgemeines Statistisches Archiv, 1. Jahrg. 1890, S. 33ff. — Mischler, Allgemeine Grundlagen der Verwaltungsstatistik, Stuttgart 1892. — von Mayr, Rechtspflege und Statistik, Das Recht, Jahrg. 1900, Nr. 19, S. 413. — Statistik der Rechtspflege im Kanton Bern, Mitteilungen des Bernischen statistischen Büros, Jahrg. 1904, Lieferung 1. — Rusch, Statistik der Zivilrechtspflege, Ergänzungshefte zum Deutschen Statistischen Zentralblatt, Heft 1, Leipzig 1912. — E. Würzburger, Zur Statistik der Legitimation unehelicher Kinder, Konrads Jahrbücher, Bd. 18, Jahrg. 1899, S. 94. — Lindenberg, Einfluß des Krieges und der Kriegsfolgen auf die Justizstatistik, Festgabe für Otto Liebmann, Berlin 1920. — Žižek, Grundriß der Statistik, München 1923. — Müller, J., Grundriß der deutschen Statistik, II. Teil: Deutsche Wirtschaftsstatistik, Jena 1925; IV. Teil: Deutsche Kulturstatistik, Jena 1928. — Martin, V., Justizstatistik und Tagesgeschichte, Deutsche Allgemeine Zeitung, Nr. 235 vom 21. V. 1927. — Hesse, Zivilprozeßstatistik, Jahrbücher für Nationalökonomie und Statistik, III. F., 34. Bd., S. 11. — Derselbe, Beitrag Justizstatistik, Handwörterbuch der Staatswissenschaften, 4. Aufl., Jena 1923. — Woitinsky, W., Die Welt in Zahlen, Bd. VII: Staatliches und Kulturleben, Berlin 1928. — Burgdörfer, Fr., Die Organisation des amtlichen statistischen Dienstes. Forschungsinstitute, ihre Geschichte, Organisation und Ziele, Hamburg 1930, Bd. I. — Roesner, E., Statistische Ergebnisse über die Notariate in den deutschen Ländern. Zeitschrift des Deutschen Notarvereins, 31. Jahrg., 1931, Heft 1—3. — Amtliche Veröffentlichungen: Statistisches Jahrbuch für das Deutsche Reich. — Vierteljahrshefte zur Statistik des Deutschen Reichs. — Wirtschaft und Statistik, Halbmonatszeitschrift, herausgegeben vom Statistischen Reichsamt. — Deutsche Wirtschaftskunde, Abriß der deutschen Reichsstatistik, bearbeitet im Statistischen Reichsamt, Berlin 1930. — Deutsche Justizstatistik, bearbeitet im Reichsjustizamt, 1.—18. Jahrg., 1883—1920. — Justizministerialblatt für die preußische Gesetzgebung und Rechtspflege, Berlin. — Justizministerialblatt für den Freistaat Sachsen, Dresden. — Amtsblatt des Württembergischen Justizministeriums, Stuttgart. — Badisches Justizministerialblatt, Karlsruhe. — Hamburgisches Justizverwaltungsblatt, Hamburg. — Statistisches Jahrbuch für den Freistaat Preußen. — Statistisches Jahrbuch für den Freistaat Bayern. — Zeitschrift des Bayerischen Statistischen Landesamts. — Statistisches Jahrbuch für den Freistaat Sachsen. — Statistisches Handbuch von Württemberg. — Statistisches Jahrbuch für das Land Baden. — Statistisches Jahrbuch der Freien und Hansestadt Hamburg. — Statistisches Jahrbuch der Freien und Hansestadt Bremen. — Statistisches Handbuch für den Freistaat Anhalt. — Reichsgesundheitsblatt, herausgegeben vom Reichsgesundheitsamt, Berlin. — Amtliche Nachrichten für Reichsversicherung, herausgegeben von der Reichsversicherungsanstalt, Berlin. — Die Studierenden an den deutschen Hochschulen, Ergänzungshefte zu den Vierteljahrsheften der Statistik des Deutschen Reichs. — Deutsche Hochschulstatistik, herausgegeben von den deutschen Hochschulverwaltungen, Berlin.

Ernst Roesner.

Rechtssicherheit.

I. Begriff und Begrenzung.

1. Unter Rechtssicherheit versteht man ein Postulat der Rechtsuchenden, daß nach bester Möglichkeit jedem „sein Recht" gewährleistet sei. In diesem Hauptpunkt des Postulats „sein Recht" liegt eine natürliche Unsicherheit, die durch sichernde Maßnahmen ausgeglichen werden soll. Eine unbedingte Sicherung des Rechts gibt es nicht und kann es nicht geben, weil das Recht zum Teil eine Fiktion ist (s. d. Art. Fiktion, HdR. II, 415). Rechtssicherheit ist also ein relativer Begriff: a) es ist naheliegend, daß das Recht nur bedingt gesichert sein kann — nämlich nur soweit, wie die positive Rechtsordnung es klar genug umgrenzt, so daß jeder, mag das Gericht sich zusammensetzen, wie es will, es anerkennen muß; b) es kann vorkommen, daß ein Recht zu einem Teil gesichert ist, zum anderen nicht; c) es ist einleuchtend, daß ein vermeintliches Recht überhaupt nur soweit gesichert sein kann, als es sich als wirkliches Recht erweist. Die Möglichkeit a ist ein Problem der Rechtsordnung; die Möglichkeit b ist ein Problem des Parteienstreits; die Möglichkeit c ist ein Problem des Laienverstandes. Diese drei Probleme drücken die Relativität jeder „Rechtssicherheit" ganz klar aus. Denn es kann ganz naturgemäß eine Sicherheit nicht verlangt werden für irrtümliche Ansprüche oder Einbildungen des Einzelnen, die vor der Objektivität des Rechts nicht standhalten (c); es kann ferner eine volle Sicherheit nicht verlangt werden für strittige Rechte, bei denen die gerechte Abwägung der Interessen zu einem teilweisen Zuspruch und einer teilweisen Versagung kommen muß (b), denn das liegt im Wesen des Rechts; und es kann endlich eine Sicherheit nicht gegeben sein gegen Rechtsansichten des Richters, die — mögen sie allen Argumenten standhalten oder nicht — irgendeine innere Berechtigung oder die formelle Macht auf ihrer Seite haben (a). Dieses letztere ist das eigentliche und größte Problem, das sich wiederum aus zwei verschiedenen Teilmöglichkeiten zusammensetzt: α) dem Kampf der Argumente (z. B. freie Rechtsfindung gegen Formalismus, soziale Erwägungen gegen Buchstabeninterpretation, Rechtsgefühl gegen Tradition, verschiedene Bewertung der einzelnen in Betracht kommenden Argumente!) und β) dem Kampf zwischen Argument und Machtvollkommenheit.

Ist das Überwiegen des Machtspruches (β) etwas, was z. B. im Zivilrecht allmählich mit zunehmender verfassungsmäßiger Freiheit und Gleichheit beseitigt wird, so daß das Argument an die Stelle der Entscheidung aus reiner Machtvollkommenheit tritt, so ist die Entscheidung aus reiner Machtvollkommenheit doch noch vielfach im öffentlichen Recht, z. B. im Polizeirecht, gegeben, sei es, daß eine Verordnung erst erlassen oder die bereits erlassene formal ausgelegt wird. Das sind dann die berüchtigten Fälle, in denen achselzuckend auf Dienstvorschriften, Statute, Reglements („lex ita scripta est") verwiesen wird und der Beschwerdeführer mit seinen Argumenten, nach denen sinngemäß das Reglement auf den betreffenden Fall gar nicht paßt, überhaupt nicht gehört wird.

Manche aber erblicken hierin immerhin noch den größten Grad der „Rechtssicherheit", weil ja bei deutlichen Vorschriften jeder wissen könne, woran er ist, mag die Bestimmung nun vor höherer und reinerer Rechtsauffassung bestehen können oder nicht, mag sie auf einen ansche nend ihr unterliegenden Fall passen oder nicht. Aber das darf man als eine völlig irrtümliche Auffassung von „Rechtssicherheit" bezeichnen; sie hieße, unter Umständen „Sicherheit" ohne Recht und auf Kosten des Rechts zu statuieren, und das hätte seine Todeskeime von vornherein in sich.

2. Man wird dem Wesen der zu fordernden Rechtssicherheit nicht gerecht, wenn man sie etwa lediglich oder auch nur vorwiegend als eine formaljuristische Größe ansieht. Für Dinge freilich, die sich mit der Elle messen oder durch absolute Größen ausdrücken lassen, und für alles, was wirklich formaler Natur ist, genügt das; aber das ist bekanntlich nur ein sehr kleiner Teil des Rechts überhaupt. Was für polizeiliches Verkehrsrecht ausreichen mag, genügt nicht für andere Rechtsgebiete. Daß Grundstücksübergänge erst nach der Auflassung voll wirksam sind, daß Testamente an bestimmte Formvorschriften gebunden sind, daß ein Warenzeichen eingetragen werden muß — das sind formelle Stützpunkte einer Rechtssicherheit, bei denen auch mit formalistischer Jurisprudenz auszukommen ist. Aber schon wenn ein kleiner Formfehler in einem sonst klar und richtig vorliegenden Testament bemerkt wird, und schon wenn sich eine nicht eingetragene Warenkennzeichnung im Verkehr durchgesetzt hat, hört der Fall auf, rein formalistisch beurteilt und entschieden werden zu können. Und dann ist Formalismus genau so gut ein Moment der Rechts*unsicherheit*, wie es jede freiere Entscheidung ebenfalls sein kann. Bietet also für die ganz überwiegende Mehrzahl der schwierigen Rechtsfragen der Formalismus und der Buchstabe keine unbedingte Sicherheit des Rechts und muß notgedrungen an die „Gerechtigkeit", den „bon sens", den gesunden

Menschenverstand, die juristische Kunst und Intuition — oder wie man dies noch sonst benennen will — appelliert werden, dann gibt es nur ein einziges wirklich starkes Element der Rechtssicherheit: das ist das sogenannte richtige Recht, die Gerechtigkeit, das subjektiv Beste der richterlichen Überzeugung, — ein Begriff, der freilich vage genug ist, in allen Regenbogenfarben schillern kann und schließlich wie in allen Dingen als Rettungsanker „Männer, nicht Maßnahmen" verlangt. Auch das Gesetz als Maßnahme ist ein lebendiges und dauerndes Kraftzentrum nur, wenn es von Kennern der Wissenschaft und Praxis nach höchstem Können und bestem Wissen angewendet wird.

Nichts ist deshalb deprimierender in der Rechtspflege, als wenn die zum Richten und Entscheiden Berufenen ein Non liquet aus dem Grunde aussprechen, weil das Gesetz den betreffenden Fall nicht vorgesehen habe, und wenn sie der in den beteiligten Laien-, d. h. Berufskreisen etwa vorhandenen überwiegenden Rechtsüberzeugung nicht aufzuhelfen vermögen gegen den einzelstehenden Verneiner, oder wenn trotz beigebrachter mehr oder weniger zwingender Argumente an alten Traditionen und Präjudizien festgehalten wird, wo wissenschaftlicher Bekennermut zu einer anderen Würdigung vorliegender Tatbestände kommen würde.

Verständlich ist dies noch, wenn eine ständige Urteilspraxis vorliegt. Wenn aber die Entscheidungen, wie so häufig, verschieden ausgefallen sind — mögen sie nun wirklich trotz ähnlich liegender Tatbestände verschieden sein oder vielleicht nur verschieden aussehen —, so ist es ein schwer erträglicher Zustand, wenn — wie beispielsweise in der Haltung des Reichspatentamtes zur Frage der Eintragungsfähigkeit von Bücher- und Zeitschriftentiteln als Warenzeichen — das Publikum, d. h. die beteiligten Verkehrskreise, sich die Aussichten des Antrags oder Prozesses aus der Majorität der positiven gegenüber den negativen Entscheidungen an den Fingern abzählen müßte oder von der zufälligen Zusammensetzung der entscheidenden Stelle (infolge Urlaubs oder Krankheit und der Heranziehung von Hilfskräften) allzusehr abhängig wäre. Letzteres ist ja bei keiner Gerichtsstelle gänzlich zu vermeiden, da es Menschen sind, die Recht sprechen, Menschen „mit ihrem Widerspruch", Menschen, die in ihren Ansichten naturgemäß verschieden sind. Aber diese Schwankungen — z. B. des Strafmaßes für die gleichen Vorgänge in der einen gegenüber einer anderen Kammer — müssen auf ein Minimum zurückgedrückt werden, und wenn es nicht anders geht, wird man vielleicht daran denken können, das Institut der Plenarentscheidung noch weiter auszubauen. Etwa vorkommende Fälle wirklicher Rechtsbeugung werden ja durch disziplinare oder andere Maßnahmen geahndet; aber mit dem Vorwurf der „Rechtsbeugung" muß man, trotz eifrigen Strebens nach Rechtssicherheit, sehr vorsichtig sein, und man wird, je besser man die Schwierigkeiten versteht, um so vorsichtiger mit solchen subjektiven Vorwürfen sein.

3. Je schwieriger eine Rechtsmaterie ist und je schwieriger ein Fall liegt, um so geringer wird die Sicherheit des Ausganges für die eine oder andere Partei sein. Das ist aber nicht das, was in erster Linie unter Rechtsunsicherheit zu verstehen ist. Überall da, wo die Parteien wissen oder wissen müssen, daß man verschieden über ihr Recht denken kann, daß die Waage mit feinsten Gewichten arbeitet, ist der Anspruch auf Rechtssicherheit nicht ernstlich gefährdet (dies ist das oben als a bezeichnete Problem). Es gibt eben Grenzfälle und Zweifelsfälle, und je schärfer man zusieht, um so größer erscheint die Anzahl solcher berechtigtermaßen als Grenzfälle zu bezeichnenden Vorgänge. Das Risiko in solchen Dingen ist normal und keiner aufregenden Kritik zugänglich. Aber wenn es sich um Dinge handeln sollte, die klar liegen können und dürfen und die paradigmatisch oder typisch sind, so daß man im Vertrauen auf eine gerade Linie des Rechts wirtschaftliche und persönliche Entschlüsse fassen kann, dann muß allerdings eine Rechtssicherheit verlangt werden. Dann muß — also in dem einzig übrig bleibenden wirklichen Problem b — Rechtsunsicherheit auf ein Minimum zurückgedrückt werden, und dafür gibt es letzten Endes nur zwei Mittel: gute Gesetze und gute Rechtsprechung. „Gute Gesetze" bedeutet: klare Gesetze und gerechte Gesetze; denn nur das innerlich Gerechte, den Verhältnissen Angepaßte kann Kraft und Sicherheit bieten, ein noch so drakonisch klares Gesetz ohne innere Kraft des wahren Rechts muß über kurz oder lang fallen und verbürgt eben aus diesem Grunde keine Sicherheit.

Das ist ein wesentlicher Teil des Problems der „Rechtsnorm", auf das hier nicht näher eingegangen werden soll (vgl. d. Art. in HdR. IV, 715), obwohl es natürlich mit dem der Rechtssicherheit in einem unlösbaren Zusammenhange steht. Aber es ist doch seinerseits wieder zu vielgestaltig, und die Rechtssicherheit ist nur einer der Ausflüsse aus ihm. Es sei nur auf die neueren Werke von Wilhelm Glungler, Rechtsschöpfung und Rechtsgestaltung, und von Hermann Isay, Rechtsnorm und Entscheidung, hingewiesen, die sich eingehend mit diesen Problemen befassen. Heinrich Lehmanns Kölner Universitäts-Festrede „Recht und Gerechtigkeit“ (1930) zieht bezüglich der Rechtssicherheit folgende Folgerung aus den Rechtsnorm-Erwägungen: „Die positive Rechtsordnung muß selbst die Berücksichtigung der materiellen Gerechtigkeitsforderungen soweit ermöglichen, als das ohne Preisgabe der Rechtssicherheit tunlich ist. Sie muß ihre eigene Korrektur und Fortbildung aus den Grundforderungen der Gerechtigkeit legalisieren, sie muß selbst das Gesetz unter das Recht, d. i. die Gerechtigkeit, stellen.“

Das Jugum zwischen positiver Rechtsordnung und Rechtsprechung darf nicht verloren gehen; diese Brücke heißt nicht so sehr Rechtsgefühl oder subjektives Rechtsempfinden — obwohl auch diese niemals ganz außer acht bleiben können —, sondern 1. Argumente und 2. Erfassung des immanenten Sinnes des Gesetzes. Denn die Rechtsprechung kann ebenfalls nur durch ihre innere Kraft der Gerechtigkeit die nötige Sicherheit bieten, d. h. über Formalismus und Machtwort hinaus durch die Kraft der Argumente — eine Rechtssicherheit der Argumente ist das sichernde Ziel.

Nach dem Wort, daß man wohl mit der Autorität des Aristoteles fertig werden würde, aber mit seinen Argumenten nicht, zeigt es sich zum Trost aller, die etwa aus Skepsis verzagen wollten, daß trotz mancher schlimmer Erfahrungen und Entgleisungen doch in der überwiegenden Mehrzahl der Fälle die Wucht der Argumente den Ausschlag gibt.

Aber es bleibt die Frage nach der Kraft und Wucht des einzelnen Arguments noch übrig. Nicht die Menge der Argumente, sondern ihre Güte nur kann entscheidend sein; wie es z. B. bei Pietzcker (Patentrecht, S. 302) über das sehr wichtige Prinzip der Rechtssicherheit bezüglich des Patentanspruchs und des Schutzumfanges heißt: „Der Kernpunkt liegt in der Klarheit oder Unklarheit der Gedanken.“ Aber woran messen wir die Qualität der Argumente, wenn wir der Rechtssicherheit und nicht der Spitzfindigkeit und Ideenakrobatik dienen wollen? Darauf kann man nur antworten, daß diejenigen Argumente als die besten und maßgebendsten anzusehen sind, die mit dem Geist und Sinn des Gesetzes übereinstimmen. Dieser ist jedoch nicht lediglich aus der Entstehungsgeschichte des Gesetzes herzuleiten, sondern auch aus der durch Wissenschaft, Praxis und Verkehr herbeigeführten Spiegelung des Gesetzes im Milieu der Gegenwart. Daher hat man ja — wohl wissend, daß auch die beste gesetzliche Kasuistik nicht allen Fällen gerecht werden kann — Generalklauseln geschaffen, die den Ausweg in die freie „Gerechtigkeit“ sicherstellen sollen; so im Art. 1 des Schweizerischen Zivilgesetzbuchs, in den §§ 138, 157, 242, 826 BGB., im § 1 des G. gegen den unlauteren Wettbewerb usw. Und als die Inflation zu schlimm wurde, hat man ja jenen § 242 BGB. herangezogen, um dem richtigen Recht zum Siege zu verhelfen. Der „Billigkeit“ und der wirtschaftlichen Einsicht mußte man aber auch da mit positivrechtlichen Argumenten dienen, wie dies stets in der reichsgerichtlichen Rechtsprechung geschieht. Ein anderes Beispiel mag die Beziehung zwischen Billigkeit und Argument noch näher beleuchten und soll zeigen, daß das Gesagte nicht etwa als Spiel mit Worten oder als eine Phrase ohne Realität erscheinen darf: Der z. T. umstrittenen RundfunkEntsch. des Reichsgerichts (RGZ. 113, 413), die — ohne daß das vor Erfindung des Radios erlassene Urheberschutzgesetz das Recht der Rundfunkwiedergabe ausdrücklich dem Autor vorbehalten habe — dem Urheber dieses Recht zusprach, ist vielleicht durch „Rechtsgefühl“ der Weg gewiesen, aber das hätte nicht genügt, es bedurfte der schlüssigen und überzeugenden Argumente; diese entnahm das RG. dem Begriff der Verbreitung und blieb damit auf dem Boden des Gesetzestextes, der dem Urheber in solchen Fällen grundsätzlich günstig ist; das Urteil nahm dialektische Bedenken in Kauf und hätte sie ebensogut oder noch besser mit der Stützung auf den Begriff der Vervielfältigung in Kauf nehmen dürfen; denn die Güte dieses Argumentes würde noch mehr durch Sinn und Tendenz des Gesetzes getragen.

Ergibt sich so das erreichbare Maß der aktiven Rechtssicherheit aus dem goldnen Schnitt zwischen Rechtsnorm und Handhabung (Auslegung, Rechtsprechung, Verwaltung), so gilt diese notwendige Mischung für alle Arten der Rechtssicherheit, wenn auch im einzelnen in verschiedener Dosierung der Bestandteile. Diese verschiedenen Arten sind nun noch kurz zu überblicken.

II. Die Arten der Rechtssicherheit. Es kann sich — bei der immerhin unleugbaren Unbegrenztheit des Begriffes Rechtssicherheit und seiner rechtspolitischen Wandelbarkeit — hier nur um einen beispielhaften Versuch einer klärenden Systematik handeln.

Da ist zunächst: A. Die öffentliche Rechtssicherheit (gegenüber der zivilen, s. zu B). Sie bedeutet Sicherheit gegen Verletzung der Person, was vorzugsweise durch die Grundrechte der Reichsverfassung sowie durch strafgesetzliche Normen versucht, durch polizeiliche Maßnahmen gewährleistet und durch Schutz gegen unerlaubte Handlungen auch zivilrechtlich kodifiziert ist. Dazu kommt das Verlangen nach Sicherheit gegen Verletzung der Freiheit, was über die strafrechtlichen Tatbestände der Freiheitsberaubung oder über die unschuldig erlittene Verhaftung hinaus auch einen Schutz gegen obrigkeitliche Willkür (und Bürokratismus) bedeutet, eine Forderung, die grundsätzlich durch die gesamte Gerichtsverfassung und z. B. den § 839 BGB. (gegen Amtspflichtverletzung) erfüllt wird, aber doch in praxi teilweise im Argen liegt, sofern man die oftmals ohne Begründung und ohne Schutzfrist gegebenen Vorschriften, Beschlüsse, Mahnungen, Pfändungen usw. der Polizei-, Steuer- und Kommunalbehörden betrachtet. Denn der Einzelne ist nicht bloß „Mittel der Gemeinschaft" (wie Binder, Philosophie des Rechts, S. 427 richtig darlegt), ebenso wie selbst der Verbrecher nicht lediglich Objekt des Strafrechts, das Strafgesetzbuch vielmehr nach Liszt auch die magna charta des Verbrechers, also das Mittel seiner Rechtssicherheit ist. Zum Dritten gehört dahin das Verlangen nach Rechtssicherheit gegen Enteignung (s. d. Art.) und Verletzung von Sachen. Das Bestreben, Interessen der Allgemeinheit unter möglichster Rechtsgarantie des Privateigentums zu erfüllen, ist nicht immer mit der nötigen Rechtssicherheit erfolgt (besonders markante Beispiele: Inflation, politische und säkulare Depossedierungen).

B. Die zivile Rechtssicherheit hat verschiedene Ziele:

1. Gegenüber Forderungen. Eine Übermacht des Gläubigers wird gemildert a) durch Formvorschriften für gewisse Rechtsgeschäfte und Vorverpflichtungen; b) durch das Institut der Verjährung, die von einem bestimmten Zeitpunkt ab unbedingte Ruhe bringt; c) durch Anfechtungsrecht gegenüber vermeintlichen oder nicht gerechten Forderungen.

Diese Mittel dienen einer Sicherheit des „Schuldners" gegenüber einem Übermaß des Gläubigerrechts, während die Sicherheit des Gläubigerrechts den überwiegenden Inhalt des Rechts der Schuldverhältnisse bildet, das nur da endet, wo „nichts ist" — und auch „der Kaiser sein Recht verliert".

2. Gegenüber fehlerhaften Willensakten. Hier wird die Rechtssicherheit vornehmlich geschützt: a) durch das Publizitätsprinzip einschließlich des sogenannten „Rechtsscheins" (vgl. den Art. Publizitätsprinzip, HdR. IV, 619); b) durch Rechtskenntnis, die man fast als die beste Rechtssicherheit bezeichnen könnte; c) durch Statuten und Organisation, die dazu berufen sind, Unsicheres für bestimmte Umkreise in gesicherte Normen zu wandeln, nach denen man sich richten kann und durch welche typische Streit- und Zweifelsfälle ad hoc einheitlich erledigt werden.

3. Gegenüber willkürlicher Auslegung wird die Rechtssicherheit, wie im wesentlichen oben zu I als Wichtigstes ausführlicher dargelegt, herbeigeführt durch a) den Rechtssatz (Rechtsnorm), hierher gehört insbesondere auch die Rechtseinheit, die verhindert, daß der Einzelne sein Recht dort zu suchen versuchen würde, wo es ihm günstiger erscheint als anderwärts; b) die Schulung der Ermittlung des Gesetzessinnes — vgl. dazu den Art. Auslegung, HdR. I, 428ff. —; hierher gehören insbesondere die Gesichtspunkte α) der Rechtskontinuität, die eine gewisse Präjudizienbildung und Tradition, eine gewisse gerade Linie gewährleistet und somit überaus wichtig für jeden Betätiger eines Rechtsgeschäfts und jeden Rechtssucher nach bestätigtem Rechtsgeschäft ist, und β) die auf Wissenschaft und guter Praxis beruhende „Gerechtigkeit", die trotz ihrer besonderen Relativität doch das Kernstück des Problems ist, womit wir zu den oben zu I gegebenen Darlegungen zurückkehren. Endlich wird dieser Schutz herbeigeführt c) durch die Unabhängigkeit der Richter, die der Gefahr einer politischen Bindung und einer rechtsfremden Machtstatuierung entgegenwirkt.

Alexander Elster.

Rechtsstaat.

I. Die Lehre vom Rechtsstaat ist nur auf geschichtlichem Wege zu erkennen. Den Gegensatz zum Rechtsstaat bildet der Polizeistaat und nicht der sog. „ältere Justizstaat" oder der Justizstaat zur Zeit des alten Deutschen Reiches von 1495 (Gründung des Reichskammergerichts) bis 1806, wobei unter Justizstaat verstanden wird eine Regelung der Beziehungen zwischen öffentlicher Gewalt und Bürger in der Weise, daß die ordentlichen Gerichte über Streitigkeiten auch aus diesem Verhältnis entscheiden. (Vgl. Walter Jellinek, Verwaltungsrecht, 2. Aufl. 1929, S. 76.) Hier muß die Entwicklung des Polizeistaates und seine Blütezeit in der Weise, wie dies Otto Mayer zuerst klassisch dargestellt hat, skizziert werden.

1. Mit dem Ausgange des Mittelalters hat sich in Deutschland eine eigenartige Entwicklung konsolidiert. Mit der Zersetzung der kaiserlichen Gewalt steht nunmehr fest, daß der Schwerpunkt der staatlichen Entwicklung in die Territorien verlegt ist. Damit war gleichzeitig gegeben, daß die Eigenart der

landesherrlichen Stellung sich in irgendeiner Weise gestalten mußte. Es geschah dies in Ermangelung feststehender Tradition und bei der Unmöglichkeit, die Rechtsverhältnisse im Reiche analog anzuwenden, auf die Weise, daß Rechte ursprünglich auf dem Gebiete der öffentlichen Gewalt einzig und allein dem Fürsten zugeschrieben wurden. Davon war noch keine Rede, daß der Staat als solcher in den Mittelpunkt des öffentlichen Lebens gelangt wäre und daß Rechte ihm zugestanden hätten. Es war vorläufig noch alles abgestellt auf die rein persönliche Seite der herrschenden Gewalt, auf den Landesherrn. Die naive Auffassung setzt die sinnliche Anschauung mit dem Wesen der Dinge gleich. Wirklich, tatsächlich, gegeben, war der Landesherr; ihn konnte man sehen, hören; man fühlte seine Hand im Guten wie im Bösen. Deshalb war auf ihn die Staatsgewalt abgestellt. Die Zeiten waren noch nicht reif zu der Abstraktion, die im Staatsbegriffe liegt. Die ihm zustehenden Befugnisse waren nun sehr verschieden, je nach der Art ihres Titels, des Herkommens und der sonstigen öffentlichrechtlichen Verhältnisse. Ebenso war der Umfang der landesherrlichen Rechte bald enger bald weiter, im ganzen ein nicht sehr übersichtliches Gemenge von Befugnissen, mit deren Aufzählung die damalige unentwickelte Staatsrechtswissenschaft viel zu tun hatte. Die landesherrlichen Rechte aber heißen Hoheitsrechte. Ihre Summe bildete den Begriff der Landeshoheit. Aus dieser eigenartigen Stellung bot dann das Naturrecht einen Ausweg. Indem es nicht bloß die Rechtssätze der Realität beachtete, sondern das Recht, wie es sein soll, ins Auge faßte, hat es besonders zur Ausbildung der Lehre vom Staatszweck erheblich beigetragen. Als solcher wird sehr bald der Begriff der allgemeinen Wohlfahrt geprägt. Diesem soll sich nun auch die Summe der Hoheitsrechte anpassen. Waren diese bis jetzt eine keineswegs gleichartige, vielmehr nach zufälligen Momenten bestimmte Masse, so sollten sie nunmehr infolge des Naturrechts ihr Ziel und ihre Bestimmung erhalten von dem Staatszweck der allgemeinen Wohlfahrt. Ueberall dort, wo dieser es verlangte, sollten Rechte des Landesherrn gegeben sein oder ausgeschlossen werden. Auf diese Weise hat das Naturrecht den landesherrlichen Befugnissen erst eigentlich die Abrundung und die Gleichmäßigkeit gegeben und gleichzeitig ihre Fülle bewirkt. Die Landeshoheit beeilte sich, aus dieser theoretischen Begründung Nutzen zu ziehen und vor allem ihre Rechte soweit auszudehnen, als es der Staatszweck zuließ; d. h. es ergab sich aus dem betonten Staatszweck der allgemeinen Wohlfahrt die außerordentlich erweiterte Machtvollkommenheit des Landesherrn. Zugute kommt diese Entwicklung nicht mehr der Reichsgewalt, sondern nur dem Einzelstaate, der das lebenskräftigere Element darstellt. Gleichzeitig aber war die Gefahr vorhanden, daß auf Grund dieser Auffassung die landesherrliche Gewalt ins Ungemessene wachse, und so entsteht noch rechtzeitig das Reichskammergericht (1495) und der Reichshofrat (1501). Die Reichsgerichtsbarkeit, die auf diese Weise auch über die Verwaltungstätigkeit der Einzelstaaten wachte, wird aber ausgestaltet nach dem Vorbilde des Zivilrechts. Der Quellen der einzelnen Hoheitsrechte sind drei. Einmal bleiben sie verankert in den Titeln, die ihnen zu Grunde liegen; sodann gibt das Naturrecht allgemeine Grundsätze über das, was dem Landesherrn zustehen soll im Gegensatz zu den speziellen Rechtsbefugnissen der einzelnen Titel. So weit geht diese Entwicklung, daß nach einem charakteristischen Worte eines damaligen Publizisten (Lotz) der Grundsatz gilt: „Das Staatshaupt kann sich also die nötigen zufälligen Hoheitsrechte selbst zulegen." Daneben war möglich eine Erweiterung der Landeshoheit durch Reichsschlüsse, wenn auch auf diesem Wege ebensogut eine Beschränkung der landesherrlichen Befugnisse hat stattfinden können. Von den Arten der Hoheitsrechte waren zwei von größter Wichtigkeit. Das eine war das sogenannte ius politiae, also das Polizeirecht. Aus dem Grundsatze der allgemeinen Wohlfahrt folgt, daß der Landesherr verpflichtet ist, für die gute Ordnung und die allgemeine Wohlfahrt zu sorgen. Er hat deshalb das Recht, die dazu notwendige Gewalt zu üben über die Untertanen. Das ist das Recht der Polizei. Den wachsenden Bedürfnissen des praktischen täglichen Lebens entspricht es aber, daß nicht bloß das Gegebene und Traditionelle hier maßgebend war, sondern daß auch Neues geschaffen werden mußte zur Aufrechterhaltung der Ordnung und Wohlfahrt. Damit war aber das ius politiae in steter Erneuerung der landesherrlichen Rechte begriffen, und es ist auf die Dauer eine Grenze der Hoheitsrechte in dieser Richtung nicht zu finden gewesen. Das andere Hoheitsrecht des Monarchen war das sogenannte ius sequaele, das Recht der Fronden, vor allem das Recht der Steuerauflage. Auf diesem Gebiete ist die Grenze der landesherrlichen Befugnisse nicht mehr so sehr flüssig wie auf dem des ius politiae, aber auch hier noch schwankend genug. Bezeichnend ist für die ganze Entwicklung, daß die Landeshoheit fast ungemessene Rechte erhielt und daß hiergegen eine Remedur nur in geringem Maße möglich war, daß dagegen das bestehende Recht nicht mißbraucht werden durfte. Die Schranke der einzelnen positiven Befugnis erscheint damals nur begrenzt durch den Staatszweck. Die Landeshoheit hebt sich selbst auf, wenn sie gegen diesen Staatszweck der allgemeinen Wohlfahrt durch den Mißbrauch eines gegebenen Rechts handelt. Aber nicht nur die Rechte, die der Fürst besitzt, dürfen nicht mißbraucht werden, und es ist nicht bloß hierdurch eine Schranke seiner Befugnisse gezogen. Eine solche ist auch gegeben in dem Grundsatz, daß entgegenstehende, wohlerworbene subjektive Rechte nicht gekränkt werden dürfen. Dieser Begriff ist aus dem deutschen Rechte seit dem Untergang des Naturrechts im 18. und Anfang des 19. Jahrh. verschwunden und erst durch Art. 129 RVerf. für Beamte wieder in eine freilich begrenzte Geltung getreten. Im übrigen ist die Ansicht durchgedrungen, daß der Staat auch wohlerworbenen Rechten, d. h. den auf besonderen Rechtstiteln begründeten Rechten gegenüber freie Hand hat. Dies war aber noch nicht rechtens in der Zeit, von der wir sprechen, nämlich vom Ausgange des Mittelalters bis zur Begründung und Erfüllung des Polizeistaats. Das wohlerworbene Recht begrenzte noch die Machtbefugnisse des Landesherrn und zwar nicht bloß, wenn es sich um ein ihm gegenüber geltend gemachtes Recht handelte, sondern auch dann, wenn das wohlerworbene Recht irgend jemandem gegenüber bestand. Auch in diesem Falle mußte es beachtet werden. Freilich entwickelte sich hier sehr bald das sogenannte ius eminens, das zu einer Durchbrechung des Grundsatzes der Unverletzlichkeit der wohlerworbenen Rechte im Interesse des Staates führte. Nach diesem konnte der Staat auch in die geschützte subjektive Rechtssphäre des Einzelnen eindringen, aber nur gegen Entschädigung.

2. Mit dem 18. Jahrhundert sehen wir eine Entwicklung vollendet, die den Charakter der bisherigen Zustände innerhalb der verschiedenen Einzelstaaten vollkommen zu ändern berufen war. Die Reichsgerichtsbarkeit, welche die Landesherren in der Ausübung ihrer Tätigkeiten bewachte und abgrenzte, wird von der Landeshoheit nicht mehr beachtet. Die öffentliche Gewalt schreitet über die Schranke, welche ihr durch die Gerichtsbarkeit des Reiches aufgestellt war, mit stürmischer Kraft hinweg. Sie war hierzu jedoch nur imstande, wenn es sich jetzt nicht mehr handelte um eine Machterweiterung des Individuums der an der Spitze des Staates stehenden Persönlichkeit. Es waren neue Ziele von herrschender Gewalt emporgekommen. Die Größe des Gemeinwesens, das war der Zweck aller öffentlichen Tätigkeit. Die Staatsidee siegt, der Fürst will nichts mehr für sich, sondern nur für den Staat. Wird also auf der einen Seite die öffentliche Gewalt schrankenlos, so wird sie doch auf der anderen Seite ethischer, indem ihr die egoistischen Momente abgestreift werden. Die Macht aber wird ausgeübt einmal durch den Fürsten und dann das Beamtentum. Der Fürst ist nunmehr in Ermangelung von Schranken (doch s. oben zu 1 a. E.) der Träger der ganzen Staatsgewalt. Grundsätzlich befugt zu jeder Handlung würde er auch alle vollbringen, wenn menschliche Kräfte eines Einzelnen hierzu auszureichen vermöchten. Da dies nicht der Fall ist, bedarf er einer Beamtenschaft, aber mit der grundsätzlichen Einschränkung, daß der Monarch jederzeit berechtigt ist, die sonst von Beamten vorzunehmende Tätigkeit an sich zu ziehen. Das Verhältnis zu den Untertanen ist derart, daß rechtliche Grenzen kaum oder gar nicht mehr bestehen. Was der Herrscher will, das ist verbindlich. Von Hoheitsrechten ist nur eigentlich dem Namen nach die Rede. Es gibt keinen Mißbrauch mehr, weil es keine Beschränkung des Rechtes gibt, und es werden auch die wohlerworbenen Rechte nicht mehr beachtet; denn es handelt sich ja nur um die Wohlfahrt des Staates. Die vernünftige Erwägung des Zweckmäßigen und des Tunlichen ist daher das in erster Reihe maßgebende Moment, in zweiter Reihe die Verantwortlichkeit des Landesherrn vor seinem Gewissen und endlich drittens, mehr unbewußt, die Macht des Hergebrachten. Das Recht an sich hat damit offensichtlich nichts zu tun. Das Beamtentum erhält seine Befugnisse von dem Monarchen. Die Pflichten und Aufgaben des Beamten sind möglichst weitumfassende im Interesse des Staatszweckes. Insbesondere die Verwaltung kann alles tun, was sie der allgemeinen Wohlfahrt entsprechend hält und was nicht einer anderen Stelle vorbehalten ist. Eine Beschränkung kann nur erfolgen durch die vorgesetzte Behörde und in letzter Instanz durch den König selbst. Aber dieser weiten Machtbefugnis, dieser Beschränkung nur durch das höher gestellte Beamtentum und den König entspricht auf der anderen Seite eine Unbeschränktheit gegenüber den Untertanen. Wenn man in früherer Zeit den Beamten die Hoheitsrechte entgegenstellen konnte, die dem Fürsten selbst Grenzen zogen, so war jetzt mit dem Fortfall dieser determinierenden Hoheitsrechte gleichzeitig alles fortgefallen, was den Beamten zu beschränken vermocht hätte. Es ist eigenartig, zu beobachten, wie in diesen Zeiten schrankenloser Herrschaft von oben

sich die Idee der unabhängigen Gerichte durchringt, wie das Schwanken aller Gerechtigkeitsgefühle schließlich zu der Ausbildung der Zivilgerichtsbarkeit im Sinne unabhängiger Gerichte führt. Von hier aus ist dann die Bildung von Gesetzen begreiflich, die, allgemeinzwingender Natur, schon deshalb eine größere Gerechtigkeit verbürgen. Wo Gericht, da Gesetz. Solange der einzelne Befehl im Polizeistaate, unabhängig von allgemeinnormierender Gleichmäßigkeit, in jede Handhabung der öffentlichen Gewalt hineinfahren konnte, solange war auch eine Unstetigkeit, eine Unsicherheit in all diesen Dingen gegeben. Der Untertan wußte nicht, was Rechtens ist und konnte sich nicht daran halten. Jetzt aber entsteht die Idee des Gesetzes als maßgebender Rechtssätze, die für alle oder wenigstens für Gruppen gelten, die nach gattungsmäßigen Momenten bestimmt sind. Verschieden auf dem Gebiete der Verwaltung und auf allen anderen Gebieten. Denn man sah die Verschiedenheit der Verhältnisse auf dem Gebiete der Verwaltung von denen auf anderen Gebieten sehr bald ein. Der Monarch glaubte sich nach damaliger Auffassung der Dinge an ein allgemeines Verwaltungsgesetz nicht binden zu können, da die Besonderheit der Verhältnisse, der Wandel des täglichen praktischen Lebens ihn doch bald zu einer Abänderung, zu einer Wandlung, zu einer verschiedenartigen Anwendung gedrängt hätte, so daß auf diese Weise das Moment der Beständigkeit und Sicherheit, das dem Gesetze innezuwohnen hat, wieder wirkungslos gemacht worden wäre. Deshalb beschränkt man sich auf die Schaffung von Gesetzen auf allen anderen Gebieten und unterstellt dann die Handhabung dieses Gesetzes in der Tat unabhängigen Gerichten. In Preußen hat in Verfolg des berühmten Müller Arnoldschen Prozesses die Abschaffung der Kabinettsjustiz stattgefunden, und seit dieser Zeit ist die Unabhängigkeit der Gerichte und ihre Gebundenheit an das Gesetz ein niemals zu durchbrechendes Prinzip geworden. Demgegenüber werden schon während der Dauer des Polizeistaates die allgemeinen Rechtsnormen mit einem besonderen Namen als Verordnungen bezeichnet.

II. Uebergang zum Rechtsstaat und seine drei Stufen.

1. Das Ergebnis der bisherigen Entwicklung ist keineswegs unbenutzt geblieben, veraltet und hinfällig geworden, es sind vielmehr die im Polizeistaate wirksam gewesenen Momente z. T. auf die kommende Zeit übergegangen, z. T. war der Polizeistaat der Zuchtmeister, durch den eine Konsolidation der staatlichen Verhältnisse bewirkt worden ist, und zwar nach zwei Richtungen. a) Gegenüber der einzelnen sich bloß addierenden Summe der Befugnisse, die dem Landesherrn zustanden, erhob sich die einheitliche Staatsgewalt, grundsätzlich ohne Schranken und hinsichtlich ihrer Aufgaben voll umfassend. Sie erstreckte sich nunmehr auf alle Gebiete der Rechts- und Kulturpflege (Kirche, Städte). Die Übermacht des Staates auch gegenüber den ständischen Gewalten war endlich festgelegt. b) Auch insofern zeigt sich eine Konsolidation, als die Herrschaft von Zivilrecht und Zivilrechtspflege endgültig begründet wurde. Der Rechtsschutz auf dem Gebiete der privaten Befugnisse ist über allen Zweifel erhaben. Besonders wichtig, weil auch Verhältnisse, die wir heute öffentlichrechtliche nennen, der Zivilrechtspflege unterlagen. Das Neue aber besteht darin, daß die allgemeine Hoheitsgewalt des Staates ihre rechtliche Ordnung findet. Maßgebend wird nunmehr, nachdem der Polizeistaat konsolidiert ist, und er seinen Übergang in die Verhältnisse des 19. Jahrhunderts vorbereitet, die Unterwerfung unter das ihm eigentümliche, nämlich das öffentliche Recht. Dieses bildet sich aus, so daß es nicht die Regel, sondern die Ausnahme wird, wenn der Staat sich dem Zivilrechte unterwerfen soll.

2. Welches ist die Natur der Rechtsordnung für das öffentliche Recht? Wie unsere öffentlichrechtlichen Einrichtungen überhaupt, so sind auch die hier fraglichen Verhältnisse erheblich von dem Muster Frankreichs beeinflußt worden. Dort war der Polizeistaat viel früher in sich vollendet. Während in Deutschland die Landeshoheit zu ihrer vollen selbstherrlichen Entwicklung nicht so schnell kommen konnte, weil ihr ein Hemmschuh in der Reichsgerichtsbarkeit angetan war, fehlte ein solcher in Frankreich ganz. Dagegen blieben die großen Gerichtshöfe, die man dort eigentümlicherweise Parlamente hieß, unabhängig vom Königtum und verwalteten das Recht selbständig. Sie wandten aber an die coutumes, d. h. gewohnheitsrechtliche Bildungen, und allgemeine Ordnungen des Königs, établissements, ordonnances. Dies war der Angelpunkt der ganzen Entwicklung. Jene königlichen Ordnungen waren nur dann rechtswirksam, wenn sie vorher dem Parlament zugestellt worden waren und dieses ihre Einregistrierung verfügte (enregistrement). Dies ging nicht ohne weiteres vor sich, häufig gab es Gegenvorstellungen und Schwierigkeiten. Aber nur die einregistrierte ordonnance des Königs bildete das maßgebende Gesetz, la loi. Woher nahm das Parlament seine Macht? Es war der Sitz des adligen Widerstandes gegen den

monarchischen Absolutismus. Die Stellen in den Parlamenten waren käuflich; sie wurden besetzt von den Söhnen der ersten Familien des Landes. Wenn dies das Verhältnis zwischen Königtum und ordentlichen Gerichten war, so bemaß sich die Befugnis der Verwaltungsbeamten nach ihrem Amtsauftrag, ganz wie im Polizeistaat. Die Grenzen dieser Rechte waren nicht durch Instruktionen festgelegt, solche wurden nicht veröffentlicht, nicht registriert. Dies geschah aber nicht etwa, weil man den Beamten freie Hand lassen wollte, weil man in ihre Rechtmäßigkeit und Gerechtigkeit das größte Vertrauen gesetzt hätte. Nein! sondern deshalb, weil die zu diesem Zwecke überreichten ordonnances von den Parlamenten stets zurückgewiesen worden waren. Denn man fand, daß sie den Beamten eine zu große Machtbefugnis einräumten. So handelten die Organe der Verwaltung ohne Gesetz. Sie waren tätig auf einem rechtsfreien Raum. Überschritten sie freilich ihre Befugnisse, so wurden sie belangt auf dem Zivilrechtswege, auf Schadensersatz. Aber es stellte sich heraus, daß der König sie überall schützte und die Vollstreckung der Urteile der Parlamente gegen die Beamten war meistens undurchführbar. Während also auf der einen Seite die monarchische Gewalt auf dem Gebiete der Verwaltung durch die Parlamente gebunden ist beim Erlasse allgemeiner Vorschriften, der ordonnances, ist auf der anderen Seite die Verwaltung in der Praxis davon unabhängig. Es besteht also jetzt zwar eine rechtmäßige Schranke für den Erlaß von Rechtsvorschriften, aber ein weites Gebiet der Staatstätigkeit fällt nicht unter sie. Da war der Polizeistaat gleichartiger: kein Gesetz und keine Schranke der Verwaltung. So steht die Verwaltung in Frankreich außerhalb des Gesetzes und verletzt auf die Dauer in der höchsten Weise das Rechtsgefühl. Deshalb ertönt die Forderung, das Verwaltungsrecht müsse gleich wie die Justiz dem Gesetze unterworfen werden. Von erheblicher Einwirkung waren hierauf die Idee der Volkssouveränität, wie sie am schärfsten von Rousseau formuliert war — als Träger der Staatsgewalt gilt ihm die volonté géneral —, und dann die Lehre von der Trennung der Gewalten, die hauptsächlich von Montesquieu ausging. Er hat die sogenannte séparation des pouvoirs verkündet, indem er unterschied pouvoir législatif, exécutif und judiciaire. Aber die Hauptsache blieb: die Herrschaft des Gesetzes ist zu erstreben. Merkwürdig aber ist, daß nicht eine Unterwerfung der Verwaltung unter die Justiz das Ergebnis solcher Bemühungen war, sondern vielmehr dieses: Die Verwaltung solle innerhalb ihres Gebietes sich selbständig verwirklichen unterhalb des Gesetzes, aber nicht unterhalb der Justiz. Auch dies ist ein Erzeugnis der Theorie von der Trennung der Gewalten. Die exekutive Gewalt sollte ihre Selbständigkeit bewahren. Wie die Form, in der die Zivilrechtspflege sich ausdrückte, das Urteil war, so war es hier der Verwaltungsakt, d. h. die von den Verwaltungsorganen in Ausübung ihrer obrigkeitlichen Befugnisse vorgenommene Handlung. Er wurde die der Verwaltung eigentümliche Form, wesentlich blieb die Gleichartigkeit mit dem Urteil der Justiz. Das ist schließlich der Übergang der ganzen Entwicklung von dem Polizeistaate zum Rechtsstaate in Frankreich, daß die Verwaltung sich zu den Ideen hat bekennen müssen, deren Trägerin die Justiz war. Das Urteil ist gebunden an das Gesetz in Zivilsachen wie der Vollstreckungsbeamte an das Urteil. Auf dem Gebiete des öffentlichen Rechts ist der Verwaltungsakt an das Gesetz gebunden, die Handlung des Vollstreckungsbeamten an diese der Verwaltungshandlung eigentümliche Form, d. h. gerade an diesen Verwaltungsakt. Diese historischen Ereignisse und Ergebnisse hat am vollendetsten Otto Mayer herausgearbeitet; sie sind als herrschende Auffassung anzusehn.

3. Die so geschilderten französischen Bewegungen haben sich in der deutschen Entwicklung nicht einfach widergespiegelt. Die Idee der Volkssouveränität wurde bei uns nicht wie in Frankreich die Grundlage des Staatsgebäudes. Schon die Aufklärungsperiode und ihre Philosophie prägt zwei Grundgedanken scharf aus. Einmal daß der Staat selbständig in der Natur des Menschen gesetzt ist, daß er einen in sich ruhenden Lebensorganismus darstellt; sodann daß der Staat nach dem Nutzen beurteilt werden müsse, den er für das Individuum schaffe. Die herbe Pflichterfüllung, die besonders im Staate Preußen am Ende des 18. Jahrhunderts vorbildlich gewirkt hat, — Friedrich der Große! — vermochte dieser Geistesrichtung ihren Stempel aufzudrücken. Es war die natürliche Reaktion gegen die übermäßige Anspannung der Volkskräfte durch den Staat und gegenüber dem aufgeklärten Absolutismus, der hier wirksam wurde. Unternahm es die aufgeklärte Despotie mit ihren Beamten, die Gesellschaft wirtschaftlich zu regeln, dem Ackerbau, dem Gewerbe, dem Handel die besten Methoden vorzuschreiben und eine allgemeine Beglückung der Völker herbeizuführen, so wurde man dieser aufdringlichen Bevormundung sehr bald überdrüssig. So entsteht allmählich eine Bewegung, als

deren Ergebnis gelten kann: Das Verhältnis der öffentlichen Gewalt zum Individuum wird angesehen als durch das Recht bestimmt. Die Rechtsauffassung vom Staate ist deshalb die herrschende Grundidee geworden. Den schärfsten Ausdruck für die herrschenden Gedanken fanden Pufendorf und der große Philosoph Kant. Sie brachten ihn sogar zu einer einseitigen Geltung, die nahezu den Staat nur als Zwangsanstalt zur Verwirklichung des Rechts gelten ließ. Ihre Grundmaxime war die, „daß jedermann seine natürliche Freiheit im Handeln soweit beschränken müsse, daß die gleiche äußere Freiheit seiner Mitmenschen daneben bestehen könne“. Die auf diese Weise konsolidierte Idee eines „juristischen Bürgervereins“, in dem sich der Staat darstellte, war zweifellos noch vom Naturrecht her beeinflußt und eine Einseitigkeit, doch als der Gegenpol der absolutistischen Bevormundung begreiflich. Wie hier aber die tiefsten Fragen des öffentlichen Lebens zusammenhängen, zeigt sich, wenn wir einen Blick auf die Lehre von den Staatszwecken werfen. In dieser finden die Grundauffassung einer Zeit, ihre Überzeugungen von der staatlichen Gestaltung und den Aufgaben des Staates ihren geprägten Ausdruck. So hieß es früher, in der Zeit des konzentrierten Absolutismus, daß der Staatszweck in der allgemeinen Wohlfahrt bestehe, und wir haben gesehen, welche praktischen Konsequenzen für die Abrundung der landesherrlichen Gewalt diese Theorie besaß. Jetzt formuliert man einen neuen Staatszweck, nämlich den des Rechtsschutzes. Der Staat hat zu walten über der Willkür der Einzelnen, „um das Recht aller zu schützen“. Schon einen solchen Staat nannte man Rechtsstaat. Aber, was wir heute darunter verstehen, ist nicht dasselbe. Heute ist man darüber einig, um zunächst die Frage des Staatszweckes zu erledigen, daß der Staat nicht bloß den Zweck habe, die Rechtsordnung zu handhaben, ohne administrative Aufgaben zu übernehmen, auch nicht, daß er etwa bloß die Rechte der Einzelnen zu schützen habe; heute spricht man von Kulturzweck. In der Abneigung gegen die staatliche Reglementierung aller Interessen verkannte man, daß der Staat keine Anstalt zur Rechtsversicherung sein kann. Man vergaß auch, daß die Kirche seit länger als 1000 Jahren die sittliche und geistige Hebung der Gesamtheit zu ihrer Aufgabe gemacht hatte und daß mit der Spaltung der Kirchen und Bekenntnisse jene humanen Aufgaben auf den Staat übergehen mußten, soweit sie nur einheitlich zu lösen sind. Der Rechtszweck allein reicht also ebensowenig aus für den modernen Staat wie der Wohlfahrtszweck. Maßgebend kann einzig und allein sein der Kulturzweck. Einen solchen mußte der Staat anerkennen, wenn er sah, wie die Masse der Bevölkerung in Unwissenheit und Roheit aufwuchs und wie wenig die herrschende Kirche mit ihrem Lehrberuf und ihren Mitteln für die intellektuelle Bildung der Nation sorgte. (Göz). Der Staatszweck des Rechtsschutzes ist daher für unsere heutige Auffassung erledigt, mögen auch Geister wie Kant an ihrer Wiege gestanden und ein Mann wie Wilhelm v. Humboldt sie in einem Jugendwerke glänzend verfochten haben. Man nennt also Rechtsstaat historisch — das ist die erste Stufe des Rechtsstaats — denjenigen Staat, der sich zur Aufgabe gemacht hat, Rechte des Individuums zu schützen, und seinen Zweck in der Handhabung der Rechtsordnung sieht. Diese Auffassung ist aber, wie gesagt, veraltet.

4. Zu einem weiteren Begriffe — und damit zur zweiten Stufe des Rechtsstaates — gelangen wir durch die Erwägung, daß das französische Verfassungsrecht zweifellos Einfluß ausgeübt hat auf die Entstehung des deutschen Konstitutionalismus und auf die konkreten deutschen Verfassungsurkunden. Die zweite Stufe des „Rechtsstaats“ in Deutschland stellt also im 19. Jahrh. der konstitutionelle Staat dar, d. h. derjenige, in dem die Bildung des Staatswillens in Übereinstimmung des Monarchen mit den gesetzgebenden Körperschaften entstand. Die moderne Volksvertretung ist etwas grundsätzlich Verschiedenes von der alten landständischen Repräsentation. Denn die Landstände hatten gewisse, die Staatsgewalt beschränkende Privilegien, aber nur solche, dagegen bedingt die Idee der modernen Volksvertretung eine entscheidende Mitwirkung des Volkes an der Staatsgewalt, insbesondere an der Handhabung der Gesetzgebung. Spricht man nach der Einführung der Verfassung von einem Verfassungs- und Rechtsstaate, so muß man sich hierbei bewußt bleiben, daß es sich hier nicht schon handelt um den vollendeten, den vollständig ausgebauten Verfassungsstaat, der das Postulat der Gesetzmäßigkeit in möglichst vollkommener Weise verwirklicht. Am besten und schärfsten hat den Grundsatz Stahl ausgesprochen: Der Rechtsstaat soll die Bahnen und die Grenzen seiner Wirksamkeit wie die freie Sphäre seiner Bürger in der Weise des Rechts genau bestimmen und unverbrüchlich sichern. Hierher gehört auch Robert von Mohl, der „den Begriff des Rechtsstaates in der Wissenschaft eingebürgert hat. Denn wenn er auch den Begriff wesentlich weiter faßt, als es heute üblich

ist, so scheint ihm doch der die Gesetzmäßigkeit der Verwaltung verbürgende moderne Verfassungsstaat als die bisher beste und zuverlässigste Verwirklichung des Rechtsstaats". „Er hat den Namen des Rechtsstaats reklamiert für einen Staat, der nicht durch Ziel und Inhalt seiner Betätigung gekennzeichnet ist, sondern durch Art und Charakter derselben die Staatszwecke zu verwirklichen sucht, und er ist in der wissenschaftlichen Literatur damit durchgedrungen." Nach Mohl ist der Rechtsstaat gegeben, wo das Gemeinbewußtsein die Staatsgewalt anerkennt und damit zur Existenz bringt, weil und insoweit sie geeignetes Mittel zur Erreichung vernünftiger Zwecke ist." Auch der Rechtsstaat, den er, wenigstens für seine Zeit, forderte, behält die unmittelbare Rechtfertigung aus einem, wiewohl vertieften Individualismus, behält die Tendenz einer Beschränkung der Staatstätigkeit auf das Notwendigste, ist mit einem Worte geistesverwandt mit den verfassungs- und wirtschaftspolitischen Anschauungen des älteren Liberalismus (Thoma). Wenn man diesen mit dem Parallelbegriff der Verfassung verbundenen Begriff des Rechtsstaates festhält, so wird man damit eine zweite Grundbestimmung gefunden haben.

5. Als dritter Stufe pflegt man von dem „modernen Rechtsstaate" zu sprechen, wonach die ganze Verwaltung unter dem Gesetze steht, an dieses gebunden ist. Um diese Stufe des Rechtsstaates zu erreichen, mußte erst die Grundlage einer auf weitgehender Selbstverwaltung sich aufbauenden Rechtskontrolle gegenüber der staatlichen Exekutive gewonnen werden. Dies weist auf die Rechtsstaatsidee Gneists, dem ebenso wie Otto Bähr (Der Rechtsstaat, 1864) von Thoma (a. a. O. S. 198), Einseitigkeiten vorgeworfen werden. Daß auch hier, auf dieser dritten Stufe, verschiedene Etappen zu durchlaufen waren, ergibt sich u. a. daraus, daß „eine Zeitlang in der Theorie der Rechtsstaat geradezu identifiziert wird mit einem Staate, welcher schlechthin die Verwaltung der Kontrolle durch die ordentlichen Gerichte unterstellt" (Thoma a. a. O. S. 208). Später kommt eine Auffassung auf, die zu dem Satze führte: „Die Funktion der Verwaltungsgerichtsbarkeit ist dabei, das rechtsstaatliche Postulat unverbrüchlicher Sicherung der Gesetzmäßigkeit der Verwaltung zu erfüllen." Mit Rechtsstaat wird auf dieser dritten Stufe also nicht, wie das Wort auszudrücken scheint, eine Einzelinstitution gemeint, sondern der Grundcharakter einer Staatseinrichtung. Dieser hat sich erst nach und nach zu klar sichtbarer Festigkeit durchgerungen. Nach der Entstehung der Verfassungsurkunden in Deutschland im 19. Jahrh. besonders nach 1848 war die Reaktion im politischen Leben in fast ganz Deutschland Tatsache geworden, so daß klar wurde, wie auch eine Verfassungsurkunde nicht die vollständig ausreichende Garantie abgeben kann für die Sicherung der individuellen Rechte gegenüber der öffentlichen Gewalt. Man sah ein, daß der Staat seine Aufgabe nur erfüllen kann, wenn durch einen organischen Zwischenbau, nämlich die staatliche Selbstverwaltung, Recht und Gesetz der Gesellschaft anerzogen und eingewöhnt wird. Erst die auf der Grundlage dieser Selbstverwaltung sich aufbauende Rechtskontrolle, auch gegenüber der staatlichen Exekutive, schien denjenigen Rechtsschutz auf dem Gebiete des öffentlichen Rechts zu bieten, der nunmehr das Kennzeichen des modernen Rechtsstaates sein soll. Die Formel dieses letzteren ist: Die ganze Verwaltung muß unter dem Gesetze stehen. Zweifellos ist diese Forderung, die in Deutschland sich durchgerungen hat, eine Folge auch der verfassungsmäßigen Entwicklung, die wiederum von Frankreich hergekommen ist; aber es spielen noch viele andere Motive und Tatsachen mit, wie denn diese Entwicklung überhaupt nicht so schnell vor sich ging. Die Besonderheiten der von einer Rechtskontrolle früher in weitem Umfange befreiten Verwaltung in Deutschland und die daraus sich ergebenden Zustände haben zu der Bildung der Rechtsstaatsidee erheblich beigetragen.

6. Die Forderung des modernen Rechtsstaates ist also, daß die Verwaltung möglichst gebunden sein muß an die Gesetze. Die Legislative hat also die Aufgabe, Rechtsnormen zu schaffen, die für die Verwaltung in der Praxis maßgebend sein sollen. Und weiter ergibt sich das Erfordernis: Die Verwaltung muß nach Maßgabe dieser Rechte überwacht und verbessert werden können. Es kann dies nur geschehen durch eine unabhängige Instanz. Deshalb entbrennt in Deutschland ein heftiger Streit in den sechziger und siebziger Jahren des 19. Jahrh. über die Frage, ob dieser Rechtsschutz gewährleistet werden solle seitens der Zivilgerichte, oder ob die Verwaltung selbst fähig ist, wie die Justiz, Recht und Gesetz zu verwirklichen. Dieser Streit hat mehrere Jahrzehnte gedauert; aber auf seine einzelnen Phasen kommt es nicht mehr an. Das für uns maßgebende Resultat ist heute dieses: Das öffentliche Recht wird geschützt durch die Gerichte, aber grundsätzlich nicht durch die Zivilgerichte. Es entsteht die Verwaltungsgerichtsbarkeit, ausgeübt von unabhängigen

Verwaltungsgerichten. Freilich ist nicht nur in einem förmlichen kontradiktorischen Verfahren der Verwaltungsgerichtsbarkeit der Rechtsschutz gewährleistet, sondern auch in einem Beschlußverfahren, das aber ebenfalls an Formen gebunden ist, die eine weitgehende öffentlichrechtliche Garantie bieten. Das Ergebnis ist aber auch hier für alle Fälle die Justizförmigkeit der Verwaltung. Niemals darf, das ist der Sinn der „gesetzmäßigen Verwaltung", das freie Ermessen in Willkür ausarten; es muß stets rechtmäßig sein, d. h. entweder durch Gesetz im Sinne einer jeden Rechtsnorm ausdrücklich zugelassen oder aber durch eine Rechtsnorm nicht gehindert sein, im übrigen aber dem Wesen der Verwaltung gemäß erlaubt erscheinen.

7. Betrachtet man einige der heute führenden Lehrbücher zu diesem Punkte, so ergibt sich etwa Folgendes: Fleiner, Institution des deutschen Verwaltungsrechts (8. Aufl. 1928, S. 40, 241) sieht diese Frage in Verbindung mit dem Problem der Verwaltungsgerichtsbarkeit, die zweifellos eine Folge der rechtsstaatlichen Grundauffassung ist. W. Jellinek (a. a. O. S. 83) sieht den „heutigen Rechtsstaat" als eine Erscheinung an, bei dem aus dem Rechtsstaatsgedanken gewisse Forderungen abgeleitet werden. Ein Rechtsstaat im vollen Wortsinne sei nur im Verfassungsstaat möglich, nur in einem Staate, wo Gesetzgebung und Verwaltung sich nicht in einer einzigen Person vereinigen. Der erste Grundsatz des Rechtsstaates ist nach ihm der von der Gesetzmäßigkeit der Verwaltung. Aber man meine damit nicht oder nicht in erster Linie, daß kein Verwaltungsakt einem Gesetze widersprechen darf, denn das versteht sich von selbst, sondern daß kein belastender Verwaltungsakt ohne gesetzliche Grundlage ergehen darf. Er verkennt nicht, daß die gesetzliche Ermächtigung so allgemein gehalten sein kann, daß sie den Grundsatz im Ergebnis nahezu aufhebt. Die Herrschaft des Gesetzes verlange endlich tunliche Einschränkung des freien Ermessens. — Es ist nunmehr noch auf zwei Dinge Gewicht zu legen; einmal auf die Gegner bzw. gegnerischen Strömungen, die den Rechtsstaat verneinen, sodann im Anschluß hieran auf eine kritische Betrachtung der Problematik des Rechtsstaates letzter Stufe.

8. Die Gegnerschaft, die sich der Rechtsstaatsidee schon sehr früh, bereits in der ersten Stufe des Rechtsstaates im 19. Jahrh. bemächtigte, ging begreiflicherweise hauptsächlich von Hegel und seiner Staatslehre und von den Romantikern, wie Adam H. Müller, ferner von Friedrich Julius Stahl, später von Ranke, Heinrich von Treitschke aus. Nach Hegel ist der Staat die Wirklichkeit der konkreten Freiheit, die den Einzelnen und ihren besonderen Interessen ihre vollständige Entwicklung und die Anerkennung ihres Rechts eben dadurch gewährt, daß diese durch sich selbst in das Interesse des Allgemeinen übergehen, wissentlich und willentlich das Allgemeine als ihren eigenen substantiellen Geist anerkennen und für das Allgemeine als ihren Endzweck tätig sind. Derart soll der Einzelne eben dadurch, daß er sich zum selbständigen Extrem der persönlichen Besonderheit vollendet, in die substantielle Einheit des Staates zurückgeführt werden (Hegel, Grundlinien der Philosophie des Rechts, S. 202; Franz Rosenzweig, Hegel und der Staat, 1920, II, 147ff.). Hegels Staatslehre verwendet also auch den Freiheitsbegriff, doch sei nicht die rechtsstaatliche bürgerliche Freiheit diese „wahre konkrete Freiheit" und nicht Grenze oder auch nur Modifizierung bedeutet sie für die Wirksamkeit des Staates, sondern gerade umgekehrt die Möglichkeit für eine unbeschränkte Ausdehnung dieses Wirkens. Hegels Freiheitsbegriff bedeutet im historisch-politischen Sinne eine Umkehrung des sonst gebrauchten Begriffs. (K. Löwith, Burckhardts Stellung zu Hegels Geschichtsphilosophie, in Deutscher Vierteljahresschrift für Literaturwissenschaft und Geistesgeschichte, VI, 1928, 702ff., 731). Adam H. Müller erklärte: „Der Staat ist die Totalität der menschlichen Angelegenheiten, ihre Verbindung zu einem lebendigen Ganzen. Schneiden wir auch nur den unbedeutendsten Teil des menschlichen Wesens aus diesem Zusammenhang für immer heraus . . ., so können wir den Staat als Lebenserscheinung . . . nicht mehr empfinden." Müller rühmt das Wesen des Feudalismus und sieht in den Ständeverhältnissen den Sitz alles Staatsrechtes. Restauration, feudalklerikale Reaktion und politische Unfreiheit werden in Verbindung gebracht mit dem Geiste der Romantik. (Adam Müller, Die Elemente der Staatskunst, neu herausgegeben von Jakob Baxa, 1922, I, 48, 157f., 189; C. Schmitt, Politische Romantik, 1919, S. 1ff.). Nach Friedrich Julius Stahls „Philosophie des Rechts nach geschichtlicher Ansicht" (III, 6f., 30f., 338) läßt der Staat keine Grenzen der Wirksamkeit zu, er umfaßt alle Verhältnisse des zeitlichen Daseins, materielle Wohlfahrt, Freiheit, Recht, Bildung, Sitte und Ehrbarkeit. Es sei völlig willkürlich davon auszugehen, daß der Mensch zu absoluter äußerer Freiheit . . . geschaffen sei und nur zum Zwecke dieser

Freiheit beschränkt werden dürfe. Anstalt zur Beherrschung der Menschen sei der Staat. Als solche habe er zwei Seiten, die Gliederung der beherrschten Menschen, durch welche er als Anstalt besteht, die Verfassung, und die Herrschaft, welche er von dieser Gliederung aus über die menschlichen Zustände übt, die Verwaltung. Die letztere umfaßt aber neben Militär, Finanzen und Justiz die Polizei, nämlich die Förderung des Gemeinwohls nach allen seinen Beziehungen, in ihr besteht die eigentliche, stete politische Tätigkeit. Auf den erheblichen Einfluß Stahls auf andere (z. B. Joseph Maria von Radowitz, H. v. Mühler) sei nur hingewiesen (Darmstädter, S. 32ff.). Leopold von Ranke tritt in seinem „Politischen Gespräch" (1836) für die Schrankenlosigkeit des staatlichen Wirkens ein, doch finden sich Anklänge an Humboldts Lehre von der freiwilligen Vereinigung der Menschen untereinander. H. von Treitschke meinte, es sei klar, daß die Theorie nicht imstande sein kann und darum auch nicht versuchen soll, ein Maximum der Staatstätigkeit, Grenzen der Wirksamkeit des Staates zu bezeichnen. Da der Staat Macht ist, so kann er offenbar alle menschlichen Tätigkeiten, soweit sie in das Gebiet des nach außen gerichteten Willens fallen und im äußeren Zusammenleben der Menschen sichtbar werden, in den Bereich seiner Wirksamkeit ziehen. . . Die Theorie könne keine Grenzen der Staatswirksamkeit aufstellen; soweit der Staat das äußere Volksleben beherrschen kann, soweit werde er auch suchen, es zu beherrschen (Politik, 5. Aufl. 1922, I, 69f.). Neuerdings hat Julius Binder, Philosophie des Rechts, 1925, S. 545, gegen den Rechtsstaatsgedanken sich eingestellt: Es ist nicht die Aufgabe des Staates, die Zwecke des Individuums zu garantieren, nicht entspreche es seiner Idee, die negative Freiheit des Individuums, d. h. die Freiheit vom Staate selbst, zu schützen oder die schematische Gleichheit der Bürger durchzuführen, der Unstaat des Individualismus sei es, der in solchen Postulaten zum Ausdrucke komme. Der Staat sei die organisch gegliederte Einheit des Volkes, als solche habe er dem Einzelnen seine Freiheit im Staate, die positive Freiheit zu gewähren dadurch, daß er ihn als freie Persönlichkeit und als Glied in das Ganze des staatlichen Organismus einfüge, ihm also seine individuelle Stellung im Staate anweise und sichere. Max Wundt, Staatsphilosophie, 1923, S. 61ff., 83, meint, der Staatszweck sei die Vernunft des Volkstums, der im Volke lebende, selbstbewußte sittliche Geist. Dem sittlichen Werke seiner Glieder Bestand und Dauer zu verbürgen, sei die wahre Aufgabe des Staates, den im Volke lebenden sittlichen Geist zu einer objektiven Darstellung zu bringen, sei sein Zweck. Diesem Staatszweck wird der Name Gerechtigkeit gegeben. Nur im Zusammenhange mit dieser wird die Freiheit des Bürgers anerkannt, die sinnliche Freiheit, die Freiheit der Willkür und die allgemeine Gleichmacherei werden verworfen. Diese stark an Hegel sich anlehnenden Vorstellungen geben ebensowenig wie die Andeutungen von Oswald Spengler (Untergang des Abendlandes, II. 422) und Othmar Spann (Der wahre Staat, 1921, S. 233) klare Entscheidungen: Bei beiden eine starke Achtung vor dem Gedanken des Ständestaats, dazu noch eine etwas ungenaue Vorstellung von Dezentralisation. Nach Othmar Spann ist nicht Freiheit und Gleichheit des abstrakt für sich gedachten Individuums und damit dessen Verarmung und Vereinsamung der ständische Staat, sondern jene geschiedene, abgestufte Freiheit und jene abgestufte Gleichheit, die allein die Fülle des Lebens, Wohlaufgehobenheit, Persönlichkeit, Geistigkeit sei. Dieses Verhältnis von Gleichheit und Ungleichheit, Freiheit und Bindung solle zeigen, daß die ständische Gliederung des Staates der Zentralisierung der Regierung entgegenstrebt.

Zu der Gegnerschaft gegen den Rechtsstaat gehört aber nicht nur die Theorie, sondern die z. T. freilich stark auf sie zurückgehende Praxis und zwar sowohl des Bolschewismus wie des Faschismus. Der Bolschewismus, der sich als folgerichtige Durchführung der Ideen von Karl Marx ausgibt, die wiederum auf Hegel zurückgehn, stellt sich als der schärfste Gegensatz zu der Rechtsstaatslehre heraus. Auch der italienische Faschismus geht auf Hegels Staatslehre zurück. Einer der bedeutendsten Staatsphilosophen des faschistischen Italien, Giovanni Gentile, ist „bis in die Wurzeln seiner Lehre von Hegel beeinflußt". Der faschistische Staat ist der berufsständische Staat, der korporative Staat; der Einzelne ist nach der faschistischen Staatstheorie an sich nicht fähig, den Staat zu erfassen, die Kluft zwischen Staat und Einzelwesen ist hierfür zu groß, es bedarf der Zwischenglieder, das sind die Verbände. Nur als Glied eines Verbandes, in den er sich einzuordnen gelernt hat, werde der Einzelne der richtigen Anschauung des Staats fähig, nämlich als der Zusammenfassung aller sozialen Kräfte, welche durch die Verbände dargestellt werden (von Beckerath, Wesen und Werden des faschistischen Staates, S. 98ff., weiteres Schrifttum bei Darmstädter, S. 39ff.). Nicht zutreffend ist es, wenn Kelsen als

Gegner des Rechtsstaates bezeichnet wird. Seiner Lehre ist charakteristisch die Identifizierung von Recht und Staat, beide seien ein und dasselbe, jeder Staat sei ein Rechtsstaat. Von diesem Standpunkte ist es natürlich, daß Kelsen der Begriffsbildung des Rechtsstaates nicht bedarf und in ihr nur eine historische Tatsächlichkeit sieht. Er hält den immer wieder gemachten Versuch, aus dem Wesen des mit dem Rechte identischen Staates ein Minimum oder ein Maximum von staatlicher Kompetenz abzuleiten für vergeblich. Durch die Identitätslehre kann alles, was zur Pflege der materiellen Wohlfahrt des Volkes gehört und der Förderung des Gemeinwohls dient, in den Aufgabenbereich der Staatsverwaltung gezogen und es kann jeder dem Gemeinwohle nützliche Erfolg angestrebt werden (Allgemeine Staatslehre, S. 255ff.). Walter Burckhardt (Die Organisation der Rechtsgemeinschaft, 1927, S. 65ff., 129, 235ff., 255, 274ff.) sieht den Zweck und die Aufgabe der staatlichen Organisation allerdings in der Verwirklichung der Rechtsidee; hierzu rechnet er die Aufstellung von Rechtssätzen, die in ihrer planmäßigen Einheit eine Rechtsordnung bilden, die Anwendung der Rechtssätze auf die konkreten Fälle und die Erzwingung dieser konkreten Anordnungen. Rechtssetzung, Rechtsanwendung und die Zwangsvollstreckung seien die drei logisch notwendigen Stadien der Rechtsverwirklichung. Rechtsanwendung sei sowohl Verwaltungsakt wie Urteil. Die Anwendung wird streng unter die Gesetzgebung geordnet, dem Rechtszweck werden Kulturzwecke gegenübergestellt und schließlich wird von ihm erreicht, daß die „Einheit des staatlichen Zweckes" gewahrt bleibt. Die gesamte gesellschaftliche Tätigkeit zu übernehmen und alle Einzelnen in ihren Dienst zu nehmen, ist das Ziel, also wieder im Gegensatz zum klassischen Rechtsstaatsgedanken.

9. Andererseits ist es kein Zweifel, daß auch gerade durch den mindestens seit Kriegsbeginn 1914 in Deutschland verstärkten und seither in allen möglichen Formen auftretenden Staatssozialismus dem Gedanken der Neubelebung der Rechtsstaatsidee sehr wesentliche Strömungen zugute kommen. Sie sind zusammengefaßt in dem mehrfach herangezogenen Werke von Friedrich Darmstädter, Die Grenzen der Wirksamkeit des Rechtsstaates. Eine Untersuchung zur gegenwärtigen Krise des liberalen Staatsgedankens, 1930. Er kommt zu dem Ergebnis, daß Rechtsstaat nur derjenige Staat ist, der die Gemeinschaftsregelung des Rechts als einzigen Selbstwert anerkennt und die Herrschermacht als Mittel in dessen Dienst stellt. Zwar nicht von den subjektiven Rechten des Individuums ausgehend wie W. von Humboldt, wohl aber von der Anerkennung des positiven Rechts her, gibt es Schranken der Herrschermacht, die nur dort einzugreifen habe, wo eine rechtliche Regelung es erfordert. Der Rechtsstaat in diesem Sinne soll ebenso aktiv und positiv sein wie der Machtstaat, aber in anderer Richtung; er soll ebenfalls die Wohlfahrt fördern, aber nur als Wohlfahrtsvermittler, nicht als Wohlfahrtsspender. Als Aufgabe der inneren Verwaltung wird bezeichnet die Rechtsvorbereitung mit dem Ziele der Schaffung und Erhaltung der durch das Gemeinschaftsleben geforderten natürlichen Freiheit und Gleichheit unter den Staatsbürgern. Durch ein oberstes Verwaltungsgericht sollen die Grenzen des Rechtsstaates auch gegen etwaige Gesetze, die diesen Grundsätzen zuwiderlaufen, geschützt werden. Insofern wird ein schrankenloser Parlamentarismus, eine Allmacht des Gesetzgebers abgelehnt, unter Einfügung des liberalen Staatsgedankens in den demokratischen Staat. Zu Unrecht wurde Darmstädter vorgeworfen (Herrfahrdt, JW. 1930, S. 1294), daß er in der Darstellung „des" Rechtsstaatsgedankens zwei verschiedene Elemente zusammenfasse, einmal Gesetzmäßigkeit der Verwaltung und den Freiheitsgedanken im Sinne von Kant und Humboldt. Denn diese beiden Elemente gehören nun einmal zu der Idee des Rechtsstaates, wenn auch, wie hier dargelegt, auf verschiedenen Stufen der Entwicklung des Rechtsstaatsgedankens. Eine Auseinandersetzung mit den Dogmen des Liberalismus in bezug auf die Staatslehre kann an dieser Stelle nicht stattfinden.

10. Dagegen ist es notwendig, an dieser Stelle noch eine Kritik der heute herrschenden Vorstellung über den Rechtsstaat im Sinne lediglich einer Forderung der Gesetzmäßigkeit der Verwaltung anzubringen. Der formale Begriff der „gesetzmäßigen Verwaltung" reicht m. E. nicht aus. Erstens schaltet man, indem man auf die Garantie der Gesetzmäßigkeit der Verwaltung das alleinige Gewicht legt, diejenigen Errungenschaften des modernen Staates aus der Begriffsbestimmung aus, ohne die doch der moderne Rechtsstaat nicht denkbar ist, wie die Unabhängigkeit der Gerichte, den Konstitutionalismus, die Selbstverwaltung, die Grundrechte. Zweitens ist die Idee der „Gesetzmäßigkeit der Verwaltung" viel zu unbestimmt, weil sie die Frage offen läßt, was „Gesetzmäßigkeit" ist: nur die Verwaltung auf Grund eines formellen Gesetzes, einer allgemeinen Ermächtigung oder eines aus dem Wesen der Ver-

waltung überhaupt folgenden Grundsatzes? Ist es nur das erstere, dann würde man der Verwaltung schlechterdings unerfüllbare Aufgaben stellen, die mit einer solchen engen Bindung nicht auszukommen vermöchte. Ist es aber auch gesetzmäßig, auf Grund einer Ermächtigung oder eines allgemeinen Grundsatzes zu handeln, dann ist der Rahmen der „Gesetzmäßigkeit" so weit gezogen, daß die strenge Formel sich verflüchtigt. Gleichwohl habe ich keinen Zweifel, daß unsere moderne Verwaltung nur auf dieser letzteren breiten Grundlage beruhen kann, daß sie also auch gesetzmäßig bleibt, wenn sie sich auf eine allgemeine gesetzliche Ermächtigung oder auf einen durch maßgebliche Staatsorgane, insbesondere Gerichte anerkannten Grundsatz stützt, der aus dem Wesen der Verwaltung folgt.

11. Tatsächlich ist die politische Rechtsstaatsidee heutzutage nur insoweit verwirklicht, als dies durch positives Recht geschehen und zu belegen ist. Das positive Recht muß auch fernerhin diese politische Rechtsstaatsidee in dem Sinne der jeweiligen kulturellen Gesamtauffassung eines Volkes in dem Verhältnis der Staatsgewalt zum Einzelbürger verwirklichen. Gegenwärtig bedeutet die politische Rechtsstaatsidee die Aufrechterhaltung und Weiterführung der Gedanken des Konstitutionalismus, der demokratischen und parlamentarischen Verfassungsform, der richterlichen Unabhängigkeit, der trotz aller Zweckmäßigkeitserwägungen den Boden des Gesetzes nicht verlassenden Verwaltung und der Ideen der RVerf. vom 11. VIII. 1919, insbesondere derjenigen, die in den Grundrechten zum Ausdruck kommen. Gerade der Schutz der Grundrechte ist mit das wesentlichste Element der Verwirklichung des modernen Rechtsstaates.

Schrifttum:

Unter Verweisung auf die bereits im Texte erwähnten Werke seien hervorgehoben: Bähr, Der Rechtsstaat, Kassel 1864. — Gneist, Verwaltung, Justiz, Rechtsweg, Staatsverwaltung und Selbstverwaltung nach englischen und deutschen Verhältnissen, Berlin 1869. — Derselbe, Der Rechtsstaat und die Verwaltungsgerichte in Deutschland, 2. Aufl (Berlin 1879). — Derselbe, Artikel „Beschwerde (verwaltungsrechtliche)" und „Verwaltungsjurisdiktion, Verwaltungsjustiz", in v. Holtzendorffs Rechtslexikon, 3. Aufl., Bd. 1 (1880), S. 322ff., Bd. 3 (1881), S. 1112ff.. — v. Sarwey, Das öffentliche Recht und die Verwaltungsrechtspflege, 1880. — Derselbe, Allgemeines Verwaltungsrecht, in Marquardsens Handbuch des öff. Rechts, Bd. 1, Hlbbd. 2 (1884), S. 140ff. — Göz, Verwaltungsgerichtsbarkeit in Württemberg, 1901. — O. Mayer, Deutsches Verwaltungsrecht, 1. Aufl., 1895, Bd. 1, S. 38—66; 2. Aufl. 1914, Bd. 1, S. 39—64; 3. Aufl., 1924, Bd. 1, S. 38—63. — Tezner, Die deutschen Theorien der Verwaltungsrechtspflege, VerwArch. Bd. 8 (1900), S. 220ff., 475ff.; Bd. 9, S. 159ff., 511ff. und dazu O. Mayer im ArchÖffR., Bd. 17, S. 141—149. —Stier-Somlo, Das freie Ermessen in Rechtsprechung und Verwaltung, Festschrift für Laband (Tübingen 1908). — Derselbe, Rechtsstaat, Verwaltung und Eigentum, eine kritische Auseinandersetzung und eine neue Lehre, VerwArch. Bd. 18 (1910), S. 140—154; Bd. 19 (1911), S. 43—127) und als Sonderdruck, Berlin 1911. — Derselbe, Art. Beschlußverfahren und Beschwerde in v. Stengel-Fleischmann, Wörterbuch des Staats- u. Verwaltungsrechts, 2. Aufl., 1911, S. 223ff., 227ff. — Derselbe, Art. Verwaltungsgerichtsbarkeit im HdR. VI, 607—624. — Thoma, Rechtsstaatsidee und Verwaltungsrechtswissenschaft, Jahrb. d. öff. Rechts, 1910, S. 197.

Fritz Stier-Somlo.

Rechtsverhältnis.

I. Begriff.

Die Rechtsordnung regelt die Lebensverhältnisse der Menschen und bestimmt deren Befugnisse und Pflichten, indem sie Tatbestände normiert. Die Beziehungen, die sich auf Grund dieser Tatbestände ergeben, heißen Rechtsverhältnisse. Das Rechtsverhältnis dürfte also nicht als ein Verhältnis innerhalb der Rechtsordnung, als eine durch den Rechtssatz hergestellte Beziehung von Tatbeständen, zu definieren sein (so allerdings Kelsen), sondern als ein Verhältnis, das im Leben ruht und zu dem die Rechtsordnung bestimmend hinzutritt. Die erwähnten Tatbestände sind der Grund zu den rechtlichen Folgen, die als Rechtsverhältnis gekennzeichnet sind. Dieses umfaßt jedoch nicht alle denkbaren „rechtswirksamen Beziehungen" (eine Auffassung, die auf die von Enneccerus gegebene Erklärung zurückzuführen ist, das Rechtsverhältnis sei ein rechtlich bedeutsames und deshalb vom Rechte bestimmtes Lebensverhältnis); es besteht vielmehr nur dort, wo die Lebenssphäre eines Menschen zur Umwelt in einer vom Recht anerkannten Weise so abgegrenzt wird, daß dem Menschen Rechte gewährt oder Pflichten auferlegt werden oder daß zum mindesten die Möglichkeit zur Entstehung solcher Rechte und Pflichten vorhanden ist.

Die Tatsachen, die den Rechtsverhältnissen zu Grunde liegen, sind nicht mit diesen selbst zu verwechseln. So ist z. B. der Vertrag kein Rechtsverhältnis, sondern nur der Grund zur Entstehung von Beziehungen, die als Rechtsverhältnisse zu bezeichnen sind.

Ein Rechtsverhältnis besteht grundsätzlich nur zwischen Person und Person (v. Savigny, Bierling, Kohler, Stammler, Goldschmidt, Kelsen); denn auch die Beziehung einer Person zu einer Sache mündet letzten Endes stets in eine solche von Person zu Person ein. Zwar gewährt die Rechtsordnung dem Eigentümer oder überhaupt dem dinglich Berechtigten Machtbefugnisse mit Bezug auf die Sache. Die Befugnisse, z. B. die ausschließliche Verfügungsmacht eines Menschen über eine Sache, richten sich jedoch durchweg darauf, andere Menschen an einem Eingreifen in diese Rechte zu behindern. Die Rechtsbeziehung besteht daher nicht von der Person zur Sache, sondern von dem Berechtigten gegen jedermann, also gegen alle Nichtberechtigten. Diese Eigenart, nämlich daß nicht ein bestimmter Verpflichteter erscheint, sondern der Verpflichtete hinter dem Beziehungsgegenstand des Rechts zurücktritt (Goldschmidt), hebt wohl das durch ein Recht an der Sache begründete Rechtsverhältnis von den anderen ab; es ist aber nicht als ein Rechtsverhältnis zwischen einer Person und einer Sache neben das zwischen zwei Personen zu stellen (so allerdings von Thur, Enneccerus, Hellwig u. a.), sondern diesem einzuordnen.

Ein Rechtsverhältnis zwischen Sache und Sache anzunehmen, erscheint aus den gleichen Gründen abwegig. Die Beziehung einer Sache zur anderen stellt sich in der Regel als eine rechtliche Eigenschaft der einen Sache dar (vgl. Neuner, Wesen und Arten der Privatverhältnisse).

II. Einteilung der Rechtsverhältnisse nach ihrer Art.

1. Abstrakte und konkrete Rechtsverhältnisse. Sind der Berechtigte und der Verpflichtete durch eine Rechtsnorm nicht individuell, sondern nur allgemein bestimmt, so ist das Rechtsverhältnis ein abstraktes. Es wird zu einem konkreten Rechtsverhältnis, sofern die Personen im einzelnen feststehen, zwischen denen die Beziehung hergestellt ist.

2. Einfache und zusammengesetzte Rechtsverhältnisse. Für den Inhalt eines Rechtsverhältnisses kann schon eine einzige Norm genügen. Die meisten Rechtsverhältnisse sind jedoch nicht einfacher, sondern zusammengesetzter Natur, sie bestehen aus mehreren Rechtsverhältnissen, die in irgendeiner Weise voneinander gesondert und zugleich zu einem einheitlichen Gesamtrechtsverhältnis gebunden sind. Die Zusammensetzung kann im Inhalte liegen oder mit Bezug auf die Subjekte erfolgt sein (z. B. das Verhältnis mehrerer Gesellschafter zueinander, das Verhältnis zwischen Auftraggeber, Beauftragtem und Drittem).

III. Einteilung der Rechtsverhältnisse ihrem Inhalte nach.

1. Die Rechtsverhältnisse des Privatrechts. Persönliche und dingliche Rechtsverhältnisse. Die Verneinung des Bestehens eines Rechtsverhältnisses zwischen einer Person und einer Sache schließt die Einteilung der Rechtsverhältnisse in persönliche und dingliche nicht aus. Laufen auch die Beziehungen, die wir ein Rechtsverhältnis nennen, immer von Person zu Person, so besteht doch ein Unterschied zwischen persönlichen und dinglichen Rechtsverhältnissen. Er liegt darin, daß das persönliche Rechtsverhältnis Ansprüche an einzelne Rechtsgenossen enthält, während für das dingliche Rechtsverhältnis die gegen jeden Rechtsgenossen gerichteten Ansprüche des Einzelnen mit Bezug auf eine Sache charakteristisch sind. Mit anderen Worten: Das dingliche Recht ist ein absolutes Recht (s. d.), das persönliche ein relatives.

a) Unter die persönlichen Rechtsverhältnisse fällt in erster Linie das Schuldverhältnis, das gesetzlich oder durch Rechtsgeschäft entsteht und aus dem sich entweder ohne weiteres oder bei Hinzutreten anderer Tatsachen (aus einer „Rechtslage") eine oder mehrere Forderungen und die ihnen entsprechenden Verpflichtungen sowie sonstige Rechte ergeben (vgl. hierzu von Thur § 5). Das Schuldverhältnis schafft Rechte des Gläubigers gegen den Schuldner.

b) Dingliche Rechtsverhältnisse enthält das Sachenrecht. Ihnen stehen die anderen absoluten Rechte (wie das Urheberrecht, das Recht auf den ausschließlichen Gebrauch einer Firma, eines Warenzeichens) gleich. Die dinglichen Rechtsverhältnisse schließen jede dem dinglichen (absoluten) Rechte widerstreitende Einwirkung Dritter aus.

c) In den Rechtsverhältnissen des Familien- und Erbrechts finden sich die Eigenarten des persönlichen und des dinglichen Rechtsverhältnisses verbunden. So sind die familienrechtlichen Beziehungen zwischen den einzelnen Rechtssubjekten (z. B. die Rechtsverhältnisse der Ehegatten, der Eltern und Kinder zueinander) unmittelbar nur rechtliche Verbindungen zwischen einzelnen Personen. Sie erzeugen aber vielfach den dinglichen ähnliche absolute Rechte und haben zuweilen auch dingliche Rechtsänderungen zur Folge (z. B. Änderungen des Eigentums durch Begründung von Gesamtgut; für das Erbrecht vgl. § 1922 BGB.).

2. Der Begriff des Rechtsverhältnisses ist auch im öffentlichen Rechte anwendbar, das ihn aus dem Privatrecht übernommen hat (vgl. Kormann, O. Mayer, Fleiner, Friedrichs). Man kann jedoch unter ihm nur die Beziehungen begreifen, die für

den Untertan nicht nur Pflichten bedeuten, sondern ihm auch Rechte gewähren. Das Rechtsverhältnis umfaßt so vor allem die Reichs-, Landes- und Gemeindeangehörigkeit, die Beamtenstellung, das auf Erlaubnis beruhende öffentliche Unternehmen u. a.

3. Ob auch der Prozeß als Rechtsverhältnis aufzufassen ist, ist umstritten. Die herrschende Lehre begreift ihn noch als solches und nimmt hauptsächlich ein dreiseitiges Rechtsverhältnis zwischen Kläger, Beklagtem und Gericht an (so Bülow, Schmidt, Stein). Jedoch wird auch die Ansicht vertreten, daß das Rechtsverhältnis nur zwischen den Parteien einerseits und dem Gericht andererseits bestehe (so Hellwig, Beling, Binding u. a.). Meinungsverschiedenheit besteht ferner darüber, ob der Prozeß als ein einheitliches Rechtsverhältnis aufzufassen sei, das sich stufenweise fortschreitend entwickelt (so Bülow, Kohler, Weißmann u. a.), oder ob er fortlaufend eine Reihe verschiedener Rechtsverhältnisse erzeugt (so Hellmann, Kisch).

In letzter Zeit wird mehr und mehr die Meinung vertreten, daß der Begriff des Rechtsverhältnisses wenig (so Sauer, Grundlagen des Prozeßrechts) oder überhaupt nichts (so Goldschmidt, Der Prozeß als Rechtslage) für den Prozeß leiste. Goldschmidt faßt den Prozeß als eine Rechtslage auf, d. h. als den Inbegriff der prozessualen Aussichten, Möglichkeiten, Lasten und Befreiungen von Lasten einer Partei.

Schrifttum:

Bierling, Zur Kritik der juristischen Grundbegriffe, 1877 u. 1883. — v. Thur, Allgemeiner Teil, § 5. — Enneccerus, Lehrbuch, Allgemeiner Teil, § 64. — Stammler, Theorie der Rechtswissenschaft, 1911. — Kormann, Hirths Annalen 1911, S. 919. — Kelsen, Allgemeine Staatslehre, 1925. — Goldschmidt, Der Prozeß als Rechtslage, 1925.

Felix Bondi.

Referendar.

(HdR. IV, 765.)

Prüfung und Ausbildung geändert, vgl. Art. Juristische Ausbildung 3 (oben *S.* 205) sowie die ausführlichen Aufsätze über die einzelnen Ausbildungsabschnitte in JW. 1931, 984—1012.

Reichsabgabenordnung.

(HdR. IV, 776.)

I. Die VO. des Reichspräsidenten zur Sicherung von Wirtschaft und Finanzen vom 1. XII. 1930 (RGBl. I, 517, 545ff.) hat die RAbgO. in erheblichem Maße, etwa zu einem Drittel, abgeändert. Freilich handelt es sich hierbei nicht ausschließlich um Neuerungen, sondern vielfach um Umstellungen, die bisher schon geltende Vorschriften in Verbindung mit neuen gebracht haben. Die neuen Bestimmungen finden sich in dem Dritten Teil („Steuervereinfachung und Steuervereinheitlichung"), Kap. IV („Steueranpassung"), Art. 1.

Einige wichtigste Neuerungen seien kurz im voraus angedeutet. Der bisherige Abschnitt über die Bewertungsvorschriften (§§ 137—161) ist herausgenommen und in das Reichsbewertungsgesetz als §§ a—t übernommen worden. Hingegen sind die Verfahrensvorschriften des Reichsbewertungsgesetzes in der RAbgO. gestrichen und entsprechende Vorschriften, namentlich hinsichtlich der Feststellung der Einheitswerte, in die RAbgO. übernommen. Die reichsgesetzliche Regelung der Realsteuern in der NotVO. Dritter Teil Kap. II und IV, wo es sich um Rahmengesetze handelt, wirkte aus auf die Neuregelung der Steuerausschüsse und der Finanzgerichte innerhalb der RAbgO., sowie auf die Möglichkeit der selbständigen Einlegung von Rechtsmitteln durch die Vertreter der Länder und Gemeinden. Diese erhalten auch ein Anhörungsrecht ihres Vorstandes unter gewissen Voraussetzungen. Der Gemeindevorstand wieder kann Vertrauenspersonen aus den Kreisen der Realsteuerpflichtigen oder der freien Berufe zuziehen. Eine Änderung fand auch im Rechtsmittelverfahren statt. An Stelle des Einspruchs kann sofort Berufung eingelegt werden, wenn der Vorsteher des Finanzamts seine Einwilligung hierzu innerhalb der Einspruchsfrist erklärt (eine Art Sprungberufung.) Ist der Streitwert in der Berufungsinstanz nicht mehr als 100 RM., so kann das Finanzgericht ohne nähere Begründung nach freiem Ermessen entscheiden, es sei denn, daß es die mit der Berufung angegriffene Entscheidung zu Ungunsten des Steuerpflichtigen abändern will (§ 245d). Für die letzte Instanz beim RFH. ist ein Streitwert von 200 RM. als Revisionsgrenze eingeführt (§ 265a). Bei grundsätzlichen Fragen besteht diese Grenze nicht. In Ermessensfragen kann der RFH. lediglich nachprüfen, ob die Entscheidung des Finanzgerichts sich innerhalb der rechtlichen Grenze hält, die das Gesetz dem Ermessen zieht. Wenn das der Fall ist, kann der RFH. über die betreffende Ermessensfrage nur dann entscheiden, wenn er nach Aufhebung der angefochtenen Entscheidung selbst die neue Entscheidung fällt (§ 275a). Auf diese Weise ist § 6 RAbgO., nach welchem die Behörden in

Ermessensfragen nach Recht und Billigkeit entscheiden müssen, eingeschränkt, weil gerade der RFH. in seiner Rechtsprechung beschränkt wird. Eine starke Erweiterung der Buch- und Betriebsführung liegt in der neueingeführten Zulässigkeit einer Nachschau auch außerhalb des Steuerermittlungsverfahrens (§ 196). Dagegen müssen bei Buch- und Betriebsprüfungen auch die neuen Tatsachen als Beweismittel berücksichtigt werden, wenn sie eine niedrigere Veranlagung des Steuerpflichtigen rechtfertigen (§ 212). Der Härteparagraph (§ 108) bezieht auch die Realsteuern ein; ferner kann der Billigkeitserlaß nicht nur Einzelfälle, sondern auch eine Mehrheit von Einzelfällen betreffen und es kann die gewährte Milderung auch darin begründet sein, daß die Besteuerungsgrundlagen für die Besteuerung niedriger festgestellt werden. Gestrichen ist die Bestimmung (§ 164), wonach jeder Einkommensteuerpflichtige mit mehr als 6000 RM. Einkommen zu einer fortlaufenden Aufzeichnung seiner Einnahmen verpflichtet ist. Dagegen besteht eine Buchführungspflicht bei einem Gesamtumsatz über 200000 RM. oder bei Betriebsvermögen über 50000 RM. oder landwirtschaftlichem Vermögen über 100000 RM. oder Gewerbeertrag oder landwirtschaftliches Einkommen von mehr als 6000 RM. Weitergehenden Forderungen ist in der NotVO. ebensowenig Rechnung getragen worden, wie gewissen Wünschen auf Erleichterung seitens der Wirtschaft. Im einzelnen ist folgendes festzustellen.

II. Während die RAbgO. vom 13. XII. 1919 (RGBl. S. 1993) mit „Einleitenden Vorschriften" begann, beginnt sie jetzt mit folgender Überschrift: „Erster Abschnitt: Grundbegriffe". An Stelle der bisherigen §§ 1—3 treten eine Reihe von Vorschriften, von denen zunächst die §§ 1 und 2 hier festzustellen sind. Es wird in § 1 I der Begriff der Steuern in Übereinstimmung mit dem bisherigen Texte festgestellt. Der Unterschied besteht nur darin, daß bisher die Steuern als „im Sinne der RAbgO." bezeichnet worden waren. Ferner wird jetzt in § 1 II neu formuliert: Reichssteuern sind die Steuern, die ganz oder zum Teil zu Gunsten des Reichs erhoben werden, ferner die Grunderwerbsteuer und die Kraftfahrzeugsteuer (einschließlich der Zuschläge zu diesen Steuern), die Rennwettsteuer und die Mineralwassersteuer; ferner (§ 1 III): Realsteuern sind die Grundsteuer und die Gewerbesteuer (Steuer vom stehenden Gewerbe), auch insoweit diese Steuern Einheitssteuern sind. (Diese Regelung steht im Zusammenhang mit dem Dritten Teil der VO. vom 1. XII. 1930: „Steuervereinfachung und Steuervereinheitlichung". Vgl. Art. Realsteuern oben S. 418ff.)

Gesetz im Sinne der RAbgO. ist jede Rechtsnorm (§ 2 I). Dies entspricht wörtlich dem bisherigen § 2. Der § 3 hatte bisher ausgesprochen, daß Steuergesetze im Sinne der RAbgO. sind: die RAbgO. selbst und die Gesetze, die die einzelnen Steuern, für deren Verwaltung die RAbgO. gilt, regeln und sichern. Jetzt bestimmt § 2 II: Steuergesetze im Sinne der RAbgO. sind 1. die RAbgO., 2. das ReichsbewertungsG., 3. die steuerlichen Vorschriften des FinanzausgleichsG., 4. die Gesetze, die die einzelnen Steuern, für deren Verwaltung die RAbgO. gilt, regeln oder sichern. Die vorliegende Regelung bezieht also hier das ReichsbewertungsG. und das FinanzausgleichsG., letzteres mit seinen steuerlichen Vorschriften, ein. Der RFH. II A. 472/21 vom 14. X. 1921 sprach aus, daß das FinanzausgleichsG. zwar SteuerG. ist, Private aber nicht im Einzelfalle Reichsbehörden wegen Steuerforderungen der Länder und Gemeinden anrufen können, deren Unvereinbarkeit mit dem Reichsrechte geltend gemacht wird. Hierbei bleibt es auch nach der Novellierung. Das ReichsbewertungsG. hat nach dessen § 8 übrigens auch schon bisher als SteuerG. im Sinne der RAbgO. gegolten.

III. Neu ist ferner, daß ein „Zweiter Abschnitt: „Anwendungsgebiet der RAbgO." geschaffen ist, der mit § 3 beginnt, der folgendermaßen lautet: Die RAbgO. gilt für die Reichssteuern (I). Die Vorschriften der RAbgO. über das Strafverfahren gelten auch für das Vergehen des Bannbruchs im Sinne des VereinszollG. (II). § 3a: Für die Realsteuern gelten, soweit diese Steuern von Finanzämtern und Landesfinanzämtern verwaltet werden, die Vorschriften der RAbgO. (I). § 108 I, Halbsatz 1 und die Vorschriften über die Haftung gelten für die Realsteuern sinngemäß auch insoweit, als die Steuern nicht von Finanzämtern und Landesfinanzämtern verwaltet werden (II). Der hier in Bezug genommene § 108 I lautet in neuer Fassung der VO. vom 1. XII. 1930: Der RFM. kann für einzelne Fälle (auch für eine Mehrheit von einzelnen Fällen, wie bei Unwetterschäden oder sonstigen Notständen) Reichssteuern, deren Einziehung nach Lage des einzelnen Falles unbillig wäre, ganz oder zum Teil erlassen oder in solchen Fällen die Erstattung oder Anrechnung bereits entrichteter Reichssteuern verfügen. Für Steuern, die nicht Reichssteuern sind, stehen, soweit die Länder nichts anderes vorschreiben, die im Satze 1 bezeichneten Befugnisse den öffentlichrechtlichen Körperschaften zu, für deren Rechnung die Steuern erhoben werden; werden derartige Steuern für Rechnung eines Landes erhoben und ist die Erhebung den Finanzämtern und Landesfinanzämtern übertragen, so übt die oberste Landesbehörde die im Satze 1 bezeichneten Befugnisse aus. Schon früher ist die allgemeine Verfügung zur Übertragung von Zuständigkeiten auf die Landesfinanzämter und Finanzämter vom 29. XI. 1923 ergangen. Der neue § 3b bestimmt: Für diejenigen Verkehrssteuern der Länder, bei denen die Steuerpflicht an eine Beurkundung geknüpft ist (Landesstempelsteuer), gelten die Vorschriften der RAbgO. über die örtliche Zuständigkeit, die Beitreibung und das Strafverfahren (§ 56 Nr. 4, §§ 58, 61, 298—346, §§ 354, 385—420, §§ 422, 423, 424 I, §§ 426—432, §§ 434, 435, 437—442) insoweit, als die Steuern von Finanzämtern und Landesfinanzämtern verwaltet werden. § 3c und § 3d ergänzen diese Bestimmung dahin: Für andere als die in den §§ 3a, 3b bezeichneten Steuern der Länder, der Gemeinden und der Gemeindeverbände sowie für die Steuern der Religionsgesellschaften des öffentlichen Rechts gelten die Vorschriften der RAbgO. über die Erhebung und die Beitreibung (§§ 102, 102a, 298—346, § 354) insoweit, als die Steuern von Finanzämtern erhoben und beigetrieben werden. Für diejenigen öffentlichrechtlichen Abgaben, die unter die Vorschrift des § 8a Nr. 5 Satz 1 fallen, gelten, soweit die Abgaben von Finanzämtern und Landesfinanzämtern verwaltet werden, die Vorschriften der RAbgO. sinngemäß mit der Maßgabe, daß gegen Verfügungen des Finanzamts lediglich die Beschwerde an das Landesfinanzamt, gegen Beschwerdeentscheidungen und sonstige Verfügungen des Landesfinanzamts ein Rechtsmittel nicht gegeben ist. Diese Erweiterungen gegenüber dem bisherigen § 1 II: „Die RAbgO. gilt nur für die Steuern, die ganz oder zum Teil zu Gunsten des Reichs erhoben werden", sind aus praktischen Notwendigkeiten sowie aus der Weiterentwicklung der Gesetzgebung hervorgegangen. Die Begriffsbestimmung der Steuern und Vorzugslasten sowie die Vorschriften über das Steuergeheimnis (§§ 10, 376) und die Ersatzpflicht (§ 10a) gelten für alle Steuern des Reichs, der Länder, der Gemeinden, der Gemeindeverbände und der Religionsgesellschaften des öffentlichen Rechts. Die Vorschriften der RAbgO. über das gerichtliche Verfahren in Steuerstrafsachen (§§ 426 bis 432, §§ 434, 435, 437—442) gelten, soweit sie nach den §§ 3—3b nicht unmittelbare Anwendung finden, sinngemäß für alle öffentlichrechtlichen Abgaben (§ 3e I, II).

IV. Vor den § 4, der nach wie vor lautet: „Bei Auslegung der Steuergesetze sind ihr Zweck, ihre wirtschaftliche Bedeutung und die Entwicklung der Verhältnisse zu berücksichtigen" wurde folgende Überschrift eingefügt: „Dritter Abschnitt: Steuerrechtliche Grundsätze". Unverändert bleiben § 5 und § 6, die von dem Mißbrauch von Formen und Gestaltungsmöglichkeiten des bürgerlichen Rechts und von der Billigkeit des freien Ermessens sprechen. Hinter den § 6 wurde unter der Überschrift „Vierter Abschnitt: Durchführung der Steuergesetze" folgendes eingefügt: „§ 6a: Zu den vom Reiche erlassenen Steuergesetzen werden die Durchführungsbestimmungen, die Ausführungsbestimmungen und die zur Überleitung der Gesetzgebung und der Behördenorganisation erforderlichen RechtsVOen vom RFM. erlassen. Es bedarf hierzu, soweit nichts anderes bestimmt ist, der Zustimmung des Reichsrats." Daraus darf wohl entnommen werden, daß diese Durchführungs- und Ausführungsbestimmungen lediglich VerwaltungsVOen und nicht RechtsVOen darstellen, ebenso wie das zutrifft auf Art. 77 RVerf.: „Die zur Ausführung der Reichsgesetze erforderlichen allgemeinen Verwaltungsvorschriften erläßt, soweit die Gesetze nichts anderes bestimmen, die Reichsregierung. Sie bedarf hierzu der Zustimmung des Reichsrats, wenn die Ausführung der Reichsgesetze den Landesbehörden zusteht." In dem Falle des § 6a handelt es sich aber nicht um Ausführung durch die Landesbehörden; um so charakteristischer ist die neue Vorschrift. — Der § 7 lautete bisher: „Die Reichsregierung kann mit Zustimmung des Reichsrats Vorschriften über die Gewährung von Rechtshilfe an ausländische Steuerbehörden erlassen und zur Ausgleichung der in- und ausländischen Besteuerung oder zur Anwendung eines Vergeltungsrechts die Steuerpflicht abweichend von den Steuergesetzen regeln." An Stelle der letzten fünf Worte treten jetzt die Worte: „abweichend von den Gesetzen über die Reichssteuern und von den reichsrechtlichen Vorschriften über die Realsteuern regeln". Diese Neufassung ist natürlich eine Folge der schon wiedergegebenen neuen vorhergehenden Bestimmungen. Andererseits hat der § 8 I (mit dem der Erste Teil: „Behörden", Erster Abschnitt: „Algemeine Vorschriften" beginnt) bisher gelautet: „Die Steuern (§ 1 Abs. 2) werden von den Reichsbehörden verwaltet (Finanzbehörden)." Jetzt heißt es: „Die Reichssteuern werden von den Reichsbehörden verwaltet." — Dem § 8 sind nun die sehr umfangreichen §§ 8a, 8b, 8c neu eingefügt worden. Zunächst ist dort in zahlreichen Fällen den Finanzämtern und Landesfinanzämtern außer der Verwaltung der Reichssteuern eine große Anzahl Verwaltungsgeschäfte übertragen und hierbei im einzelnen die Zuständigkeiten der obersten Landesbehörden und die Kostenverteilung geregelt, indem gewisse Kosten vom Reich getragen, andere von ihm vergütet werden. Der § 10, der noch innerhalb des Ersten Abschnitts der allgemeinen Vorschriften über die „Behörden" steht, ist neu gefaßt. Danach ist das Steuergeheimnis unverletzlich. Seiner Verletzung macht sich schuldig, wer Verhältnisse eines Steuerpflichtigen, die ihm als Amtsträger oder amtlich zugezogenem Sachverständigen im Besteuerungsverfahren oder im Steuerstrafverfahren bekanntgeworden sind, oder den Inhalt von Verhandlungen in Steuersachen, an denen er als Amtsträger oder als amtlich zugezogener Sachverständiger beteiligt war, unbefugt offenbart; wer ein Geschäfts- oder Betriebsgeheimnis, das ihm als Amtsträger oder amtlich zugezogenem Sachverständigen im Besteuerungsverfahren oder im Steuerstrafverfahren anvertraut worden oder zugänglich geworden ist, unbefugt verwertet. Amtsträger ist jeder, der bestellt ist, ein öffentliches Amt auszuüben. Für Träger von Ämtern der Religionsgesellschaften des öffentlichen Rechts gelten die bezeichneten Vorschriften über die Verletzung des Steuergeheimnisses entsprechend. Hierdurch ist insbesondere in persönlicher Beziehung die Unverletzlichkeit des Steuergeheimnisses nicht bloß auf die Beamten der Finanzverwaltung, wie bisher, bezogen. Auch sonst dient die Neuregelung der Klarstellung und der Einfachheit. Die Verletzung des Steuergeheimnisses wird gemäß § 376, der nicht verändert wurde, bestraft. Neu ist der § 10a aufgenommen worden. Wird infolge einer Amts- oder Dienstpflichtverletzung eines im Dienste des Reichs, eines Landes, einer Gemeinde, eines Gemeindeverbandes oder einer Religionsgesellschaft des öffentlichen Rechts stehenden Amtsträgers oder Angestellten eine Steuer zu niedrig oder zu spät festgesetzt, erhoben oder beigetrieben oder eine Steuerbeteiligung zu niedrig oder zu spät festgesetzt, so kann eine Körperschaft des öffentlichen Rechts, für deren Rechnung die Steuer erhoben wird oder die an dem Aufkommen aus der Steuer beteiligt ist, wegen der Amts- oder Dienstpflichtverletzung Schadensersatz nur dann verlangen, wenn die Amts- oder Dienstpflichtverletzung mit einer im Wege des gerichtlichen Strafverfahrens zu verhängenden öffentlichen Strafe bedroht ist. Die Ersatzpflicht tritt nicht ein, wenn die Körperschaft vorsätzlich oder fahrlässig unterlassen hat, den Schaden durch Gebrauch eines Rechtsmittels abzuwenden. Diese Beschränkung der Ersatzpflicht entlastet die bezeichneten Dienststellen des Reichs, eines Landes, einer Gemeinde, eines Gemeindeverbandes oder einer Religionsgesellschaft sehr.

In dem Zweiten Abschnitt: Landesfinanzämter (§§ 11—20) befinden sich die §§ 14—16, die von den Finanzgerichten, ihrer Besetzung und deren ehrenamtlichen Mitgliedern handeln. An deren Stelle treten die §§ 14, 14a, 15 und 16, die keineswegs in allen Punkten etwa Änderungen des bisherigen Rechtszustandes, sondern nur Beseitigung von Streitfragen und Ergänzungen darstellen. Danach gilt jetzt Folgendes: Zur Entscheidung über das Rechtsmittel der Berufung sind den Landesfinanzämtern Finanzgerichte angegliedert, die Spruchbehörden in Reichssteuersachen sind, und zwar für die Realsteuern nur insoweit, als die Steuern von Finanzämtern und Landesfinanzämtern verwaltet werden. Im allgemeinen kann auf Antrag der Landesregierung der RFM. die Finanzgerichte als Spruchbehörden für Steuern der Länder, der Gemeinden, der Gemeindeverbände und der Religionsgesellschaften des öffentlichen Rechts bestellen. Das Reich erhält keine Vergütung dafür, daß hiernach die Finanzgerichte Spruchbehörden sind für Steuern der Länder, der Gemeinden, der Gemeindeverbände und der Religionsgesellschaften des öffentlichen Rechts. Rechtsmittelgebühren, die für das Verfahren vor dem Finanzgerichte zu zahlen, und Auslagen, die dem Finanzgerichte zu erstatten sind, fließen dem Reiche zu. Soweit dem Steuerpflichtigen notwendige Auslagen erstattet werden, die ihm durch das Verfahren vor dem Finanzgericht erwachsen sind, geht die Erstattung, sofern nicht das Rechtsmittel namens eines Landes, einer Gemeinde oder eines selbständigen Gutsbezirks eingelegt worden ist, zu Lasten des Reichs. Bei den Finanzgerichten werden nach Bedarf Kammern gebildet. Ihr Geschäftsbereich kann örtlich oder nach Vermögensarten oder Vermögensgruppen (Beispiele: Kammern für Grundbesitz und für gewerbliche Betriebe) oder nach Steuerarten oder Steuergruppen abgegrenzt werden. Die Kammern entscheiden in der Besetzung von sieben Mitgliedern und zwar von drei beamteten Mitgliedern (dem Vorsitzenden und zwei ständigen Mitgliedern) und vier ehrenamtlichen Mitgliedern. Von den letzteren soll tunlichst eins dem Beruf oder Erwerbszweig des Steuerpflichtigen angehören. Die Mitglieder der Finanzgerichte sind als solche unabhängig und nur dem Gesetz unterworfen. Die Bestellung des Vorsitzenden der Finanzgerichte und ihrer Vertreter, der ständigen Mitglieder, Kammern und ihrer Stellvertreter ist besonders geregelt. Die ehrenamtlichen Mitglieder des Finanzgerichts und Vertreter für sie in der erforderlichen Zahl werden von Organen der Selbstverwaltung oder von den Vertretungen der Länder und von öffentlichrechtlichen berufsständischen Vertretungen auf je 6 Jahre gewählt. Das Amt ist ein Ehrenamt; jedoch kann eine angemessene Entschädigung zugebilligt werden. Weitere Bestimmungen betreffen die Wählbarkeit und den Verlust der Wirkung der Wahl und verwandte Maßnahmen. — Die §§ 18—20, welche die Enthebung ehrenamtlicher Mitglieder des Gerichts, die Übertragung der Verwaltung von Landesabgaben und von Landesvermögen auf die Landesfinanzämter und die Übertragung der Verwaltung von Reichsvermögen an die Landesverwaltungsbehörden betrafen, sind gestrichen.

Der Dritte Abschnitt: Finanzämter, enthielt die §§ 21—23, 23a, 24—31. An die Stelle des bisherigen § 22 treten nun die §§ 22, 22a, welche sich auf die Verpflichtung der Gemeinde-, Ortspolizei- und sonstigen Ortsbehörden beziehen, den Finanzämtern Beistandspflicht und Hilfe zu leisten, ohne daß eine Entschädigung gewährt wird. Der § 22a insbesondere gibt dem RFM. oder der von ihm beauftragten Reichsbehörde die Ermächtigung, aus dem Aufgabenkreise der Finanzämter einzelne Arten von Geschäften, insbesondere die Erhebung, die Beitreibung, die Zustellung oder die Bearbeitung der Stundungsangelegenheiten, sei es allgemein, sei es für eine Abgabe oder für mehrere Abgaben, Behörden der Gemeinden oder der Gemeindeverbände zu übertragen. Diese Übertragung bedarf, soweit nichts anderes bestimmt ist, in gewissen Fällen der Zustimmung des Reichsrats, in anderen der Landesregierung. Die Übertragung kann auch zurückgenommen werden. Soweit auf Grund einer Übertragung Steuern von Behörden einer Gemeinde oder eines Gemeindeverbandes verwaltet werden, finden die Vorschriften der RAbgO. Anwendung. Doch kann der RFM. zulassen, daß auf die Beitreibung die für Gemeindesteuern geltenden Vorschriften Anwendung finden. Im Falle einer Übertragung gewisser Geschäfte ist eine Reichsentschädigung vorgesehen. Der § 23a, der von der Anhörung der zuständigen Gemeindebehörde bei Einkommensteuer und Umsatzsteuer handelt, erhielt folgende Fassung: Bevor für einen landwirtschaftlichen, forstwirtschaftlichen, gärtnerischen oder gewerblichen Betrieb der Umsatz, die Reineinkünfte oder der Gewerbeertrag, ferner bevor der Umsatz, die Reineinkünfte oder der Gewerbeertrag aus der Ausübung eines freien Berufs festgestellt werden, soll nach Bedarf und nach Lage der Verhältnisse in Stadt- und Landgemeinden das Finanzamt den Vorstand der Gemeinde, deren Zuständigkeit sich bei sinngemäßer Anwendung des § 52 (s. unten 483f.) ergibt, zu den Vorschlägen hören, die das Finanzamt dem Steuerausschusse machen will (I). Der Gemeindevorstand kann Vertrauenspersonen aus den Kreisen der Realsteuerpflichtigen oder der freien Berufe zuziehen. Die zugezogenen Vertrauenspersonen sind Amtsträger, denen also auch das Steuergeheimnis obliegt. Nähere Bestimmungen erläßt der RFM. unter Berücksichtigung der Verhältnisse in den einzelnen Ländern mit Zustimmung der Landesregierung. — An die Stelle der bisherigen §§ 25—30 treten neu die §§ 25—30g. Sie behandeln den Steuerausschuß, der bei jedem Finanzamt, das Steuern vom Einkommen, vom Ertrage, vom Vermögen oder vom Umsatz verwaltet, bestehen muß; ferner von den Fällen der Mitwirkung des Steuerausschusses und seinen Ausnahmen, von dem Vorsitz, den gewählten, ernannten und bestellten Mitgliedern der Steuerausschüsse. Soweit die Ausschußmitglieder nicht ernannt oder bestellt werden, werden sie zur Hälfte von Organen der Selbstverwaltung, zur Hälfte von öffentlichrechtlichen berufsständischen Vertretern gewählt. Die Wahl die Wählbarkeit, der Verlust der Wirkung der Wahl wird bis ins Einzelne geregelt.

Im Vierten Abschnitt: Der Reichsfinanzhof, der die §§ 32—46 enthält, ist gleich die erste Bestimmung neu gefaßt worden. Danach ist der RFH. oberste Spruchbehörde in Steuersachen, als Beschlußbehörde entscheidet er in den ihm durch Gesetz besonders übertragenen Sachen. Als Spruchbehörden entscheiden die Senate des RFH. in der Besetzung von wenigstens fünf Mitgliedern einschließlich des Vorsitzenden. Im Beschlußverfahren entscheiden sie in der Besetzung von wenigstens drei Mitgliedern einschließlich des Vorsitzenden. (Bisher „soweit nichts anderes vorgeschrieben ist".) Bei Stimmengleichheit wird die Stimme des dem Dienstalter nach und bei gleichem Dienstalter der Geburt nach jüngsten Mitglieds nicht mitgezählt; der Berichterstatter hat jedoch immer Stimmrecht. Für die Realsteuern ist der RFH. oberste Spruchbehörde insoweit, als die Steuern von Finanzämtern und Landesfinanzämtern verwaltet werden. Im übrigen kann auf Antrag einer Landesregierung der RFM. den RFH. als oberste Spruchbehörde für Steuern der Länder, der Gemeinden, der Gemeindeverbände und der Religionsgesellschaften des öffentlichen Rechts bestellen. Neu ist eigentlich nur der gesperrt gedruckte Satz. Der § 38 III, der bisher lautete: „Der

Präsident wird in seinen übrigen Geschäften von dem Senatspräsidenten vertreten, der dem Dienstalter nach und bei gleichem Dienstalter der Geburt nach der älteste ist" erhielt folgende Fassung: „Der Präsident wird in seinen übrigen Geschäften, wenn ein Senatspräsident zu seinem ständigen Vertreter ernannt worden ist, von diesem, sonst von dem Senatspräsidenten vertreten, der dem Dienstalter nach und bei gleichem Dienstalter der Geburt nach der älteste ist." In dem auf die Abstimmung bezüglichen § 39 I erhält der Satz 2 folgende Fassung: „Hierbei entscheidet die Stimmenmehrheit; bei Stimmengleichheit wird die Stimme des dem Dienstalter nach und bei gleichem Dienstalter der Geburt nach jüngsten Mitglieds nicht mitgezählt." Die wichtige Vorschrift des § 46 über Verweisung an den großen Senat hat folgende Fassung erhalten: Will ein Senat in einer Rechtsfrage von einer (nach § 44) veröffentlichten Entscheidung abweichen, so hat er die Rechtsfrage unter Begründung seiner Rechtsauffassung an den großen Senat zu verweisen. Dies gilt nicht, wenn der Senat von einer eigenen Entscheidung abweichen will oder der Senat, von dessen Entscheidung er abweichen will, der Abweichung zustimmt. Der große Senat besteht aus dem Präsidenten und den Senatspräsidenten oder deren Vertretern. Ferner hat jeder Senat ein Mitglied, das er von Fall zu Fall bestimmt, zur Teilnahme an der Entscheidung in den großen Senat zu entsenden. Soweit die Entscheidung über die Rechtsfrage, die an den großen Senat verwiesen worden ist, eine mündliche Verhandlung erfordert, findet die mündliche Verhandlung vor dem großen Senat statt. Bei Stimmengleichheit wird die Stimme des dem Dienstalter nach und bei gleichem Dienstalter der Geburt nach jüngsten Mitglieds nicht mitgezählt; der Berichterstatter hat jedoch immer Stimmrecht. Nur das gesperrt Gedruckte ist neu.

V. Der Zweite Teil der RAbgO. („Besteuerung") handelt im Ersten Abschnitt von den „Allgemeinen Vorschriften" und im Ersten Titel von den „Vorschriften zum Verfahren", unter I. von der „Örtlichen Zuständigkeit". Hier ist im § 51 das Grundsätzliche dahin festgelegt, daß, wenn das Gesetz eine natürliche Person für steuerpflichtig erklärt, das Finanzamt, soweit nichts anderes vorgeschrieben ist, für die Besteuerung zuständig ist, in dessen Bezirk der Steuerpflichtige seinen Wohnsitz oder, wenn er im Inland keinen Wohnsitz hat, seinen gewöhnlichen Aufenthalt hat. Bei mehrfachem Wohnsitz im Inland ist der Wohnsitz, der mit einem dienstlichen Wohnsitz zusammenfällt, vor einem anderen Wohnsitz; der Wohnsitz im Heimatstaate vor dem Wohnsitz in einem anderen Lande und wenn keiner dieser Fälle vorliegt, der Wohnsitz an dem Orte maßgebend, wo sich der Steuerpflichtige vorwiegend aufhält. Diese und die ergänzenden Bestimmungen werden nun wesentlich verändert. Der neue § 51 lautet: Für die Besteuerung nach dem Einkommen, dem Ertrag, dem Vermögen und dem Umsatz richtet sich die örtliche Zuständigkeit, soweit nichts anderes bestimmt ist, nach den folgenden neuen §§ 52—55, die folgenden Inhalt haben. Für die gesonderten Feststellungen, die in § 210b, § 210c bezeichnet sind und hier sogleich herangezogen werden sollen (einschließlich ihrer Vorbereitung und Nachprüfung), sowie für Maßnahmen der Steueraufsicht (ausgenommen die Maßnahmen nach § 201 a) ist die örtliche Zuständigkeit anderweit geregelt. Vorab ist festzustellen, daß § 210b (ebenfalls neu) lautet: Gesondert festgestellt werden die der Besteuerung zugrunde zu legenden Einheitswerte für die folgenden Gegenstände: 1. Für die wirtschaftlichen Einheiten (landwirtschaftliche, forstwirtschaftliche, gärtnerische und gewerbliche Betriebe; Grundstücke, die nicht zu einem gewerblichen Betriebe gehören; grundstücksgleiche Berechtigungen zur Gewinnung von Mineralien — Mineralgewinnungsrechte —, die nicht zu einem gewerblichen Betriebe gehören), sofern die wirtschaftlichen Einheiten entweder a) sich lediglich auf Inland erstrecken oder b) sich sowohl auf Inland als auch auf Ausland erstrecken und einem unbeschränkt Vermögensteuerpflichtigen gehören. 2. Für die wirtschaftlichen Untereinheiten (Grundstücke, die zu einem gewerblichen Betriebe gehören — Betriebsgrundstücke —; grundstücksgleiche Berechtigungen zur Gewinnung von Mineralien — Mineralgewinnungsrechte —, die zu einem gewerblichen Betriebe gehören), sofern die wirtschaftlichen Untereinheiten entweder a) sich lediglich auf Inland erstrecken oder b) sich sowohl auf Inland als auch auf Ausland erstrecken und einem unbeschränkt Vermögensteuerpflichtigen gehören. 3. Für Teile der in Nr. 1, 2 bezeichneten wirtschaftlichen Einheiten und Untereinheiten in folgenden Fällen: a) Wenn eine wirtschaftliche Einheit oder Untereinheit sich sowohl auf Inland als auch auf Ausland erstreckt, so wird der Einheitswert des inländischen Teils gesondert festgestellt. b) Wenn eine wirtschaftliche Einheit oder Untereinheit sich auf eine inländische Gemeinde beschränkt und mit einem ihrer Teile einer Einheitswertsteuer unterliegt, so wird für diesen Teil der Einheitswert gesondert festgestellt. Nach § 210c (neu!) werden die soeben bezeichneten im § 210b vorgesehenen gesonderten Feststellungen einheitlich getroffen, wenn an dem Gegenstande mehrere beteiligt sind oder wenn die Gebäude oder Betriebsmittel eines landwirtschaftlichen, forstwirtschaftlichen oder gärtnerischen Betriebs nicht sämtlich dem Eigentümer des Grund und Bodens gehören. Ferner werden einheitlich und gesondert festgestellt die einkommensteuerpflichtigen und körperschaftsteuerpflichtigen Reineinkünfte aus Land- und Forstwirtschaft, aus Gewerbebetrieb, aus sonstiger selbständiger Berufstätigkeit, aus Vermietung und Verpachtung unbeweglichen Vermögens, wenn an den Reineinkünften mehrere beteiligt sind. Hiervon sind gewisse Ausnahmen vorgesehen. In den ergehenden Feststellungsbescheiden ist auch eine Feststellung darüber zu treffen, wer an dem festgestellten Betrage beteiligt ist und wie der festgestellte Betrag sich auf die einzelnen Beteiligten verteilt. Ist eine solche Feststellung unterblieben, so ist sie in einem Ergänzungsbescheide nachzuholen. Die örtliche Zuständigkeit nach § 52 richtet sich nun für die (in diesen §§ 210b, 210c bezeichneten) gesonderten Feststellungen nach folgenden Grundsätzen: 1. Bei landwirtschaftlichen, forstwirtschaftlichen und gärtnerischenBetrieben, bei Grundstücken, Betriebsgrundstücken und Mineralgewinnungsrechten: das Finanzamt, in dessen Bezirk der Betrieb, das Grundstück, das Betriebsgrundstück oder das Werk zur Gewinnung von Mineralien belegen ist (Belegenheitsfinanzamt). Erstreckt sich der Betrieb, das Grundstück, das Betriebsgrundstück oder das Werk zur Gewinnung von Mineralien auf die Bezirke mehrerer Finanzämter, so ist das Finanzamt zuständig, in dessen Bezirk der wertvollste Teil belegen ist. Bei gewerblichen Betrieben: das Finanzamt, in dessen Bezirk sich a) bei einem inländischen Betriebe: die Betriebsleitung (der Mittelpunkt der geschäftlichen Oberleitung), b) bei inländischen Betriebsstätten eines ausländischen Betriebs die inländische Betriebsstätte oder bei mehreren inländischen Betriebsstätten die wirtschaftlich bedeutendste der inländischen Betriebsstätten befindet (Betriebsfinanzamt). In den Fällen der einheitlichen gesonderten Feststellung der einkommensteuerpflichtigen und körperschaftsteuerpflichtigen Reineinkünfte aus sonstiger selbständiger Berufstätigkeit: das Finanzamt, von dessen Bezirk aus die Berufstätigkeit im Inland vorwiegend ausgeübt wird. Soweit nicht diese Vorschriften Platz greifen, bestimmt sich die örtliche Zuständigkeit nach besonderen Vorschriften, die der veränderte § 53 enthält. Für die Besteuerung nach den Vorschriften über die Grundsteuer, Gewerbesteuer, Umsatz, Einkommen, Vermögen sind Sondervorschriften über das jeweils zuständige Finanzamt vorgesehen. Für die Besteuerung nach dem Einkommen, dem Ertrage, dem Vermögen und dem Umsatz ist das Finanzamt von dem Zeitpunkt ab örtlich zuständig, in dem es von den seine Zuständigkeit begründenden Voraussetzungen Kenntnis erlangt. Die Zuständigkeit endet mit dem Zeitpunkt, in dem ein anderes Finanzamt örtlich zuständig wird (§§ 44, 55). Auch der § 56 ist neu und regelt die Zuständigkeit in anderen als den bisher erwähnten Fällen in eingehender Weise. § 57 ist zwar auch unter die neuen Vorschriften geraten, stimmt aber mit dem bisherigen Texte überein. § 58 hatte bisher angeordnet, daß auf Ersuchen des zuständigen Finanzamts ein anderes Finanzamt die Ermittlung und Festsetzung dieser Steuer übernehmen kann und dann, wenn das ersuchte Finanzamt die Übernahme ablehnt, das ihm vorgesetzte Landesfinanzamt endgültig entscheidet. Liegt das ersuchte Finanzamt in dem Bezirk eines anderen Landesfinanzamts, so kann gegen eine vom Landesfinanzamt bestätigte Ablehnung die Entscheidung des RFM. angerufen werden. Jetzt gilt folgendes: Im Einvernehmen mit dem Finanzamt, das nach den Vorschriften der Steuergesetze örtlich zuständig ist, kann (insbesondere wenn ein Steuerpflichtiger es beantragt) für einen einzelnen Fall oder für gewisse Arten von Fällen ein anderes Finanzamt die Besteuerung übernehmen, wenn dies zweckmäßig ist. Wenn in einem solchen Falle die beteiligten Finanzämter sich nicht einigen oder wenn sonst zwischen mehreren Finanzämtern Meinungsverschiedenheiten oder Zweifel über die Zuständigkeit entstehen, so entscheidet die nächste gemeinschaftliche obere Behörde. Bei mehrfacher Heranziehung eines Steuerpflichtigen zu derselben Steuer bestimmt sie, welche Heranziehung, bei mehrfacher Feststellung derselben Besteuerungsgrundlagen, welche Feststellung außer Kraft zu setzen ist (§ 58). Der § 62 hatte den vom BGB. § 7 sehr abweichenden Grundsatz ausgesprochen, daß einen Wohnsitz im Sinne der Steuergesetze jemand da hat, wo er eine Wohnung unter Umständen innehat, die auf die Absicht der Beibehaltung einer solchen schließen lassen (I). Einen dienstlichen Wohnsitz im Sinne der Steuergesetze haben Personen, denen ein öffentliches Amt eine öffentliche dienstliche Stelle dauernd verliehen ist; er ist an dem

Orte, der ihnen zur Ausübung ihres Berufs angewiesen ist (II). Es wird ein neuer Abs. III hinzugefügt: Bei mehrfachem Wohnsitz im Inland ist der Wohnsitz, der mit einem dienstlichen Wohnsitz zusammenfällt, vor einem anderen Wohnsitz, der Wohnsitz im Heimatstaat vor dem Wohnsitz in einem anderen Land und, wenn keiner dieser Fälle vorliegt, der Wohnsitz an dem Orte maßgebend, an dem sich der Steuerpflichtige vorwiegend aufhält.

In demselben Abschnitt über „Allgemeine Vorschriften" sind unter III „Verfügungen" Einzelvorschriften in den §§ 73 bis 75 enthalten, die unverändert bleiben. Dagegen ist der § 76 I, der von der Zurücknahme oder Änderung eines Steuerbescheids handelt, in folgender Weise ergänzt bzw. ersetzt worden: Einen Steuerbescheid (§§ 211, 211a), Feststellungsbescheid (§§ 210b, 210c), Veranlagungsbescheid (§ 210 I Satz 2) oder einen Bescheid der in den §§ 223, 223a bezeichneten Arten kann die Behörde, die ihn erlassen hat, zurücknehmen oder ändern: 1. wenn der Bescheid Zölle oder Verbrauchsteuern betrifft; 2. wenn er andere Steuern betrifft; falls der Steuerpflichtige zustimmt oder soweit einem Antrag des Steuerpflichtigen der Sache nach entsprochen wird; ist jedoch der Bescheid bereits unanfechtbar geworden, so darf er nur zum Nachteil des Steuerpflichtigen zurückgenommen oder geändert werden. Diese Vorschriften sind auch dann anwendbar, wenn bereits Einspruch, Anfechtung oder Berufung eingelegt worden ist, nicht dagegen, wenn bereits Rechtsbeschwerde eingelegt worden ist. Wird dem Rechtsmittelantrag des Steuerpflichtigen der Sache nach in vollem Umfang entsprochen und findet dadurch das Rechtsmittel in der Hauptsache seine Erledigung, so ist eine Entscheidung über die Kosten des Rechtsmittelverfahrens nicht erforderlich, wenn das Finanzamt (in den Fällen des § 223a das Landesfinanzamt) dem Steuerpflichtigen erklärt, daß das Reich die Kosten des Rechtsmittelverfahrens trägt.

VI. Den Zweiten Teil, Zweiten Titel: Sachliche Vorschriften „I. Der Steueranspruch, 1. Entstehung und Fälligkeit", bilden die §§ 79—126. Im § 82a, in dem es sich um die Gefährdung einer Verbrauchsteuer handelt, sind die Worte „oder Umsatzsteuer" angefügt, so daß sich die Bestimmung auch auf diese letztere bezieht. In § 96, der sich auf die Haftung des Erwerbers eines Unternehmens neben dem Veräußerer bezieht, ist noch die Bestimmung angefügt worden: Die gleiche Haftung tritt ein für die Grundsteuer, falls der Steuergegenstand in das Eigentum einer anderen Person übergeht, es sei denn, daß der Steuergegenstand in der Zwangsversteigerung erworben wird. Dies gilt entsprechend bei grundstücksgleichen Berechtigungen und bei Gebäuden, die in Ausübung eines Miet-, Pacht- oder sonstigen Rechtsverhältnisses auf fremdem Grund und Boden errichtet worden sind, auch wenn sie wesentlicher Bestandteil geworden sind. — Der § 102, der sich auf Zahlung, insbesondere durch Postscheck und Bankkonto bezieht, erhält jetzt einen Zusatz in § 102a: Schuldet ein Steuerpflichtiger mehrere Schuldbeträge und reicht bei freiwilliger Zahlung der gezahlte Betrag nicht zur Tilgung sämtlicher Schulden aus, so wird die Schuld getilgt, die der Steuerpflichtige bei der Zahlung bestimmt. Bestimmt er keine, so wird eine Zahlung, die die Hauptschulden nebst Zinsen und Kosten nicht vollständig deckt, zunächst auf die Kosten, dann auf die Zinsen und zuletzt auf die Hauptschulden verrechnet. Jedoch gehen Geldstrafen allen sonstigen Schulden vor. In diesem Zusammenhang werden noch verwandte Rechtsfragen geregelt. Der § 103 bestimmte, daß die Steuerpflichtigen berechtigt sind, gegen Steueransprüche des Reichs mit unbestrittenen oder rechtskräftig festgestellten Gegenansprüchen aufzurechnen. Jetzt ist ein § 103a hinzugefügt. Danach hat, wenn zwischen dem Steuerpflichtigen und dem Finanzamt Meinungsverschiedenheiten darüber bestehen, ob eine Zahlungsverpflichtung erloschen ist, das Finanzamt dem Steuerpflichtigen auf Antrag einen schriftlichen Bescheid (Abrechnungsbescheid) zu erteilen. § 105 II wurde gestrichen, der folgendes bestimmte: Es können Zahlungen von Steuern und sonstigen Geldleistungen gestundet werden, wenn ihre Einziehung mit erheblichen Härten für den Steuerpflichtigen verbunden wäre und der Anspruch durch die Stundung nicht gefährdet wird. Die Stundung soll in der Regel nur gegen Sicherheitsleistung und Verzinsung gewährt werden. Bei Stundungen über ein Jahr ist die Zustimmung des Landesfinanzamts einzuholen. Als Ersatz für diese gestrichene Stelle wird § 104a eingefügt, dessen Abs. I mit den hier wiedergegebenen Sätzen mit Ausnahme des letzten Satzes übereinstimmt. Dagegen lauten die Absätze II—IV des § 104a folgendermaßen: Will das Finanzamt für länger als ein Jahr Stundung bewilligen, so hat es, bevor es seine Verfügung dem Antragsteller bekanntgibt, die Genehmigung des Landesfinanzamts einzuholen. Bei den Realsteuern bedarf es statt der Genehmigung des Landesfinanzamts der Zustimmung der Gemeinde oder des Gemeindeverbandes, soweit für deren Rechnung die Realsteuern erhoben werden. Auf Antrag einer Landesregierung hat der RFM. anzuordnen, daß das Finanzamt, wenn es Realsteuern, die für Rechnung des Landes, seiner Gemeinden oder seiner Gemeindeverbände erhoben wird, stunden will, ohne Rücksicht auf die Dauer der Stundung zuvor die Zustimmung der Gemeinde, des Gemeindeverbandes oder des Landes einzuholen, falls der zu stundende Steuerbetrag, soweit er auf die einzelne Gemeinde, den einzelnen Gemeindeverband oder das einzelne Land entfällt, eine gewisse Wertgrenze übersteigt. Die Wertgrenze wird von der Landesregierung bestimmt. Sie darf für die Gemeinden und Gemeindeverbände nicht niedriger als hundert RM., für das Land nicht niedriger als tausend RM. sein. Das Finanzamt kann dem Steuerpflichtigen die Stundung von Realsteuer insoweit nicht versagen, als die Steuer für Rechnung einer Gemeinde oder eines Gemeindeverbandes erhoben wird und die Gemeinde oder der Gemeindeverband sich dem Finanzamt gegenüber mit der Stundung einverstanden erklärt hat. — § 106 erhielt die Bezeichnung § 104b. — Der § 108, der vor dem Erlaß, der Erstattung oder Anrechnung bereits entrichteter Steuern handelt, erhält einen umfassenderen Inhalt, dessen Abs. I bereits oben zu III wiedergegeben worden ist und dessen Abs. II lautet: Für bestimmte Arten von Fällen kann der RFM. mit Zustimmung des Reichsrats aus Billigkeitsgründen allgemein anordnen, daß abweichend von den Vorschriften des Reichsrechts 1. von Reichssteuern Befreiung gewährt wird oder die Steuern niedriger festgesetzt werden; 2. von Realsteuern Befreiung gewährt wird oder die Steuermeßbeträge für die Gewerbesteuer niedriger festgesetzt werden; 3. die Besteuerungsgrundlagen für die Besteuerung nach dem Einkommen, dem Ertrage, dem Vermögen oder dem Umsatz niedriger festgestellt werden.

VII. Der Zweite Abschnitt: Wertermittlung, enthält in seinem Ersten Titel „Allgemeine Vorschriften“ und in seinem Zweiten Titel „Besondere Vorschriften für die Bewertung von Grundstücken“ die §§ 137—151, sowie §§ 152—161. Alle diese Bestimmungen wurden gestrichen mit Rücksicht auf ihre Übernahme in das ReichsbewertungsG. (vgl. den gleichbetitelten Art. unten S. 497ff.).

VIII. Der Dritte Abschnitt: Ermittlung und Festsetzung der Steuer) handelt im Ersten Titel von den Pflichten der Steuerpflichtigen und anderer Personen und beginnt mit „I. Allgemeine Vorschriften“ und dem § 162. Vor diesen letzteren sind nun die neuen Bestimmungen der §§ 161a, 161b eingefügt worden. § 161a: Wer nach anderen Gesetzen als den Steuergesetzen Bücher und Aufzeichnungen zu führen hat, die für die Besteuerung von Bedeutung sind, hat die Verpflichtungen, die ihm nach den anderen Gesetzen obliegen, auch im Interesse der Besteuerung zu erfüllen. § 161b: Außer denen, die unter die Vorschrift des § 161a fallen, sind die folgenden Unternehmer und Unternehmen zur Führung von Büchern oder Aufzeichnungen nach näherer Maßgabe der folgenden Vorschriften verpflichtet: 1. Für Zwecke der Besteuerung nach dem Einkommen, dem Ertrag und dem Vermögen sind die Unternehmer und Unternehmen, die nach den bei der letzten Veranlagung getroffenen Feststellungen entweder a) Gesamtumsatz (einschließlich des steuerfreien Umsatzes) von mehr als 200000 RM. oder b) Betriebsvermögen von mehr als 50000 RM. oder c) landwirtschaftliches, forstwirtschaftliches und gärtnerisches Vermögen von mehr als 100000 RM. oder d) Gewerbeertrag von mehr als 6000 RM. oder e) Reineinkünfte aus Land- und Forstwirtschaft von mehr als 6000 RM. gehabt haben, verpflichtet, Bücher zu führen und auf Grund jährlicher Bestandsaufnahmen regelmäßig Abschlüsse zu machen. 2. Für Zwecke der Umsatzsteuer sind die nach dem Umsatzsteuergesetze steuerpflichtigen Unternehmer und Unternehmen verpflichtet, zur Feststellung der Entgelte Aufzeichnungen zu machen. Aus den Aufzeichnungen muß zu ersehen sein, wie sich die Entgelte auf die Umsätze, für welche verschiedene Steuersätze bestehen, verteilen. Der RFM. trifft hierüber mit Zustimmung des Reichsrats nähere Bestimmungen; sie treten außer Kraft, wenn der Reichstag es verlangt. Das Finanzamt ist berechtigt, unter Abweichung von diesen Vorschriften für einzelne Fälle Erleichterungen zu bewilligen. Eine solche Bewilligung kann jederzeit zurückgenommen werden, auch wenn dies bei der Bewilligung nicht vorbehalten worden ist. Der § 162, der von der Buchführung handelt, bezieht sich auf diese neuen §§ 161a und 161b und schreibt vor, daß wer nach diesen Vorschriften oder sonst nach den Steuergesetzen Bücher zu führen oder Aufzeichnungen zu machen hat, die folgenden Vorschriften beachten soll. Dabei sind jedoch die §§ 163, 164 gestrichen worden, von denen der erstere für kaufmännische Betriebe besondere Bedeutung hatte, der letztere aber für die Steueraufsicht von geringem praktischen Werte war.

IX. In dem Dritten Abschnitt: V. Beistandspflicht der Behörden und berufsständischen Vertretungen, ist § 191 bestehen geblieben, erhielt jedoch den folgenden Abs. III: Wenn in einem Rechtsmittelverfahren, das die Feststellung eines Einheitswertes betrifft, eine Behörde oder ein Beamter eines Landes, einer Gemeinde oder eines Gemeindeverbandes auf Ersuchen einer Behörde der Reichsfinanzverwaltung Ermittlungen an Ort und Stelle (z. B. Vermessungen) vornimmt, so vergütet das Reich dem Lande, der Gemeinde oder dem Gemeindeverband den vierten Teil der Auslagen, die durch die örtlichen Ermittlungen entstehen. Im übrigen ist das Reich nicht zum Ersatze von Kosten verpflichtet, die dadurch entstehen, daß Behörden oder Beamte der Länder, Gemeinden oder Gemeindeverbände am Bewertungsgeschäft mitwirken. Unter VI. daselbst wird von der Steueraufsicht gehandelt. An Stelle des § 196 I Satz 1, der lautete: „Die Finanzämter sind befugt, in Betrieben, die der Steueraufsicht unterliegen, Nachschau zu halten", ist folgende Fassung vorgesehen: Für Zwecke der Besteuerung kann das Finanzamt auch außerhalb eines Steuerermittlungsverfahrens Nachschau halten bei solchen Unternehmungen und in solchen Unternehmen, die entweder einer Steuer oder der Steueraufsicht unterliegen oder bei denen nach dem Ermessen des Finanzamts eine Steuerpflicht in Betracht kommt; der Nachschau unterliegen ferner Gebäude, befriedete Besitztümer und Schiffe, sofern der dringende Verdacht besteht, daß sich darin Schmuggler oder Schmuggelwaren befinden. — In demselben Unterabschnitt ist als § 201 a eine hauptsächlich die Steuerflucht betreffende Vorschrift eingefügt worden: § 201 a: Die Finanzämter haben darüber zu wachen, ob durch Steuerflucht oder in sonstiger Weise Steuereinnahmen zu Unrecht verkürzt werden (I). In Ausübung dieser Steueraufsicht können die Finanzämter verlangen, daß eidesstattliche Versicherungen abgegeben werden (II). Hierbei finden die Vorschriften, die für eidesstattliche Versicherungen im Steuerermittlungsverfahren gelten, entsprechende Anwendung mit folgenden Ergänzungen: 1. Eidesstattliche Versicherungen kann das Finanzamt auch außerhalb eines Steuerermittlungsverfahrens verlangen. 2. Eidesstattliche Versicherungen kann das Finanzamt nur von den Steuerpflichtigen (§ 79 Abs. 1, 2) sowie von solchen Personen verlangen, die nach den §§ 84ff. die Pflichten eines Steuerpflichtigen zu erfüllen haben; von anderen Personen (§§ 177ff.) können eidesstattliche Versicherungen im Steueraufsichtsverfahren nicht verlangt werden. 3. Eidesstattliche Versicherungen kann das Finanzamt nicht nur dann verlangen, wenn die Steuerpflicht bereits feststeht, sondern auch dann, wenn nach dem Ermessen des Finanzamts eine Steuerpflicht in Betracht kommt. 4. § 209 II findet keine Anwendung wonach eidesstattliche Versicherungen und eidliche Bekräftigungen von Auskünften nur gefordert werden sollen, wenn andere Mittel zur Erforschung der Wahrheit nicht vorhanden sind. 5. Wird eine vom Finanzamt verlangte Versicherung an Eidesstatt verweigert, so hat das Finanzamt (erforderlichenfalls unter Mitwirkung des Steuerausschusses) nach pflichtmäßigem Ermessen zu entscheiden, welche Schlüsse aus der Verweigerung zu ziehen sind (§ 210e II Satz 1). Falls nicht besondere Umstände zu einer anderen Würdigung führen, ist anzunehmen, daß die Behauptung, über welche die eidesstattliche Versicherung verweigert worden ist, nicht zutrifft. 6. Auf Grund der Schlüsse, die aus der Verweigerung der eidesstattlichen Versicherung gezogen werden, sind die bisherigen Steuerfestsetzungen zu berichtigen. Die Berichtigungen (Berichtigungsveranlagungen, Berichtigungsfeststellungen) sind bis zum Ablauf der Verjährungsfrist, im übrigen uneingeschränkt zulässig (III).

X. In dem Zweiten Titel des Dritten Abschnitts „Ermittlungs- und Festsetzungsverfahren" wird § 205 III gestrichen, der lautete: „Die Kosten der Ermittlungen trägt der Steuerpflichtige, wenn das Endergebnis das seinen Angaben entsprechende Ergebnis um mehr als ein Drittel übersteigt, es sei denn, daß die Abweichung durch die Schwierigkeit der Wertabschätzung oder sonstigen entschuldbaren Irrtum hervorgerufen ist." — Die Steuerfestsetzung durch Steuerbescheid ist im § 210 geregelt. An dessen Stelle treten die neuen §§ 210—210i. Nach Abschluß seiner Ermittlungen setzt das Finanzamt durch Steuerbescheid die Steuer fest. Bei der Gewerbesteuer setzt es durch Veranlagungsbescheid den Steuermeßbetrag fest. Auf die Festsetzung der Steuermeßbeträge finden die für die Festsetzung der Steuern, auf Veranlagungsbescheide über Steuermeßbeträge finden die für Steuerbescheide geltenden Vorschriften sinngemäße Anwendung. Für die Steuern vom Einkommen, vom Ertrage, vom Vermögen und vom Umsatz wird der Steuerbescheid schriftlich erteilt. Deckt sich die Umsatzsteuerschuld für den Steuerabschnitt mit den Voranmeldungen und festgesetzten Vorauszahlungen, so genügt eine Mitteilung hierüber. Die Feststellung der Besteuerungsgrundlagen bildet regelmäßig einen unselbständigen (mit Rechtsmitteln nicht selbständig anfechtbaren) Teil des Steuerbescheids. In den Fällen der §§ 210b, 210c (nach näherer Maßgabe des

§ 210h Abs. 1 Nr. 2 auch in anderen Fällen) werden die Besteuerungsgrundlagen gesondert festgestellt. Hierüber wird ein schriftlicher Feststellungsbescheid erteilt, sofern nicht die Feststellungen offengelegt werden (§ 210i). Die gesonderte Feststellung bildet, auch wenn sie mit der Steuerfestsetzung in einem Bescheide vereinigt ist, eine selbständige (mit Rechtsmitteln selbständig anfechtbare) Entscheidung. (Die §§ 210b und 210c sind schon oben zu V bei § 52 berücksichtigt worden.) § 210d: Soweit es sich um eine Realsteuer handelt, hindert eine auf Landesrecht beruhende Steuerbefreiung weder die Feststellung der Besteuerungsgrundlage noch die Festsetzung des Steuermeßbetrages. Wird die Besteuerungsgrundlage festgestellt oder der Steuermeßbetrag festgesetzt, so wird damit der Entscheidung der Frage nicht vorgegriffen, ob auf Grund des Landesrechts Steuerbefreiung Platz greift. Diese Frage kann nur durch Rechtsmittel zum Austrag gebracht werden, die sich gegen die Festsetzung der Steuer (die Festsetzung des zu entrichtenden Steuerbetrages) richten. Soweit das Finanzamt die Besteuerungsgrundlagen (einschließlich solcher Besteuerungsgrundlagen, für die eine gesonderte Feststellung nicht vorgeschrieben ist) nicht ermitteln oder berechnen kann, hat es sie zu schätzen. Dabei sind alle Umstände zu berücksichtigen, die für die Schätzung von Bedeutung sind. Zu schätzen ist insbesondere dann, wenn der Steuerpflichtige über seine Angaben keine ausreichenden Aufklärungen zu geben vermag oder weitere Auskunft oder eine Versicherung an Eidesstatt verweigert. Das Gleiche gilt, wenn der Steuerpflichtige Bücher oder Aufzeichnungen, die er nach den Steuergesetzen zu führen hat, nicht vorlegen kann oder wenn die Bücher oder Aufzeichnungen unvollständig oder formell oder sachlich unrichtig sind. § 210f: Auf Feststellungsbescheide (die nach §§ 210b, 210c ergehen) finden die für Steuerbescheide geltenden Vorschriften sinngemäße Anwendung. Die Feststellungen, die in den Feststellungsbescheiden getroffen worden sind, werden den Steuerbescheiden zu Grunde gelegt, auch wenn die Feststellungsbescheide noch nicht unanfechtbar geworden sind. Ferner wird der Einheitswert, der für ein Betriebsgrundstück oder für ein zu einem gewerblichen Betrieb gehörendes Mineralgewinnungsrecht festgestellt worden ist, dem Feststellungsbescheide zu Grunde gelegt, durch den der Einheitswert des gewerblichen Betriebes festgestellt wird. Dies gilt auch dann, wenn der Feststellungsbescheid, durch den für das Betriebsgrundstück oder für das Mineralgewinnungsrecht der Einheitswert festgestellt worden ist, noch nicht unanfechtbar geworden ist. Ist ein Feststellungsbescheid durch Rechtsmittelentscheidung oder durch Berichtigungsfeststellung geändert worden, so werden Bescheide (Steuerbescheide, Veranlagungsbescheide, Feststellungsbescheide), die auf dem bisherigen Feststellungsbescheide beruhen, von Amtswegen durch neue Bescheide ersetzt, die der Änderung des Feststellungsbescheids Rechnung tragen. Dies gilt auch dann, wenn ein zu ersetzender Bescheid bereits unanfechtbar geworden war. Mit dem Erlasse der neuen Bescheide kann gewartet werden, bis die Rechtsmittelentscheidung der Berichtigungsfeststellung, die den bisherigen Feststellungsbescheid ändert, unanfechtbar geworden ist. Ein einheitlicher Feststellungsbescheid (der nach § 210c erlassen wird) richtet sich gegen alle Personen, die an dem Betrieb, an dem Grundstück, an dem Betriebsgrundstück oder an dem Mineralgewinnungsrecht, in den Fällen des § 210c II an den Reineinkünften beteiligt sind. Die Gesellschafter solcher Gesellschaften, die aus mehr als drei Gesellschaftern bestehen, haben dem Finanzamt einen im Inland wohnenden Vertreter zu benennen, der ermächtigt ist, für die sämtlichen Gesellschafter die im § 210c vorgesehenen Feststellungsbescheide, die dazu ergehenden Rechtsmittelentscheidungen sowie die mit dem Feststellungs- oder Rechtsmittelverfahren zusammenhängenden sonstigen Verfügungen und Mitteilungen der Finanzbehörden in Empfang zu nehmen. Solange die Gesellschafter einen solchen Vertreter dem Finanzamt nicht benannt haben, sind die Finanzbehörden berechtigt, die im § 210c vorgesehenen Feststellungsbescheide, die dazu ergehenden Rechtsmittelentscheidungen sowie die mit dem Feststellungs- oder Rechtsmittelverfahren zusammenhängenden sonstigen Verfügungen und Mitteilungen einem der Gesellschafter zugehen zu lassen mit Wirkung für und gegen alle Gesellschafter; auf diese Wirkung ist in dem Feststellungsbescheide, der Rechtsmittelentscheidung oder sonstigen Verfügung oder Mitteilung hinzuweisen. Die Vorschriften, die in zwei vorhergehenden Sätzen für Gesellschaften getroffen sind, gelten entsprechend für Gemeinschaften. Wird ein Feststellungsbescheid (§§ 210b, 210c) über einen Gegenstand (Betrieb, Grundstück, Betriebsgrundstück oder Mineralgewinnungsrecht) erlassen, für den nach dem Feststellungszeitpunkt oder nach dem Ablauf des Steuerabschnitts eine Rechtsnachfolge (einschließlich der Nachfolge im Besitz) eingetreten ist, so richtet sich der Feststellungsbescheid auch gegen den

Rechtsnachfolger insoweit, als nach den Vorschriften der Steuergesetze die Feststellung für den Rechtsnachfolger von Bedeutung ist. Ist die Rechtsnachfolge eingetreten, nachdem der Feststellungsbescheid dem Rechtsvorgänger bekanntgegeben (zugestellt) worden ist, so wirkt die Bekanntgabe (die Zustellung) an den Rechtsvorgänger auch gegen den Rechtsnachfolger. Wer für eine Steuer, die ein anderer schuldet, entweder persönlich oder mit den von ihm verwalteten Mitteln haftet, muß einen Feststellungsbescheid, der gegen den Steuerschuldner ergangen ist, auch dann gegen sich gelten lassen, wenn er nicht Rechtsnachfolger des Steuerschuldners ist. Der RFM. kann Bestimmungen treffen über: 1. Zusammenfassung und Vereinheitlichung von Bescheiden (Steuerbescheiden, Feststellungsbescheiden, Veranlagungsbescheiden, Zerlegungsbescheiden), die denselben Steuerpflichtigen betreffen. Dabei ist anzustreben, daß die Zahl der Bescheide, die ein Steuerpflichtiger im Laufe eines Jahres erhält, möglichst herabgemindert wird. 2. Einschränkungen und Erweiterungen der §§ 210b und 210c (s. oben S. 488). Zum Beispiel kann die Feststellung der Besteuerungsgrundlagen für die Gewerbesteuer, ferner die Feststellung des umsatzsteuerpflichtigen Umsatzes und insoweit, als nicht bereits die Vorschriften des § 210c II Platz greifen, die Feststellung der einkommensteuerpflichtigen und körperschaftsteuerpflichtigen Reineinkünfte für solche Fälle vorgesehen werden, in denen der Erlaß eines Feststellungsbescheids (insbesondere wegen des Zusammenhangs mit der Feststellung des gewerbesteuerpflichtigen Gewerbeertrags) zu einer Vereinfachung des Verfahrens führt. 3. Zulässigkeit und Rechtswirkungen von Vereinbarungen und vereinbarungsähnlichen Rechtsformen im Besteuerungsverfahren. Vereinbarungen können nur für solche Fälle zugelassen werden, in denen die Vereinbarungen die Besteuerung vereinfachen und das steuerliche Ergebnis bei dem Steuerpflichtigen nicht wesentlich ändern; Entsprechendes gilt für vereinbarungsähnliche Rechtsformen. Sondervorschriften, die in Steuergesetzen enthalten sind, bleiben unberührt. 4. Das Verfahren in den Fällen der Nr. 2 und 3. Zu Bestimmungen der Nr. 2—4 bezeichneten Art ist die Zustimmung des Reichsrats erforderlich. Die Einheitswerte der landwirtschaftlichen, forstwirtschaftlichen und gärtnerischen Betriebe, der Grundstücke und der Betriebsgrundstücke werden offengelegt. Die offengelegten Einheitswerte werden den Beteiligten nicht besonders bekanntgegeben. Mit dem Ablauf der Offenlegungsfrist treten die gleichen Rechtswirkungen ein, wie wenn am letzten Tage der Offenlegungsfrist ein schriftlicher Feststellungsbescheid den Beteiligten zugestellt worden wäre. Die näheren Bestimmungen, insbesondere über das Verfahren bei der Offenlegung und über die Rechtswirkungen der Offenlegung, trifft der RFM. mit Zustimmung des Reichsrats.

§ 211 handelt davon, was inhaltlich die Steuerbescheide aufweisen müssen. Hinter diesen § 211 ist jetzt als § 211a der bisherige § 220 I einzuschalten, der davon handelt, daß wenn ein förmlicher Steuerbescheid nicht zu erteilen ist, als Steuerbescheid jede Willenskundgebung eines Finanzamts oder einer Hilfsstelle eines Finanzamts gilt, mit der erstmalig ein bestimmter Betrag als Steuer von einer bestimmten Person sofort oder innerhalb einer bestimmten Frist beansprucht wird.

An Stelle der bisherigen §§ 212, 213, die von der Zulässigkeit der Nachforderung von Steuern bis zum Ablauf der Verjährungsfrist, von einer Neuveranlagung und deren Zulässigkeit und von einer Berichtigung der Steuerfestsetzung für den Fall handeln, daß bei einer Nachprüfung durch die Aufsichtsbehörde vor Ablauf der Verjährungsfrist Fehler aufgedeckt werden, deren Berichtigung eine Herabsetzung der Steuer rechtfertigt, treten jetzt die §§ 212, 212a, 213. Zunächst handelt es sich um neue Tatsachen: Hat bei Steuern, bei denen die Verjährungsfrist mehr als ein Jahr beträgt, das Finanzamt nach Prüfung des Sachverhalts einen besonderen, im Gesetze selber vorgesehenen schriftlichen Bescheid (Steuerbescheid, Veranlagungsbescheid, Freistellungsbescheid oder Feststellungsbescheid) erteilt, so findet, soweit nichts anderes vorgeschrieben ist, eine Änderung des Bescheids (eine Berichtigungsveranlagung oder eine Berichtigungsfeststellung) nur statt: 1. wenn neue Tatsachen oder Beweismittel bekannt werden, die eine höhere Veranlagung rechtfertigen, und die Verjährungsfrist noch nicht abgelaufen ist; 2. wenn durch eine Buch- oder Betriebsprüfung vor dem Ablauf der Verjährungsfrist neue Tatsachen oder Beweismittel bekannt werden, die eine niedrigere Veranlagung rechtfertigen; 3. wenn bei einer Nachprüfung durch die Aufsichtsbehörde Fehler aufgedeckt werden, deren Berichtigung eine höhere Veranlagung rechtfertigt, und die Verjährungsfrist noch nicht abgelaufen ist; dies gilt nicht für die Steuern vom Einkommen, vom Ertrage, vom Umsatz und vom Vermögen (ausschließlich der Erbschaftsteuer); 4. wenn bei einer Nachprüfung durch die Aufsichtsbehörde vor dem

Ablauf der Verjährungsfrist Fehler aufgedeckt werden, deren Berichtigung eine niedrigere Veranlagung rechtfertigt. Eine Berichtigungsveranlagung oder eine Berichtigungsfeststellung darf nicht auf eine nach Entstehung des Steueranspruchs erlassene Entscheidung des RFH. gegründet werden, in der eine Rechtsfrage im Gegensatze zu einer früheren, einen gleichen Sachverhalt betreffenden höchstrichterlichen Entscheidung entschieden wird. Nachforderungen von Steuern sind, soweit nicht die soeben wiedergegebenen Vorschriften Platz greifen oder sonst etwas Abweichendes vorgeschrieben ist, bis zum Ablauf der Verjährungsfrist zulässig. Wenn bei einer Nachprüfung durch die Aufsichtsbehörde vor dem Ablauf der Verjährungsfrist Fehler aufgedeckt werden, deren Berichtigung eine Herabsetzung der Steuer rechtfertigt, so ist, soweit nicht die Vorschrift Platz greift, daß bei einer Nachprüfung durch die Aufsichtsbehörde vor dem Ablauf der Verjährungsfrist Fehler aufgedeckt werden, deren Berichtigung eine niedrigere Veranlagung rechtfertigt, die Steuerfestsetzung zu berichtigen. — Hinter § 214, der von der Nachholung oder Berichtigung der Steuerfestsetzung für den Fall handelt, daß das Gesetz wegen bedingter, befristeter oder sonst ungewisser Verhältnisse die Steuerfestsetzung aussetzt oder eine vorläufige vorsieht, wird jetzt § 214a eingefügt: Ist ein Steuerpflichtiger zur Vermögensteuer veranlagt worden, die Steuerpflicht aber vor dem Ablauf des Veranlagungszeitraums weggefallen, so hat auf Antrag das Finanzamt durch schriftlichen Bescheid auszusprechen, für die Zeit von wann ab die Steuer nicht mehr zu entrichten ist. Ist ein Gegenstand zu einer Realsteuer veranlagt worden, die Steuerpflicht des Gegenstandes aber vor dem Ablauf des Veranlagungszeitraumes weggefallen, so hat auf Antrag das Finanzamt durch schriftlichen Bescheid auszusprechen, für die Zeit von wann ab die Steuer nicht mehr zu entrichten ist. § 215 handelt von sogenannten Kleinbeträgen. Der RFM. kann anordnen, daß die Festsetzung, die Erstattung und die Vergütung von Steuern und anderen steuerrechtlichen Geldleistungen unterbleiben, wenn der Betrag, der festzusetzen, zu erstatten oder zu vergüten ist, eine gewisse Grenze voraussichtlich nicht übersteigt. Hierzu war die KleinbetragsVO. vom 3. X. 1922 (RGBl. I, 760) erlassen, deren §§ 4, 5, 6 und 7 noch in Wirksamkeit stehen. Nach der Neufassung des § 215 kann der RFM. mit Zustimmung des Reichsrats auch Bestimmungen über die Abrundung von Steuern und anderen steuerrechtlichen Geldleistungen treffen. (Da, wie bereits festgestellt, § 205 III gestrichen worden ist, ist er auch im § 216 fortgefallen.)

XI. Im Vierten Abschnitt des Zweiten Teils, der von den Rechtsmitteln handelt, ist der Erste Titel „Zulässigkeit der Rechtsmittel" überschrieben. Die neue Fassung des einleitenden § 217 lautet: Gegen Steuerbescheide (§§ 211, 211a), Feststellungsbescheide (§§ 210b, 210c) und Veranlagungsbescheide (§ 210 Abs. 1 Satz 2) ist als Rechtsmittelverfahren gegeben: 1. soweit es sich nicht um Zölle und Verbrauchsabgaben handelt: das Berufungsverfahren; 2. soweit es sich um Zölle und Verbrauchsabgaben handelt: das Anfechtungsverfahren. — Es bleibt bei den Bestimmungen der §§ 218, 219, wonach im Berufungsverfahren gegeben sind: gegen die Entscheidung des Finanzamts oder einer Hilfsstelle des Finanzamts: der Einspruch; über ihn entscheidet das Finanzamt; gegen die Einspruchsentscheidung des Finanzamts: die Berufung; über sie entscheidet das Finanzgericht; gegen die Berufungsentscheidung des Finanzgerichts: die Rechtsbeschwerde; über sie entscheidet der Reichsfinanzhof. Im Anfechtungsverfahren sind gegeben: gegen sie Entscheidung des Finanzamts oder einer Hilfsstelle des Finanzamts: die Anfechtung; über sie entscheidet das Landesfinanzamt; gegen die Anfechtungsentscheidung des Landesfinanzamts: die Rechtsbeschwerde; über die entscheidet der RFH. Auch § 220 I ist stehengeblieben, wonach, wenn ein förmlicher Steuerbescheid nicht zu erteilen ist, als Steuerbescheid jede Willenskundgebung eines Finanzamts oder einer Hilfsstelle eines Finanzamts gilt, mit der erstmalig ein bestimmter Betrag als Steuer von einer bestimmten Person sofort oder innerhalb einer bestimmten Frist beansprucht wird. Es handelt sich um den bereits erwähnten nicht förmlichen Steuerbescheid, der nicht zugestellt zu werden braucht und auch keine Rechtsmittelbelehrung enthalten muß (RFH. 7, 231; 11, 151). Dagegen ist jetzt § 220 II gestrichen worden. — An die Stelle des bisherigen § 221, der von der Anfechtung von Steuerbescheiden außer Feststellungsbescheiden handelte, treten jetzt die neuen §§ 221, 221a. Einen Feststellungsbescheid (der in den §§ 210b, 210c) bezeichneten Art (s. oben S. 488) kann der Steuerpflichtige nur deshalb anfechten, weil er sich durch die Höhe der Feststellungen, die über die Besteuerungsgrundlagen getroffen worden sind, oder dadurch beschwert fühlt, daß die Steuerpflicht bejaht oder ein Steuergegenstand zu Unrecht nach den Vorschriften, die für landwirtschaftliche, forstwirtschaftliche oder gärtnerische Betriebe gelten, oder zu Unrecht nach den für gewerbliche Betriebe oder zu Unrecht nach den für Grundstücke geltenden Vorschriften bewertet worden ist. § 210d bleibt unberührt (I). Liegen einem Feststellungsbescheid Feststellungen zugrunde, die in einem anderen Feststellungsbescheide getroffen worden sind (§ 210f Abs. 3), so kann jener Feststellungsbescheid nicht mit der Begründung angefochten werden, daß die in dem anderen Feststellungsbescheide getroffenen Feststellungen unzutreffend seien. Dieser Einwand kann nur gegen den anderen Feststellungsbescheid erhoben werden (II). Was das Rechtsmittel angeht, so kann einen Steuerbescheid der Steuerpflichtige nur deshalb anfechten, weil er sich entweder 1. durch die Höhe der festgesetzten Steuer oder 2. dadurch beschwert fühlt, daß die Steuerpflicht bejaht worden ist. Satz 1 Nr. 2 findet insoweit keine Anwendung, als dem Steuerbescheid ein Feststellungsbescheid über die Besteuerungsgrundlage oder ein Veranlagungsbescheid über den Steuermeßbetrag zugrunde liegt; § 210d bleibt unberührt (vgl. oben zu X). Liegen einem Steuerbescheide Feststellungen zu Grunde, die in einem Feststellungsbescheide getroffen worden sind (§ 210f II), so kann jener Feststellungsbescheid nicht mit der Begründung angefochten werden, daß die in dem Feststellungsbescheide getroffenen Feststellungen unzutreffend seien. Dieser Einwand kann nur gegen den anderen Feststellungsbescheid erhoben werden. Wann der Steuerpflichtige einen Steuerbescheid anfechten kann, schreibt der neue § 221a vor. Hinter den § 222, der davon handelt, daß bei Steuerbescheiden, die frühere Steuerbescheide ändern, der neue Bescheid selbständig anfechtbar ist, soweit die Änderung reicht, so daß die Rechtskraft des früheren Bescheids sich nur auf den Betrag, nicht auch auf die Gründe erstreckt (RFH. 12, 193), wurde jetzt folgender § 222a eingefügt: Der Vorsteher des Finanzamts und der Vertreter des Landes (§ 30a II) können die ihnen zustehenden Rechtsmittel sowohl zu Gunsten als auch zu Ungunsten des Steuerpflichtigen einlegen. Der Vertreter der Gemeinde (§ 30a III) kann die ihm zustehenden Rechtsmittel nur zu Ungunsten des Steuerpflichtigen einlegen. § 223, der davon handelt, wann die Rechtsmittel im Berufungs- und Anfechtungsverfahren ferner gegeben sind, ist ebenfalls geändert und lautet folgendermaßen: Die Rechtsmittel der §§ 217—219 sind ferner gegeben: 1. gegen Bescheide, die auf Freistellung von Steuern lauten; 2. gegen Bescheide, durch die ein Antrag der in dem § 214a bezeichneten Art oder ein Antrag auf Vornahme einer Neuveranlagung oder Berichtigungsveranlagung, einer Neufeststellung oder Berichtigungsfeststellung ganz oder teilweise abgelehnt wird; 3. gegen schriftliche Auskünfte, die ein Finanzamt über die Stempelpflichtigkeit ausgestellter Urkunden oder vollzogener Geschäfte erteilt; 4. gegen Bescheide über Erstattungs- und Vergütungsansprüche, die aus Rechtsgründen zugelassen sind; gegen Bescheide, durch die erstattete oder vergütete Beträge zurückgefordert werden; ferner gegen Bescheide über sonstige Steuervergünstigungen, auf deren Gewährung oder Belassung ein Rechtsanspruch besteht; 5. gegen Abrechnungsbescheide. § 224 ist etwas anders gefaßt worden und lautet jetzt: Gegen andere als die in den §§ 217—223a bezeichneten Verfügungen von Finanzbehörden sowie gegen Steuerbescheide, die sich auf die Anforderung von Steuervorauszahlungen beschränken, ist lediglich die Beschwerde (§ 281) gegeben. § 225 bestimmt, daß ein Rechtsmittel einzulegen derjenige befugt ist, gegen den der Bescheid oder die Verfügung ergangen ist. Die Bestimmungen über seine Vertretung werden durch Verweisung auf frühere Bestimmungen ergänzt. Stirbt jemand, der berechtigt ist, ein Rechtsmittel einzulegen, während eine Rechtsmittelfrist läuft, bevor er das Rechtsmittel eingelegt hat, so kann jeder Erbe das Rechtsmittel einlegen. Hinter diese Bestimmungen sind die folgenden §§ 225a und 225b eingefügt, die eine Ausdehnung des Rechts zur Einlegung von Rechtsmitteln auf andere als Steuerpflichtige bestimmen, insbesondere den Vorsteher des Finanzamts, den Vertreter des Landes oder der Gemeinde, den Rechtsnachfolger eines Grundstücks, Betriebsgrundstücks oder Mineralgewinnungsrechts. Zur Einlegung von Rechtsmitteln, die einen einheitlichen Feststellungsbescheid (der im § 210c II Nr. 2 bezeichneten Art) betreffen, sind außer dem Vorsteher des Finanzamts, dem Vertreter des Landes und dem Vertreter der Gemeinde die folgenden Personen berechtigt: 1. Soweit es sich darum handelt, wer an dem festgestellten Betrage beteiligt ist und wie der festgestellte Betrag sich auf die einzelnen Beteiligten verteilt: jeder Gesellschafter oder Gemeinschafter, der durch die Feststellungen über diese Punkte berührt wird. 2. Soweit es sich um einen Punkt handelt, der einen Gesellschafter oder Gemeinschafter für seine Person angeht (z. B. die Höhe von Sondervergütungen oder persönlichen Werbungskosten): der Gesellschafter oder Gemeinschafter, der durch die Feststellungen über diesen Punkt berührt wird. 3. Im übrigen: nur die zur Geschäftsführung berufenen Gesellschafter oder Gemeinschafter; Gesellschafter oder Gemeinschafter, die nicht zur Geschäftsführung berufen sind, sind auch nicht berechtigt, dem Rechtsmittel beizutreten (I). Sind in anderen als den im Abs. 1 bezeichneten Fällen einheitliche Feststellungsbescheide gegen Mitberechtigte ergangen, so ist jeder Mitberechtigte zur Einlegung von Rechtsmitteln befugt (II). Mehrere Rechtsmittel gleicher Art, die denselben Betrieb, dasselbe Grundstück, Betriebsgrundstück oder Mineralgewinnungsrecht, in den Fällen des § 210c II dieselben Reineinkünfte betreffen, werden verbunden und zur Einlegung von Rechtsmitteln befugte Mitberechtigte, die kein Rechtsmittel eingelegt haben, zu dem Rechtsmittelverfahren von Amts wegen zugezogen. Auch im Rechtsmittelverfahren können nur einheitliche Feststellungen getroffen werden. Die Rechtsmittelentscheidungen richten sich gegen alle Mitberechtigten (III). § 225b: Tritt für einen Betrieb, ein Grundstück, ein Betriebsgrundstück oder ein Mineralgewinnungsrecht, nachdem darüber ein Feststellungsbescheid (§§ 210b, 210c) erlassen worden ist, eine Rechtsnachfolge (einschließlich der Nachfolge im Besitz) ein, während eine Rechtsmittelfrist (Frist zur Einlegung eines Rechtsmittels, das die Feststellung einer Besteuerungsgrundlage betrifft) läuft, so kann auch der Rechtsnachfolger das Rechtsmittel einlegen (I). Wenn im Falle des Abs. 1 oder in einem sonstigen Falle der Rechtsvorgänger und der Rechtsnachfolger Rechtsmittel gleicher Art gegen einen Feststellungsbescheid einlegen, so werden die Rechtsmittel verbunden. Legt nur der Rechtsvorgänger Rechtsmittel ein, so wird der Rechtsnachfolger, legt nur der Rechtsnachfolger Rechtsmittel ein, so wird, falls möglich, der Rechtsvorgänger zu dem Rechtsmittelverfahren von Amtswegen zugezogen, wenn sein Interesse durch die Entscheidung berührt wird und die Rechtsmittelbehörde Kenntnis von der Rechtsnachfolge hat. Auch im Rechtsmittelverfahren können nur einheitliche Feststellungen getroffen werden. Die Rechtsmittelentscheidungen richten sich sowohl gegen den Rechtsvorgänger als auch gegen den Rechtsnachfolger (II).

XII. In dem Zweiten Titel des Vierten Abschnitts (Allgemeine Vorschriften über das Verfahren) befindet sich § 228. Nach dessen Abs. III können die Rechtsmittelbehörden die Entscheidung auch zum Nachteil dessen, der das Rechtsmittel gegen die Entscheidung eingelegt hat, ändern, soweit neue Tatsachen oder Beweismittel bekanntgeworden sind, die eine solche Änderung rechtfertigen oder wenn diese Änderung sich auf eine abweichende rechtliche Beurteilung gründet. Der RFH. ist zu einer derartigen Änderung nur dann befugt, wenn die im vorhergehenden Satz bezeichneten Voraussetzungen vorliegen und wenn es sich um eine Zollauskunft oder einen Kontingentbescheid handelt. An Stelle dieses letzten Satzes ist folgende Fassung getreten: Der RFH. ist zu einer derartigen Änderung unter den im Satz 1 bezeichneten Voraussetzungen nur befugt: 1. im Beschlußverfahren, 2. im Rechtsbeschwerdeverfahren, sofern es sich um eine Zollauskunft oder um einen Kontingentbescheid handelt; § 267 bleibt unberührt. — § 234 handelt davon, daß die Rechtsmittel schriftlich eingereicht oder zu Protokoll erklärt werden können. Es genügt, wenn aus dem Schriftstück hervorgeht, wer das Rechtsmittel eingelegt hat. Einlegung durch Telegramm ist zulässig. Die Rechtsmittel sind bei der Geschäftsstelle der Behörde anzubringen, deren Bescheid angefochten wird. Der hierauf folgende Satz erhielt jetzt folgende Fassung: Die Anbringung bei der zur Entscheidung berufenen Stelle (Rechtsmittelbehörde) oder einer Vorinstanz genügt; ferner genügt es, wenn ein Rechtsmittel, das sich gegen die Feststellung von Besteuerungsgrundlagen oder gegen die Festsetzung eines Steuermeßbetrags richtet, bei der zur Erteilung des Steuerbescheides zuständigen Stelle angebracht wird. — Das Rechtsmittel ist der zuständigen Stelle zu übermitteln. Hinter den § 234 wurde ein § 234a, der von dem Einspruch handelt, eingefügt. Er lautet: Die Entscheidungen, gegen die namens des Reichs, eines Landes, einer Gemeinde oder eines selbständigen Gutsbezirks ein Rechtsmittel eingelegt werden kann, werden weder diesen Körperschaften noch dem Vorsteher des Finanzamts, dem Vertreter des Landes (§ 30a II) oder dem Vertreter der Gemeinde oder des Gutsbezirks (§ 30a III) zugestellt, ihnen in der Regel auch nicht sonstwie besonders bekanntgegeben (I). Die Frist zur Einlegung der Rechtsmittel endigt für die im Abs. I bezeichneten Körperschaften und Personen mit dem Ablauf der für den Steuerpflichtigen laufenden Rechtsmittelfrist (II).

Der § 243 handelte darum, daß der Wert des Streitgegenstandes bei der Entscheidung über das Rechtsmittel festzustellen ist, soweit ein Bedürfnis vorliegt und daß die Rechtsmittelbehörde ihn nach freiem Ermessen bestimmt. Ferner daß, wenn eine Sache an eine Vorinstanz oder an die Stelle, die zuerst entschieden hat, zurückverwiesen wird, dieser Stelle die Entscheidung über die Kosten des Verfahrens und die Festsetzung des Wertes des Streitgegenstandes übertragen werden kann und die Stelle ihre Entscheidung darüber der Rechtsmittelbehörde mitzuteilen hat. Diese ganze Vorschrift ist gestrichen, da sie sich nach Einfügung anderer neuer Bestimmungen erübrigt.

XIII. Im Dritten Titel des Vierten Abschnitts über das Berufungsverfahren handelt der § 244 von dem Einspruch, der § 245 von der Berufung. An die Stelle dieser beiden Paragraphen sind die folgenden §§ 244 bis 245d getreten. § 244: Soweit es sich nicht um Zölle oder Verbrauchsteuern handelt, steht dem Steuerpflichtigen gegen die in den §§ 217, 223 bezeichneten Bescheide der Einspruch zu (I). Hat bei den Bescheiden der Steuerausschuß mitgewirkt, so sind zur Einlegung des Einspruchs auch befugt: 1. der Vorsteher des Finanzamts namens des Reichs; 2. der Vertreter des Landes, der bei der Entscheidung des Steuerausschusses mitgewirkt hat oder zur Mitwirkung berechtigt war (§ 30a II), namens des Landes; 3. der Vertreter der Gemeinde oder des selbständigen Gutsbezirkes, der bei der Entscheidung des Steuerausschusses mitgewirkt hat oder zur Mitwirkung berechtigt war (§ 30a III), namens der Gemeinde oder des selbständigen Gutsbezirkes (II). § 244a: Ist namens des Reichs, eines Landes, einer Gemeinde oder eines selbständigen Gutsbezirkes Einspruch eingelegt worden, so teilt das Finanzamt dies dem Steuerpflichtigen mit (I). In den Fällen des § 244 I, II hat auf den Einspruch hin das Finanzamt die Sache erneut zu prüfen. Richtet sich der Einspruch gegen den Bescheid einer Hilfsstelle, so kann diese ihren Bescheid ändern; tut sie dies nicht, so legt sie die Sache dem Finanzamt zur Entscheidung vor (II). Ist wegen einer gleichen oder ähnlichen Streitfrage ein Rechtsmittel in einer höheren Rechtsstufe anhängig, so kann das Finanzamt die Entscheidung über den Einspruch aussetzen, falls der Steuerpflichtige und, sofern bei der Entscheidung der Steuerausschuß mitzuwirken hat, der Vertreter des Landes (§ 30a II) und der Vertreter der Gemeinde (§ 30a III) zustimmen. Der Aussetzungsbeschluß braucht den Beteiligten nicht bekanntgegeben zu werden. Ein Rechtsmittel gegen den Aussetzungsbeschluß ist nicht gegeben (III). § 245: Gegen Bescheide, gegen die nach § 244 I der Einspruch gegeben ist, kann der Steuerpflichtige statt des Einspruchs Berufung einlegen, wenn der Vorsteher des Finanzamts seine Einwilligung hierzu innerhalb der Rechtsmittelfrist erklärt. Wenn der Vorsteher des Finanzamts seine Einwilligung nicht rechtzeitig erteilt, so ist das eingelegte Rechtsmittel als Einspruch zu behandeln (I). Gegen Bescheide, gegen die nach § 244 II der Einspruch gegeben ist, können die im § 244 II bezeichneten Personen namens der daselbst genannten Körperschaften statt des Einspruchs Berufung einlegen (II). § 245a: Hat von den zur Einlegung eines Rechtsmittels Berechtigten einer Einspruch, ein anderer Berufung eingelegt, so ist zunächst über den Einspruch zu entscheiden. § 245b: Gegen die Einspruchsentscheidungen des Finanzamts steht dem Steuerpflichtigen die Berufung zu (I). Hat bei den Einspruchsentscheidungen der Steuerausschuß mitgewirkt, so können auch die im § 244 II bezeichneten Personen namens der daselbst genannten Körperschaften Berufung einlegen (II). § 245c: Ist wegen einer gleichen oder ähnlichen Streitfrage eine Rechtsbeschwerde bei dem Reichsfinanzhof anhängig, so kann der Vorsitzende des Finanzgerichts, sofern nicht wichtige Interessen der Beteiligten entgegenstehen, die Entscheidung über die Berufung aussetzen (I). Der Aussetzungsbeschluß ist unter Angabe der Gründe den Beteiligten bekanntzugeben (II). Binnen zwei Wochen, von der Bekanntgabe des Aussetzungsbeschlusses ab gerechnet, kann jeder Beteiligte die Entscheidung des Finanzgerichts beantragen. Gegen die Entscheidung, die das Finanzgericht über die Aussetzung trifft, ist ein Rechtsmittel nicht gegeben (III). § 245d: Über Berufungen, deren Streitgegenstand keinen höheren Wert hat als 100 RM., kann das Finanzgericht, ohne daß eine weitere Aufklärung des Sachverhalts oder eine Stellungnahme zu Rechtsfragen erforderlich ist, nach freiem Ermessen entscheiden. Zur Begründung einer solchen Entscheidung genügt der Hinweis, daß auf Grund dieser Vorschrift nach freiem Ermessen entschieden worden ist (I). Die Bestimmungen des Abs. 1 finden keine Anwendung, wenn die mit der Berufung angefochtene Entscheidung zu Ungunsten des Steuerpflichtigen abgeändert wird (II). — In § 246 werden als Beteiligte im Verfahren über die Berufung bestimmt: wer die Berufung eingelegt hat, wer nach § 226 als Beteiligter zugezogen wird oder dem Verfahren beigetreten ist und das Finanzamt, dessen Einspruchsentscheidung angefochten wird. An Stelle dieser letzten Vorschrift tritt jetzt folgende: Beteiligter ist das Finanzamt, dessen Entscheidung angefochten wird, sowie der Vertreter des Landes und der Vertreter der Gemeinde oder des selbständigen Gutsbezirks, die bei der angefochtenen Entscheidung mitgewirkt haben oder zur Mitwirkung berechtigt waren (§ 30a II, III). Nach § 248 hat das Finanzamt, dessen Entscheidung angefochten ist, die Berufung mit den Akten und sonstigen Unterlagen dem

Gerichte zu übersenden (I). Hat der Vorsteher des Finanzamts nach § 245 (geändert nach den obigen Feststellungen) Berufung eingelegt, so hat er dies dem Steuerpflichtigen mitzuteilen (II). An Stelle dieses letzten Absatzes tritt jetzt folgende Fassung: Ist namens des Reichs, eines Landes, einer Gemeinde oder eines selbständigen Gutsbezirkes Berufung eingelegt worden, so teilt das Finanzamt dies dem Steuerpflichtigen mit. — Nach § 251 II kann ein ehrenamtliches Mitglied des Gerichts mit der schriftlichen Begutachtung befaßt werden. Tritt der Vorsitzende einem solchen Gutachten bei, so kann er ohne Zuziehung der Mitglieder über die Berufung vorläufig entscheiden; dies gilt auch dann, wenn auf Grund des § 245 d nach freiem Ermessen entschieden wird. Die gesperrt gedruckten Worte sind neu beigefügt.

Über die Rechtsbeschwerde war im bisherigen § 265 nur gesagt, daß zu ihrer Einlegung gegen die Urteile der Finanzgerichte auch die Finanzbehörde befugt ist, die den Steuerbescheid oder den Bescheid über Erstattungs- und Vergütungsansprüche erlassen hat. Jetzt gilt folgende neue Fassung: Zur Einlegung der Rechtsbeschwerde gegen die Urteile der Finanzgerichte sind auch befugt: 1. der Vorsteher des Finanzamts, das die im Berufungsverfahren angefochtene Entscheidung erlassen hat, namens des Reichs; 2. wenn bei der Entscheidung des Finanzamts, die im Berufungsverfahren angefochteh wird, der Steuerausschuß mitgewirkt hat: a) der Vertreter des Landes, der bei der Entscheidung des Steuerausschusses mitgewirkt hat oder zur Mitwirkung berechtigt war (§ 30a II), namens des Landes; b) der Vertreter der Gemeinde oder des selbständigen Gutsbezirkes, der bei der Entscheidung des Steuerausschusses mitgewirkt hat oder zur Mitwirkung berechtigt war (§ 30a III), namens der Gemeinde oder des selbständigen Gutsbezirks. Ergänzt wurde diese Vorschrift durch den neuen § 265a. Gegen Berufungsentscheidungen der Finanzgerichte ist die Rechtsbeschwerde nur dann gegeben, wenn der Wert des Streitgegenstandes höher ist als 200 RM. oder wenn das Finanzgericht wegen der grundsätzlichen Bedeutung der Streitsache die Rechtsbeschwerde zugelassen hat (I). Gegen eine Entscheidung, durch die das Finanzgericht die Rechtsbeschwerde zugelassen oder einen Antrag auf eine solche Zulassung abgelehnt hat, ist ein Rechtsmittel nicht gegeben. Ist die Zulassung in einem vorläufigen Bescheid (§ 251 II) abgelehnt worden, so kann binnen zwei Wochen, von der Bekanntgabe des vorläufigen Bescheids ab gerechnet, die Entscheidung des Finanzgerichts beantragt werden (II). — § 275 handelt von der Aufhebungsmöglichkeit des Urteils des Finanzgerichts und damit zusammenhängenden Fragen. Als Ergänzung ist nunmehr § 275a eingefügt worden, der folgendermaßen lautet: Richtet sich die Rechtsbeschwerde gegen eine Entscheidung, die das Finanzgericht nach seinem Ermessen getroffen hat (§ 6), so hat der RFH. zu prüfen, ob sich die Entscheidung innerhalb der rechtlichen Grenzen hält, die das Gesetz dem Ermessen zieht (I). Ist dies der Fall, so ist zur Entscheidung über Ermessensfragen (§ 6), die die Hauptsache betreffen, der RFH. im Verfahren über eine Rechtsbeschwerde nur dann befugt, wenn er nach Aufhebung der angefochtenen Entscheidung gemäß § 275 III selbst entscheidet.

XIV. Der Siebente Titel des Vierten Abschnitts handelt in den §§ 285—297 von den Kosten. An deren Stelle sind die neuen §§ 285—297e (Berichtigung, RGBl. 1930 I, 608) getreten, die in die Unterabschnitte über die „Kostenpflicht" und das „Verfahren" zerfallen.

XV. Der Fünfte Abschnitt handelt von der Beitreibung (§§ 298—354), der nicht geändert worden ist. Hinter den § 354 wird aber unter der Überschrift „Sechster Abschnitt: Zerlegungsverfahren" eine Anzahl von Paragraphen eingefügt (§§ 354a bis 354i). Im Zerlegungsverfahren haben die Finanzbehörden von Amtswegen den Sachverhalt zu ermitteln. Sie haben die gleichen Befugnisse, die den Finanzämtern im Steuerermittlungsverfahren zustehen. Soweit die Zerlegungsgrundlagen nicht festgestellt werden können, sind sie zu schätzen. Beteiligte am Zerlegungsverfahren sind: der Steuerpflichtige, sofern das Verfahren der Zerlegung eines Steuermeßbetrags oder einer Besteuerungsgrundlage dient; diejenigen Länder und Gemeinden, denen ein Anteil an dem zu zerlegenden Steuerbetrag oder Steuermeßbetrag oder an der zu zerlegenden Besteuerungsgrundlage zugeteilt worden ist oder die auf eine solche Zuteilung Anspruch erhoben haben; wenn Gemeinden mehrerer Länder beteiligt sind: auch die Länder, denen die Gemeinden angehören oder die auf Zuteilung an eine ihrer Gemeinden Anspruch erhoben haben; vor dem RFH.: der RFM., wenn er seine Zuziehung beantragt; der RFH. kann ihn um seine Beteiligung ersuchen. Die beteiligten Länder und Gemeinden können von dem Finanzamt Auskunft über Fragen der Zerlegung verlangen. Sie sind berechtigt, durch ihre Beamten Einsicht in die die Zerlegung betreffenden Nachweisungen und Akten des Finanzamts zu nehmen. Das Finanzamt soll vor jeder Änderung des Beteiligungsverhältnisses die Gemeinden hören, deren Beteiligung durch die Änderung berührt wird. Sind Gemeinden mehrerer Länder beteiligt, so soll das Finanzamt vor jeder Änderung auch die Länder hören, deren Gemeinden durch die Änderung berührt werden. Über die Zerlegung erteilt das Finanzamt einen schriftlichen Bescheid (Zerlegungsbescheid), sofern nicht die Zerlegungsentscheidung offengelegt wird. Der Zerlegungsbescheid muß enthalten: die Bezeichnung der Höhe des zerlegten Steuerbetrags oder Steuermeßbetrags oder der zerlegten Besteuerungsgrundlage; die Bestimmung darüber, welche Anteile an dem Gegenstande der Zerlegung den beteiligten Ländern und Gemeinden zugeteilt werden; die Angabe der Zerlegungsgrundlagen; eine Belehrung darüber, welche Rechtsmittel gegen den Zerlegungsbescheid zulässig und binnen welcher Frist und bei welcher Behörde es einzulegen ist. Ein Zerlegungsbescheid, durch den ein Steuermeßbetrag oder eine Besteuerungsgrundlage zerlegt wird, wird dem Steuerpflichtigen verschlossen zugestellt. Der RFM. kann statt der Zustellung eine einfachere Form der Bekanntgabe zulassen. Außerdem wird der Inhalt des Zerlegungsbescheids, mag durch den Bescheid ein Steuerbetrag oder ein Steuermeßbetrag oder eine Besteuerungsgrundlage zerlegt werden, den beteiligten Ländern und Gemeinden bekanntgegeben. Werden Einheitswerte zerlegt, die nach § 210i I offengelegt werden, so wird auch die Zerlegungsentscheidung offengelegt. Ist ein Einkommensteuerbetrag oder ein Körperschaftsteuerbetrag, nachdem er vom Finanzamt zerlegt worden ist, geändert worden, so nimmt das Finanzamt, sofern die Steuerpflicht nicht ganz weggefallen ist, eine neue Zerlegung vor, sobald die Änderung unanfechtbar geworden ist. Die neue Zerlegung tritt an die Stelle der bisherigen Zerlegung, sobald sie unanfechtbar geworden ist. Ist ein Grunderwerbsteuerbetrag, ein Steuermeßbetrag oder eine Besteuerungsgrundlage, nachdem das Finanzamt die Zerlegung vorgenommen hat, geändert worden, so nimmt das Finanzamt sofort eine neue Zerlegung vor. Die neue Zerlegung tritt mit ihrer Bekanntgabe an die Stelle der bisherigen Zerlegung. Das Finanzamt kann jedoch, sofern nicht wichtige Interessen der Beteiligten entgegenstehen, die Vornahme der neuen Zerlegung aussetzen, bis der zu zerlegende Betrag unanfechtbar feststeht. Steht einem Lande oder einer Gemeinde ein Anteil an einem Steuerbetrag oder Steuermeßbetrage oder an einer Besteuerungsgrundlage zu, hat das Finanzamt dies aber nicht berücksichtigt, auch den erhobenen Anspruch nicht zurückgewiesen, so hat es von Amtswegen oder auf Antrag eine neue Zerlegung vorzunehmen. Ist die bisherige Zerlegung gegenüber denjenigen Ländern und Gemeinden, die an dem bisherigen Zerlegungsverfahren beteiligt waren, unanfechtbar geworden, so dürfen bei der neuen Zerlegung nur solche Änderungen der bisherigen Zerlegung vorgenommen werden, die sich aus der nachträglichen Berücksichtigung des bisher übergangenen Landes (der bisher übergangenen Gemeinden) ergeben. Eine neue Zerlegung findet nicht statt, wenn ein Jahr verflossen ist, seitdem die Festsetzung des zu zerlegenden Steuerbetrags oder Steuermeßbetrags oder der zu zerlegenden Besteuerungsgrundlage unanfechtbar geworden ist, es sei denn, daß der Antrag vor Ablauf des Jahres gestellt worden ist. Als Rechtsmittel sind den Beteiligten gegeben: gegen den Zerlegungsbescheid des Finanzamts sowie gegen eine Verfügung des Finanzamts, durch die ein Antrag auf Erlaß eines Zerlegungsbescheids abgelehnt wird: die Beschwerde; über sie entscheidet das Landesfinanzamt; gegen die Beschwerdeentscheidung des Landesfinanzamts: die weitere Beschwerde; über sie entscheidet der RFH. im Beschlußverfahren. Die Frist für die Einlegung der Beschwerde an das Landesfinanzamt beträgt sechs Wochen. Die Frist für die Einlegung der weiteren Beschwerde an den RFH. beträgt einen Monat. Rechtsmittel können nicht darauf gestützt werden, daß der zerlegte Steuerbetrag oder Steuermeßbetrag unrichtig festgesetzt oder die zerlegte Besteuerungsgrundlage unrichtig festgestellt worden sei. Ist sowohl gegen den Bescheid, durch den der Steuerbetrag oder der Steuermeßbetrag festgesetzt oder die Besteuerungsgrundlage festgestellt worden ist, als auch gegen den Bescheid, durch den der Steuerbetrag oder der Steuermeßbetrag oder die Besteuerungsgrundlage zerlegt worden ist, ein Rechtsmittel eingelegt worden, so kann, sofern nicht wichtige Interessen der Beteiligten entgegenstehen, die Rechtsmittelbehörde, die über das gegen den Zerlegungsbescheid eingelegte Rechtsmittel zu entscheiden hat, das Verfahren so lange aussetzen, bis der Steuerbetrag oder der Steuermeßbetrag oder die Besteuerungsgrundlage unanfechtbar feststeht.

XVI. In dem Dritten Teil, Strafrecht und Strafverfahren, Erster Abschnitt: Strafrecht, handelt der § 360 davon, daß der Versuch der Steuerhinterziehung strafbar ist und daß die für die vollendete Tat angedrohte Strafe auch für den Versuch gilt; Geldstrafen, die auf ein Vielfaches des hinterzogenen Betrags zu bestimmen sind, sind nach der Steuerverkürzung oder dem Steuervorteile zu bemessen, die bei Vollendung der Tat eingetreten wären. Hierzu ist folgender Abs. III angefügt worden: Wer in dem Bewußtsein, daß infolge seines Verhaltens eine Verkürzung von Einnahmen an Einheitswertsteuern eintreten kann, es unternimmt, die mit der Wertermittlung befaßte Behörde irrezuführen, wird bestraft, wie wenn er den Versuch einer Steuerhinterziehung begangen hätte. — Die Vorschrift des § 376, die von der Bestrafung solcher Beamten handelt, die Verhältnisse eines Steuerpflichtigen, welche sie dienstlich oder bei Wahrnehmung ihrer Obliegenheiten erfahren haben, Anderen unbefugt mitteilen oder Betriebs- oder Gewerbegeheimnisse, die sie in gleicher Weise erfahren haben, unbefugt verwerten, ist in diesem seinem Abs. I folgendermaßen neu gefaßt worden: Wer das Steuergeheimnis verletzt (§ 10 II, III), wird mit Geldstrafe oder mit Gefängnis bis zu sechs Monaten bestraft. — Bei der Regelung der Ordnungsstrafen des § 377 ist in Satz 2 gesagt: „Die Ordnungsstrafe wird nicht verhängt, wenn festgestellt wird, daß Strafausschließungsgründe vorliegen oder die Zuwiderhandlung auf einem unabwendbaren Zufall beruht.“ Dieser Satz erhielt nun folgende Fassung: Dies gilt nicht für Sollvorschriften, auch nicht für Zuwiderhandlungen gegen die §§ 161a, 161b. — In dem Zweiten Abschnitt (Strafverfahren) des Dritten Teils wurden gestrichen die §§ 439 II und 440. Danach waren Gegenstände, deren Einziehung ausgesprochen ist, dem Finanzamt auszuhändigen und: § 425 galt auch bei gerichtlichen Strafen. Diese letztere Vorschrift lautet: „Geldstrafen und Gegenstände, deren Einziehung ausgesprochen ist, fallen dem Reiche zu.“

XVII. Die Übergangs- und Schlußvorschriften der RAbgO. beginnen mit § 444. Dieser hatte bestimmt, daß die RAbgO. am Tage ihrer Verkündigung in Kraft tritt, zugleich das G. über die Reichsfinanzverwaltung vom 10. IX. 1919 (mit einer Ausnahme) außer Kraft. Der RFM. wurde zum Erlasse von DurchfBest. und zur Überleitung der Steuergesetzgebung erforderlichen Bestimmungen ermächtigt. Nach § 445 gingen die Befugnisse, die bisher den obersten Landesfinanzbehörden bei der Verwaltung der Steuern zustanden, auf den RFM. über. An Stelle dieser beiden Vorschriften sind nun folgende getreten. § 444: Die vor dem Inkrafttreten der RAbgO. (23. XII. 1919) verkündeten Steuergesetze des Reichs treten insoweit außer Kraft, als sie mit der RAbgO. nicht im Einklang stehen (I). Das G. über die Reichsfinanzverwaltung vom 10. IX. 1919 (RGBl. 1591 ff.) mit Ausnahme des § 46 ist am 23. XII. 1919 außer Kraft getreten (II). § 445: Außer Kraft treten: 1. die §§ 420—429 der Strafprozeßordnung insoweit, als die Vorschriften der RAbgO. über das gerichtliche Verfahren in Steuerstrafsachen Anwendung finden; 2. der § 419 der Strafprozeßordnung insoweit, als § 386 II, § 412 II und § 384 II der RAbgO. Anwendung finden; 3. Art. 104 des EGBGB. insoweit, als die Vorschriften der RAbgO. über Erstattungs- und Vergütungsansprüche Anwendung finden. — In § 446 war für Fälle, die in der Vergangenheit liegen, die Anwendung gewisser Vorschriften der RAbgO. vorgesehen. Auch diese Bestimmung und alle folgenden bis § 463 gelten nicht mehr und an ihre Stelle treten folgende Vorschriften. § 446: Tabaksteuer. Der RFM. hat das TabaksteuerG. der RAbgO. anzupassen und es in neuer Fassung zu veröffentlichen. Die neue Fassung bedarf der Zustimmung des Reichsrats und eines vom Reichstag gewählten Ausschusses von zehn Mitgliedern. Sie tritt mit dem auf ihre Verkündung folgenden Tage an die Stelle der alten Fassung. § 447: Verwaltungsgeschäfte. Soweit die Finanzämter und Landesfinanzämter in dem Zeitpunkt, in dem der § 8a (s. oben 480) in Kraft tritt, für Körperschaften des öffentlichen Rechts Verwaltungsgeschäfte führen, die nicht unter die Vorschriften des § 8a fallen, führen die Finanzämter und Landesfinanzämter die Verwaltung fort. Von den im Satz 1 bezeichneten artfremden Geschäften sollen die Finanzämter und Landesfinanzämter möglichst bald entlastet werden; hierüber werden der RFM. und die beteiligten Landesregierungen die erforderlichen Vereinbarungen treffen (I). Im übrigen werden die Finanzämter und Landesfinanzämter für Körperschaften des öffentlichen Rechtes Verwaltungsgeschäfte, die nicht unter die Vorschriften des § 8a fallen, nur dann führen, wenn ihnen der RFM. auf Grund besonderer Vereinbarungen, die er mit der beteiligten Landesregierung getroffen hat, die Verwaltung überträgt (II). § 448: Katasterämter. Bestehen in einem Lande Behörden, zu deren Aufgaben die Ermittlung des Wertes von Grundstücken gehört (z. B. Katasterämter), so hat auf Antrag der Landesregierung der RFM. diesen Behörden die Vorbereitung der Einzelbewertung und die Vorbereitung der Zerlegung der Besteuerungsgrundlagen für die landwirtschaftlichen, forstwirtschaftlichen und gärtnerischen Betriebe sowie für die Grundstücke und Betriebsgrundstücke zu übertragen. Die Vorbereitung hat im laufenden Einvernehmen mit dem Vorsteher des Finanzamts zu erfolgen; die Befugnis des Vorstehers des Finanzamts zur Führung der Geschäfte des Steuerausschusses und die Befugnis des Präsidenten des Landesfinanzamts zur Leitung des gesamten Bewertungsgeschäfts in seinem Bezirke bleiben unberührt (I). Zum Mitglied derjenigen Abteilungen des Steuerausschusses, denen die Bewertung der landwirtschaftlichen, forstwirtschaftlichen und gärtnerischen Betriebe, der Grundstücke und Betriebsgrundstücke obliegt, soll die Landesregierung in erster Linie den Vorsteher der Behörde bestimmen, der die Vorbereitung der Bewertung nach Abs. 1 übertragen worden ist. Der Beamte ist in diesem Falle, soweit es sich um die Feststellung der Einheitswerte für die im Satz 1 bezeichneten Betriebe und Grundstücke handelt, nach näherer Bestimmung der Steuerausschußordnung stellvertretender Vorsitzender der Abteilung (II). § 449: Grunderwerbsteuer. Auf Antrag einer Landesregierung hat der RFM. die Geschäfte der Finanzämter bei der Verwaltung der Grunderwerbsteuer den von der Landesregierung bezeichneten Behörden zu übertragen. Ein Anspruch auf Entschädigung gegen das Reich wird hierdurch nicht begründet; ein Abzug von 4 % zu Gunsten des Reichs findet nicht statt. Im Falle des Satzes 1 gelten für die Beitreibung die landesrechtlichen Vorschriften. § 450: Für Rechtsmittel, die Zuschläge zur Grunderwerbsteuer betreffen, können die Länder, soweit die Rechtsmittel auf einen lediglich für die Zuschläge geltenden Grund gestützt werden, das Rechtsmittelverfahren abweichend von den Vorschriften der RAbgO. regeln. § 451: Realsteuer. Für Rechtsmittel, die die Festsetzung einer Realsteuer (die Festsetzung des zu entrichtenden Steuerbetrags) betreffen und lediglich auf Gründe gestützt werden, die für den zu entrichtenden Steuerbetrag, nicht dagegen für die Besteuerungsgrundlagen oder für den Steuermeßbetrag gelten, können die Länder das Rechtsmittelverfahren abweichend von den Vorschriften der RAbgO. auch dann regeln, wenn die Festsetzung des zu entrichtenden Steuerbetrags dem Finanzamt übertragen worden ist. § 210 II findet keine Anwendung. § 452: Landesstempel. Soweit auf dem Gebiete der Landesstempelsteuern strafrechtliche Vorschriften gegen Personen bestehen, die an der Verwaltung der Steuer beteiligt sind, bewendet es wegen des Strafverfahrens bei den landesrechtlichen Vorschriften. § 453: Abgaben. Soweit für Abgaben, die weder von Behörden der Reichsfinanzverwaltung noch von anderen Behörden des Reichs verwaltet werden, die Vorschriften der RAbgO. sinngemäß gelten, kann die Landesregierung bestimmen, welchen Stellen die Befugnisse zustehen, die in den für anwendbar erklärten Vorschriften den Finanzämtern und Landesfinanzämtern zugewiesen sind. § 454: Verwaltungsgeschäfte. Wenn nach dem Landesrecht Gemeinden oder Gemeindeverbänden Verwaltungsgeschäfte auf dem Gebiete der Steuern der Länder obliegen, so bleibt die Regelung des Rechtsverhältnisses zwischen dem Lande und den Gemeinden oder Gemeindeverbänden der Landesgesetzgebung überlassen. § 455: Mit Zustimmung der beteiligten Reichsminister kann die Verwaltung von Reichsvermögen Landesverwaltungsbehörden übertragen werden.

Schrifttum:

Koeppel, Die NotVO. vom 1. XII. 1930, BankArch. vom 16. XII. 1930, Jahrg. 30, S. 127ff. — Koppe, Die neuen SteuernotVO. vom 1. XII. 1930 (Berlin 1930). — Bühler, Die neuen SteuernotVO., 1931.

Fritz Stier-Somlo.

Reichsbank.

Im Art. 9 des Haager Abkommens vom 20. I. 1930 hatte sich die deutsche Regierung verpflichtet, das BankG. vom 30. VIII. 1924 den Vorschlägen des Neuen Planes (Sachverständigen-Plan vom 9. VI. 1929) anzupassen. Die Vorarbeiten für den Gesetzentwurf wurden von einem Unterausschuß, dem Vertreter der deutschen Regierung und der Gläubigerländer angehörten, geleistet. Entsprechend den im Neuen Plan für die Anpassung des Bankgesetzes aufgestellten drei Grundsätzen:

1. Wegfall der ausländischen Kontrollorgane der Reichsbank,
2. Unabhängigkeit der Reichsbank,
3. Aufrechterhaltung der Münzparität,

hat der Unterausschuß das BankG. vom 30. VIII. 1924 sowie einen von den deutschen Regierungsvertretern ausgearbeiteten Entwurf zur Änderung des Bankgesetzes geprüft und seine Ergebnisse in einem Bericht zusammengefaßt.

Von besonderer Bedeutung ist die vom Unterausschuß vorgenommene Einteilung der Vorschriften des Bankgesetzes in zwei Gruppen, nämlich in solche, welche die grundlegenden Garantieen für die Aufrechterhaltung der Währung enthalten, zu denen auch die Vorschriften über die Unabhängigkeit der Reichsbank gehören, und in solche Vorschriften, die die erwähnten Grundsätze des Sachverständigenplanes nicht berühren und nach seinem Inkrafttreten ein internationales Interesse nicht mehr beanspruchen können.

Während die gewöhnlichen Vorschriften des Bankgesetzes einer Abänderungsmöglichkeit auf dem normalen gesetzlichen Wege unterliegen, gilt für die Abänderung der sogenannten international gebundenen Vorschriften eine besondere Regelung. Es ist nämlich jeder Abänderungsvorschlag von der deutschen Regierung dem Verwaltungsrat der Bank für internationalen Zahlungsausgleich vorzulegen. Dieser kann gegen die vorgeschlagenen Änderungen mit der Begründung, daß sie mit dem Neuen Plan unvereinbar seien, binnen zwei Monaten bei einem Schiedsrichter im Wege der Klage Einspruch erheben. Die Entscheidung dieses Schiedsrichters ist endgültig und bindend für die deutsche Regierung, die Bank für internationalen Zahlungsausgleich und die Vertragsmächte.

Neben den Vorschriften, die durch eine Anpassung an den Neuen Plan bestimmt sind, bringt die Novelle auch Änderungen, die einem in der Zwischenzeit aufgetretenen Bedürfnisse entsprechen.

Im einzelnen bringt die Novelle (G. zur Änderung des BankG. vom 13. III. 1930 (RGBl. II, 355ff.) folgende Änderungen:

a) Organisatorische Änderungen. Sie sind bedingt durch den Wegfall der ausländischen Kontrollorgane, d. h. also der ausländischen Mitglieder des Generalrates und des ausländischen Notenkommissars. Ferner finden sich organisatorische Änderungen bei der Bestellung des Reichsbankpräsidenten und der Ernennung der Mitglieder des Reichsbankdirektoriums. An dem bisherigen Grundsatz der Unabhängigkeit der Leitung der Bank ist festgehalten. Um jedoch die Reichsregierung die ihr im allgemeinen Reichsinteresse zukommende Einflußnahme bei der Bestellung der Leitung der Bank ausreichender als bisher sicherzustellen, ist das schon bisher bestehende formale Bestätigungsrecht des Reichspräsidenten hinsichtlich der Wahl des Reichsbankpräsidenten in ein echtes Bestätigungsrecht umgestaltet worden. Ebenso ist die Bestellung der Mitglieder des Reichsbankdirektoriums fortan von der Bestätigung durch den Reichspräsidenten abhängig gemacht worden. Ferner sind neue Bestimmungen über den Generalrat getroffen. Die Anzahl seiner Mitglieder ist auf zehn festgesetzt, auch dürfen nur deutsche Reichsangehörige gewählt werden. Der Notenkommissar (§ 27) ist nicht mehr Mitglied des Generalrates. Die Kontrolle der Notenausgabe erfolgt nunmehr durch den jeweiligen Präsidenten des Rechnungshofes des Deutschen Reiches als Kommissar. Sie besteht in der zahlenmäßigen Feststellung des Vorhandenseins der vorgeschriebenen Notendeckung. Irgendeine Prüfung oder Erörterung der Kredit-, Diskont-, und Währungspolitik der Bank ist mit der Kontrolle nicht verbunden; für diese bleibt vielmehr das Reichsbankdirektorium allein verantwortlich.

An den Rechten der Generalversammlnng ist insofern eine Änderung eingetreten, als die Generalversammlung auch über die Satzung zu beschließen hat (§ 12). Von Bedeutung sind noch die Vorschriften, welche der Reichsbank die Beteiligung an der Bank für internationalen Zahlungsausgleich ermöglichen, und die Vorschrift, wonach die Mitarbeit der Reichsbank und ihres Präsidenten bei dieser Bank im Rahmen der Bestimmungen des Neuen Planes sichergestellt wird.

b) Früher bestanden einschränkende Bestimmungen hinsichtlich der Lombardfähigkeit der Schuldverschreibungen des Reichs und der Länder. Diese einschränkenden Bestimmungen fallen in Zukunft fort. Es sind also von jetzt ab sowohl langfristige wie spätestens nach einem Jahr fällige Inhaberschuldverschreibungen des Reichs und der Länder sowie zinstragende Inhaberschuldverschreibungen, deren Zinsen vom Reich oder einem deutschen Lande gewährleistet sind, ohne besondere Beschränkungen hinsichtlich des Darlehnsnehmers, der Bestellung eines Garanten und bei langfristigen Reichsanleihen außerdem hinsichtlich einer bisher vorgesehenen besonderen Ermächtigung des Generalrats bei der Reichsbank wieder beleihbar. Auch Schuldverschreibungen kommunaler Körperschaften und öffentlich-rechtlicher Kreditanstalten sind beleihbar geworden. Bisher durfte am Ende des Geschäftsjahres keinerlei Verschuldung des Reichs bei der Reichsbank vorhanden sein. Da die Zahlungsbedürfnisse des Reichs am Jahresschluß erfahrungsgemäß im besonderen Maße sich häufen, mußte der Zwang, den Betriebskredit zu diesem Termin zurückzuzahlen, die Dispositionen des Reichs besonders erschweren. Um diesem Übelstande abzuhelfen, ist verordnet worden, die Glattstellung auf einen anderen Zeitpunkt, und zwar auf den 15. VII. jeden Jahres zu verlegen.

c) § 5 sah hinsichtlich der Höhe des Grundkapitals vor, daß das Grundkapital der Reichsbank mindestens 300 Millionen RM. betragen soll. Da diese Vorschrift nicht mehr den gegenwärtigen Bedürfnissen entspricht, ist sie gestrichen worden. Nach Durchführung der mit der Änderung der Gewinnverteilungsvorschriften im Zusammenhang stehenden Bezugsrechtstransaktion beträgt nunmehr das Grundkapital der Reichsbank 150 Millionen RM.

d) Die Gewinnverteilung ist neu geregelt worden. Der Anteil des Reiches am Reingewinn der Reichsbank ist vergrößert worden. Die Anteilseigner erhielten hierfür eine Entschädigung in Form eines Bezugsrechts auf junge Reichsbankanteile und auf Golddiskontbank-Aktien. Für letztere konnte nach Wahl der Anteilseigner auch eine Barabfindung verlangt werden. Außerdem ist eine Änderung in der Reservenstellung eingetreten. Die jährliche Zuweisung an den Reservefonds ist von 20% auf 10% herabgesetzt worden.

e) Von besonderer Bedeutung ist noch die Inkraftsetzung des § 31 des BankG. über die Einlösung der Reichsbanknoten (vgl. Bekanntmachung des Reichsbankdirektoriums vom 15. IV. 1930, in Kraft seit dem 17. V. 1930 (RGBl. II, 776).

Schrifttum:

Kramer, Die Bankgesetznovelle vom 13. III. 1930, Bankwissenschaft, VII. Jahrg., Nr. 10. — Die amtlichen Begründungen.

Robert Deumer.

Reichsbewertungsgesetz.

Das ReichsbewertungsG. vom 10. VIII. 1925 (RGBl. I, 214) galt bisher in der Fassung des Art. VII § 54 Nr. 4 der Dritten SteuernotVO. vom 14. II. 1924 (RGBl. 74) und betraf einmal die Einheitswertsteuern, die Wertermittlung, das Verfahren, ferner Straf-, Übergangs- und Schlußvorschriften. Durch die NotVO. vom 1. XII. 1930 (RGBl. I, 517ff.) wurden die Bewertungsvorschriften der §§ 137—161 aus der RAbgO. herausgenommen und als §§ a—t in das ReichsbewertungsG. aufgenommen. Andererseits wurden die besonderen Verfahrensvorschriften des ReichsbewertungsG. gestrichen und soweit erforderlich entsprechende Vorschriften, namentlich hinsichtlich der Feststellung der Einheitswerte in die RAbgO. übernommen. Sodann hat die letzterwähnte NotVO. die erwähnten §§ a—t unter der Überschrift „Erster Teil: Allgemeine Bewertungsvorschriften" vorangestellt und die bisherigen Vorschriften des ReichsbewertungsG. mit „Zweiter Teil: Einheitsbewertung" bezeichnet. Immerhin sind die erwähnten Bewertungsvorschriften der RAbgO. nicht wörtlich, sondern vielfach mit verschiedenen Änderungen eingefügt worden. Zur Anpassung an Kapitel II (Grundsteuer) und an Kapitel III (Gewerbesteuer) des Dritten Teils der NotVO. vom 1. XII. 1930 (Steuervereinfachung und Steuervereinheitlichung) und an Art. 1 des Kapitels IV daselbst (Steueranpassung) sind die bisherigen Vorschriften des ReichsbewertungsG. in neuer Fassung anzuwenden. Das Neue ins Alte eingearbeitet ergibt Folgendes.

1. Zunächst handelt der Erste Abschnitt von den Einheitswertsteuern. § 1 bestimmt zunächst, für welche Steuerarten die Bewertung nach diesem G. zu erfolgen hat. Für die Vermögensteuer des Reiches, für die Grundsteuer und die Gewerbesteuer der Länder und Gemeinden (Gemeindeverbände und selbständigen Gutsbezirke) sind die Vermögensgegenstände nach den Vorschriften der §§ 2—88 zu bewerten; daneben finden, soweit sich aus den §§ 2—88 nichts anderes ergibt, die Vorschriften des Ersten Teils dieses G. Anwendung (I). Die unter Zugrundelegung der Vorschriften dieses G. gesondert festgestellten Werte gelten als Einheitswerte, die im Abs. 1 bezeichneten Steuern als Einheitssteuern (II). § 2 bestimmt, was als Vermögen im Sinne des ReichsbewertungsG. gilt, soweit nichts anderes vorgeschrieben ist: das gesamte bewegliche und unbewegliche Vermögen nach Abzug der Schulden. Es umfaßt folgende Vermögensarten: landwirtschaftliches, forstwirtschaftliches und gärtnerisches Vermögen, Betriebsvermögen, Grundvermögen, sonstiges Vermögen. Gestrichen worden sind durch die NotVO. vom 1. XII. 1930 die §§ 3 und 4, welche von der Feststellung des Einheitswertes und davon handeln, was, sofern die Länder und nach Maßgabe der Landesgesetzgebung die Gemeinden die Grund- und Gebäudesteuer oder die Gewerbesteuer ganz oder zum Teil nach dem Merkmal des Wertes erheben, sie diesen Steuern unterwerfen dürfen. § 5 ordnet an, daß die Feststellung des Einheitswertes nach dem Stande an einem bestimmten Zeitpunkt (Feststellungszeitpunkt) vorgenommen wird. Der Abs. II erhielt durch die NotVO. folgende Fassung: Die allgemeine Feststellung der Einheitswerte (Hauptfeststellung) wird nach dem Stande vom Beginne des 1. Januar (Hauptfeststellungszeitpunkt) für das landwirtschaftliche, forstwirtschaftliche und gärtnerische Vermögen, das Grundvermögen und die Betriebsgrundstücke in Zeitabständen von je sechs Jahren, für das Betriebsvermögen in Zeitabständen von je drei Jahren vorgenommen. Durch eine vom RFM. mit Zustimmung des Reichsrats und eines Ausschusses des Reichstags erlassene Rechtsverordnung kann bestimmt werden, daß die Hauptfeststellung in kürzeren oder längeren als den im Satz 1 bezeichneten Zeitabständen vorgenommen wird. Die Bestimmung kann auf einzelne der im Satz 2 bezeichneten Vermögensarten oder -unterarten beschränkt werden; die für das landwirtschaftliche, forstwirtschaftliche und gärtnerische Vermögen getroffene Bestimmung gilt gleichzeitig auch für die im § 26a, I Nr. 2, die für das Grundvermögen getroffene Bestimmung gleichzeitig auch für die im § 26a, I Nr. 1 bezeichneten Betriebsgrund-

stücke. Bestehen bleibt Abs. III: Die außerhalb der Hauptfeststellung erforderlichen Feststellungen von Einheitswerten (Neufeststellung, Nachfeststellung) werden nach dem Stande an dem im § 75 II, § 76 III bezeichneten Feststellungszeitpunkte vorgenommen. Neu gefaßt ist auch § 6, der lautet: Hauptfeststellungszeiträume im Sinne dieses G. sind: 1. für das landwirtschaftliche, forstwirtschaftliche und gärtnerische Vermögen, das Grundvermögen und die Betriebsgrundstücke die sechs Rechnungsjahre, die dem Kalenderjahr folgen, in das der Hauptfeststellungszeitpunkt fällt; 2. für das Betriebsvermögen die drei Rechnungsjahre, die dem Kalenderjahr folgen, in das der Hauptfeststellungszeitpunkt fällt. Als Rechnungsjahr gilt der Zeitraum vom 1. IV. bis 31. III. (I). Wird nach § 5 II Satz 2, 3 die Hauptfeststellung in kürzeren oder längeren als den im § 5 II Satz 1 bezeichneten Zeitabständen vorgenommen, so verkürzt oder verlängert sich der Hauptfeststellungszeitraum entsprechend (II). Gestrichen sind die §§ 7 und 8, wonach bei der Veranlagung einer Einheitswertsteuer der Einheitswert zugrunde zu legen ist, in dessen Feststellungszeitraum der für die Veranlagung der Einheitswertsteuer maßgebende Zeitpunkt fällt; ferner daß das ReichsbewertungsG. als SteuerG. im Sinne der RAbgO. gilt und daß deren Vorschriften Anwendung finden, soweit sich nicht aus dem ReichsbewertungsG. etwas anderes ergibt.

2. Der Zweite Abschnitt über die Wertermittlung beginnt mit dem § 9, der unter Berücksichtigung der NotVO. vom 1. XII. 1930 jetzt folgenden Wortlaut erhielt: Die Zurechnung mehrerer Gegenstände zu einer wirtschaftlichen Einheit (§ b) wird nicht dadurch ausgeschlossen, daß die Gegenstände zum Teil dem einen, zum Teil dem anderen Ehegatten gehören, sofern das Vermögen der Ehegatten für die Ermittlung des Werts des Gesamtvermögens zusammenzurechnen ist (§ 48 I). Dieser Satz findet entsprechende Anwendung, wenn die Gegenstände zum Teil zum Gesamtgut einer fortgesetzten Gütergemeinschaft, zum Teil dem überlebenden Ehegatten (§ 48 II) persönlich gehören. — Der § 10 ist ebenfalls durch die NotVO. vom 1. XII. 1930 geändert und besagt nunmehr: Ausländisches landwirtschaftliches, forstwirtschaftliches und gärtnerisches Vermögen, Betriebsvermögen und Grundvermögen ist nach den Vorschriften des Ersten Teils dieses G. zu bewerten. Dieser Satz gilt auch für die ausländischen Teile einer wirtschaftlichen Einheit, die sich sowohl auf das Inland als auch auf das Ausland erstreckt.

Unter den Bestimmungen über landwirtschaftliches, forstwirtschaftliches, gärtnerisches Vermögen befinden sich die §§ 11—21. Auch hier sind Neuerungen zu verzeichnen. Der § 11 bestimmt nunmehr: Zum landwirtschaftlichen Vermögen gehören alle Teile (insbesondere Grund und Boden, Gebäude, stehende und umlaufende Betriebsmittel, Nebenbetriebe und Sonderkulturen) einer wirtschaftlichen Einheit, die dauernd einem landwirtschaftlichen Hauptzweck dient (landwirtschaftlicher Betrieb). Als Landwirtschaft gilt auch die Fischzucht. Als Teile des landwirtschaftlichen Betriebs gelten nicht: deutsche und ausländische Zahlungsmittel, Geldforderungen, Wertpapiere und Geldschulden sowie ein über den normalen Bestand hinausgehender Bestand (Überbestand) an nicht stehenden (umlaufenden) Betriebsmitteln. Als normaler Bestand an umlaufenden Betriebsmitteln gilt ein solcher, der zur Fortführung des Betriebs bis zum Beginne der nächsten Ernte erforderlich ist; bei der Ermittlung des zur Fortführung des Betriebs bis zum Beginne der nächsten Ernte erforderlichen Bestandes sind die in dieser Zeit eingehenden Einnahmen nicht zu berücksichtigen. Als landwirtschaftliche Betriebe gelten auch die Berechtigungen, die den Vorschriften des bürgerlichen Rechts über Grundstücke unterliegen, sofern sie eine landwirtschaftliche, forstwirtschaftliche oder gärtnerische Nutzung zum Gegenstande haben (z. B. das Erbpachtrecht). Als Einheitswert der dem Eigentümer des Grund und Bodens gehörigen wirtschaftlichen Einheit gilt der Wert dieser Einheit abzüglich des Einheitswerts der Berechtigung. Auch § 12 ist geändert. Er lautet nunmehr unter Berücksichtigung der NotVO. folgendermaßen: In den landwirtschaftlichen Betrieb sind auch solche Grundstücksflächen einzubeziehen, die anderen als landwirtschaftlichen Zwecken dienen, sofern durch die Zugehörigkeit dieser Flächen zu dem landwirtschaftlichen Betriebe der landwirtschaftliche Hauptzweck des Betriebs nicht wesentlich beeinflußt wird; dies gilt nicht für solche Flächen, die als selbständige Betriebe oder Teile von ihnen anzusehen sind. In den landwirtschaftlichen Betrieb sind Betriebsmittel, die der Bewirtschaftung des Betriebs dienen, auch dann einzubeziehen, wenn sie nicht dem Eigentümer des Grund und Bodens gehören; dies gilt entsprechend für Gebäude, die auf dem einem landwirtschaftlichen Betriebe dienenden Grund und Boden errichtet sind, aber dem Eigentümer des Grund und Bodens nicht gehören. In den Fällen des vorhergehenden Satzes ist, sofern einer der beteiligten Eigentümer zur Vermögensteuer heranzuziehen ist, der auf diesen

Eigentümer entfallende Anteil nach dem Verhältnis seiner Beteiligung am Gesamtwert festzustellen; der hiernach festgestellte Wert gilt als Einheitswert. In den landwirtschaftlichen Betrieb kann ein Anteil des Eigentümers an anderen Flächen einbezogen werden, soweit er mit dem Betriebe zusammen bewirtschaftet wird. § 13 lautet jetzt wie folgt: Für landwirtschaftliche Betriebe gelten die Grundsätze des Ersten Teils dieses G. über die Bewertung nach Ertragswerten (§ 2 Abs. 1). Der § 14 blieb unverändert. Bei der Feststellung des Einheitswerts sind hinsichtlich der Größe des Betriebs und des Umfanges der stehenden Betriebsmittel die Verhältnisse am Feststellungszeitpunkt (§ 5 s. oben zu 1) zu Grunde zu legen; im übrigen ist der Stand am 30. VI. des Jahres maßgebend, das dem Feststellungszeitpunkt unmittelbar vorangeht. Ist für die Veranlagung der Einkommensteuer dem Inhaber eines landwirtschaftlichen Betriebs die Zugrundelegung eines vom 30. VI. abweichenden Abschlußtags zugestanden worden, so tritt nach Maßgabe des vorhergehenden Satzes der abweichende Abschlußtag an die Stelle des 30. VI.; wird der Betrieb nicht vom Eigentümer des Grund und Bodens oder für Rechnung des Eigentümers bewirtschaftet, so kommt nur der Abschlußtag dessen in Betracht, für dessen Rechnung der Betrieb bewirtschaftet wird (II). In § 15 erfolgte Änderung: Für die Feststellung der nachhaltigen Ertragsfähigkeit (§ l, I) eines landwirtschaftlichen Betriebs können Grundstücksflächen, die nicht landwirtschaftlich genutzt werden oder anderen als landwirtschaftlichen Zwecken dienen, aber in den landwirtschaftlichen Betrieb einzubeziehen sind (§ 12 I, s. oben), können nach näherer Bestimmung des RFM. (§ 86) gesondert bewertet werden. Satz 1 gilt entsprechend für landwirtschaftlich genutzte Grundstücksflächen eines Betriebs, für die betriebswirtschaftliche Selbständigkeit angenommen werden kann oder deren Ertragsfähigkeit von der Ertragsfähigkeit der übrigen wesentlich abweicht. Der für einen Betrieb anzusetzende Wert darf nicht geringer sein als der Ertragswert, der sich (nach §§ 34, 35, 37) für die bebauten Grundstücksteile ergeben würde. Unbefriedigend waren die Vorschriften, die die Gleichmäßigkeit in der Bewertung der landwirtschaftlichen Betriebe sicherstellen sollten. Der hiervon handelnde § 16 erhielt durch die NotVO. vom 1. XII. 1930 folgende neue Fassung: Um für die Bewertung aller landwirtschaftlichen Betriebe innerhalb des Reichsgebiets die Gleichmäßigkeit zu sichern und durch feststehende Ausgangspunkte die Grundlagen zu schaffen, werden bestimmte Betriebe (Vergleichsbetriebe) nach besonders eingehender Prüfung durch den Bewertungsbeirat (§§ 17—20) nach Maßgabe der Nr. a—g vorweg bewertet: a) Für die Vergleichsbetriebe wird das Verhältnis festgestellt, in dem sie nach ihrer Ertragsfähigkeit, auf die Flächeneinheit bezogen, zueinander stehen. b) Die Verhältniszahlen sind für mindestens drei Vergleichsbetriebe eines jeden Landesfinanzamtsbezirks festzustellen, und zwar für den Betrieb größter Ertragsfähigkeit des Landesfinanzamtsbezirks (Landesspitzenbetrieb), für einen Betrieb mittlerer Ertragsfähigkeit und einen Betrieb geringerer Ertragsfähigkeit. Anstatt von Landesfinanzamtsbezirken kann von Wirtschaftsgebieten ausgegangen werden, die aus mehreren Landesfinanzamtsbezirken, aus Teilen mehrerer Landesfinanzamtsbezirke oder Teilen eines Landesfinanzamtsbezirks bestehen. c) Das Verhältnis, in dem die Vergleichsbetriebe nach ihrer Ertragsfähigkeit, auf die Flächeneinheit bezogen, zueinander stehen, ist in Hundertsätzen auszudrücken, wobei der Vergleichsbetrieb größter Ertragsfähigkeit des Reichsgebiets (Reichsspitzenbetrieb), d. h. der ertragsfähigste der Landesspitzenbetriebe, gleich Hundert zu setzen ist. d) Zugepachtete Flächen, die zusammen mit einem Vergleichsbetriebe bewirtschaftet werden, können bei der Feststellung des Verhältnisses mitberücksichtigt werden. e) Bei der Feststellung der Verhältniszahlen sind hinsichtlich der Bodengüte, Bodenlage, klimatischen Verhältnisse, Hoflage, Geschlossenheit oder Zersplitterung des Betriebs, Verkehrs- und Absatzverhältnisse sowie Verhältnisse des Arbeitsmarkts die tatsächlichen Verhältnisse zu Grunde zu legen. Hinsichtlich der übrigen Umstände, die die Ertragsfähigkeit beeinflussen können, sind ohne Rücksicht auf die tatsächlichen Verhältnisse solche zu unterstellen, die in der betreffenden Gegend für die Bewirtschaftung als regelmäßig anzusehen sind; dies gilt insbesondere hinsichtlich des Bestandes an Gebäuden, Betriebsmitteln, Nebenbetrieben, Sonderkulturen und der Betriebsgröße. f) Bei der Feststellung der Verhältniszahlen sollen u. a. auch die Anhaltspunkte verwertet werden, die in den einzelnen Ländern für die Ermittlung der Ertragsfähigkeit vorhanden sind (Grundsteuerreinertrag, Normalertrag, Reinertrag, Katasterertrag, Steuerkapital, Landschaftstaxen u. dgl.), soweit die Anhaltspunkte innerhalb des einzelnen Landes brauchbar sind. Zur Feststellung des Einheitswerts werden alle landwirtschaftlichen Betriebe in Ertragswertklassen und Rahmensätze eingereiht. In besonderen Fällen werden an dem durch die Einreihung ermittelten Wert (Einreihungswert) Ab- oder Zuschläge angebracht. a) Für die Einreihung der Betriebe werden durch eine vom RFM. mit Zustimmung des Reichsrats erlassene RechtsVO. mit rechtsverbindlicher Kraft Ertragswertklassen sowie Höchst- und Mindestwerte für eine Flächeneinheit der in die Ertragswertklassen fallenden Betriebe (Rahmensätze) aufgestellt. Die Aufstellung kann mit Wirkung für einen Hauptfeststellungszeitraum oder mehrere Hauptfeststellungszeiträume erfolgen. b) Für die Einreihung des Reichsspitzenbetriebs ist der höchste Rahmensatz der höchsten Ertragswertklasse maßgebend. Die übrigen Vergleichsbetriebe sind auf Grund der aufgestellten Verhältniszahlen einzureihen. Vergleichsbetriebe, bei denen bei der Feststellung der Verhältniszahlen zugepachtete Flächen mitberücksichtigt sind, werden unter Ausschluß dieser Flächen wie alle anderen Betriebe eingereiht. c) Die Einreihung aller anderen Betriebe (außer den Vergleichsbetrieben) hat entsprechend dem Verhältnis ihrer Ertragsfähigkeit zu der der Vergleichsbetriebe zu erfolgen. Für die Einreihung dieser Betriebe gelten dieselben Grundsätze, die für die Feststellung der Verhältniszahlen maßgebend sind. 2. Die Anbringung von Ab- und Zuschlägen am Einreihungswert kommt lediglich bei denjenigen Betrieben in Betracht, bei denen hinsichtlich der bezeichneten Ertragsbedingungen die tatsächlichen Verhältnisse von den bei der Feststellung der Verhältniszahlen oder bei der Einreihung unterstellten regelmäßigen wesentlich abweichen, und nur dann, wenn die Abweichung zu einer wesentlichen Minderung oder Steigerung der Ertragsfähigkeit führt. Der Ab- oder Zuschlag ist entsprechend der durch die Abweichung begründeten Minderung oder Steigerung der Ertragsfähigkeit zu bemessen. Hinsichtlich der umlaufenden Betriebsmittel kommen lediglich Abschläge in Frage (bei Vorliegen eines Unterbestandes); dem Vorliegen eines Überbestands wird nicht durch Zuschläge Rechnung getragen. Der RFM. kann nähere Bestimmungen zur Ausführung der letzterwähnten Vorschriften treffen.

Auch der § 17, der die Sicherung einer wirksamen Durchführung jener Vorschriften über die Gleichmäßigkeit in der Bewertung bezweckt, blieb durch die NotVO. nicht unberührt. Heute hat er folgende Fassung: Zur Sicherung einer wirksamen Durchführung der Vorschriften des § 16 I (s. oben) wird dem RFM. ein Bewertungsbeirat zur Seite gestellt. Er besteht aus: dem RFM. oder einem von ihm allgemein oder im einzelnen Falle beauftragten Reichsbeamten als Vorsitzenden; je einem beamteten Vertreter zweier vom Reichsrat bestimmten Länder. Dabei soll sowohl ein Land, in dem zusammenhängender Großgrundbesitz, als auch ein Land, in dem zersplitterter Grundbesitz stark vertreten ist, bestimmt werden; drei vom RFM. im Benehmen mit den zuständigen Reichsministern und drei vom Reichsrat bestimmten ausübenden Landwirten, die über allgemeine Sachkunde auf dem Gebiete der Landwirtschaft verfügen. Ehemalige Eigentümer, Nutznießer oder Pächter landwirtschaftlicher Betriebe, die ihren Betrieb den Nachkommen übergeben haben, werden den ausübenden Landwirten gleichgestellt: je einem vom RFM. im Benehmen mit den zuständigen Reichsministern und einem vom Reichsrat bestimmten Mitglied, das, ohne ausübender Landwirt zu sein, über allgemeine Sachkunde auf dem Gebiete der Landwirtschaft verfügt. Für den Fall der Behinderung gewisser Mitglieder des Bewertungsbeirats ist je ein Vertreter von dem betreffenden Lande zu bestimmen. Gewisse Mitglieder (nicht ständige Mitglieder) des Bewertungsbeirats sowie die im letzten Satz bezeichneten Vertreter werden jeweils für die Zeit vom Beginne des dem Hauptfeststellungszeitpunkte folgenden Rechnungsjahrs bis zum Ende des Rechnungsjahrs, in das der nächste Hauptfeststellungszeitpunkt fällt, berufen; Wiederberufung ist zulässig. Im Falle des Ausscheidens eines Mitglieds oder eines Vertreters ist von der Stelle, die das ausscheidende Mitglied oder den Vertreter bestimmt hat, ein anderes Mitglied für die noch laufende Berufungszeit zu berufen. Genauer bezeichnete Mitglieder des Bewertungsbeirats dürfen sich weder in einem unmittelbaren Beamtenverhältnis, das die vorgesetzte Behörde zu sachlichen Anweisungen berechtigt, noch in einem Angestelltenverhältnis zu einer Reichs- oder Landesbehörde befinden. Mitglieder einer gesetzgebenden Körperschaft des Reichs oder der Länder können nicht Mitglieder des Bewertungsbeirats sein. Die nichtständigen Mitglieder des Bewertungsbeirats und die Vertreter haben bei Eintritt in ihre Tätigkeit dem Vorsitzenden durch Handschlag an Eidesstatt zu geloben, bei den Verhandlungen des Bewertungsbeirats ohne Ansehen der Person nach bestem Willen und Gewissen zu verfahren, die Verhandlungen und die hierbei zu ihrer Kenntnis gelangenden Verhältnisse der Steuerpflichtigen strengstens geheimzuhalten und Geschäfts- und Betriebsgeheimnisse nicht unbefugt zu verwerten; die Geheimhaltungspflicht erstreckt sich nicht auf die vom Bewertungsbeirate gefaßten und bekanntgegebenen Beschlüsse. Die §§ 10, 376 der RAbgO.

finden entsprechende Anwendung. Bei Wiederberufung genügt die Verweisung auf die früher abgegebene Versicherung. — Über die Geschäfte des Bewertungsbeirats im einzelnen handelt der § 18, der nach der Veränderung durch die NotVO. Folgendes bestimmt: Der RFM. führt die Geschäfte des Bewertungsbeirats. Der Bewertungsbeirat ist beschlußfähig, wenn außer dem Vorsitzenden mindestens vier Mitglieder anwesend sind. Bei Ausbleiben eines Mitgliedes gilt sinngemäß der § 56 GVG.; der Vorsitzende entscheidet. Über die Beschwerde gegen die Entscheidung des Vorsitzenden entscheidet der Bewertungsbeirat endgültig. Der Vorsitzende leitet die Verhandlungen des Bewertungsbeirats. Bei Abstimmungen entscheidet Stimmenmehrheit. Der Vorsitzende stimmt mit; bei Stimmengleichheit entscheidet seine Stimme. Bilden sich bei der Frage der Bewertung von Betrieben mehr als zwei Meinungen, so werden die Stimmen, die für die höchste Bewertung abgegeben sind, den Stimmen hinzugezählt, die für die nächstniedrigere Bewertung abgegeben sind, bis sich eine Mehrheit ergibt. Die zu Mitgliedern des Bewertungsbeirats bestimmten ausübenden Landwirte gelten bei der Abstimmung insoweit als verhindert, als durch die Abstimmung Werte von Betrieben des Landes festzustellen oder zu vergleichen sind, in dem die Mitglieder die Landwirtschaft ausüben oder einen landwirtschaftlichen Betrieb besitzen; an die Stelle des Landes tritt in Preußen die Provinz. Der Bewertungsbeirat hat seinen Sitz in Berlin; er ist berechtigt, überall im Reichsgebiet Amtshandlungen vorzunehmen. § 175 I der RAbgO., der davon handelt, daß Beamte der Finanzämter Grundstücke und Räume der Steuerpflichtigen zwecks Abschätzungen betreten können, gilt entsprechend. Die Amtshandlungen des Bewertungsbeirats sind nicht öffentlich. Beauftragte der Reichsregierung sind berechtigt, an den Amtshandlungen teilzunehmen, Beauftragte von Landesregierungen sind, soweit es sich um Amtshandlungen handelt, durch die für Betriebe des betreffenden Landes Werte festzustellen oder zu vergleichen sind, berechtigt, an den Amtshandlungen teilzunehmen und müssen auf ihren Wunsch gehört werden; der Vorsitzende hat vor jeder Sitzung für die Benachrichtigung der beteiligten Landesregierungen Sorge zu tragen. Der Bewertungsbeirat kann nach eigenem Ermessen Sachverständige und Mitglieder von landwirtschaftlichen Berufsvertretungen hören; auf die Sachverständigen finden die §§ 10, 376 der RAbgO. (Schweigepflicht, Geheimhaltung von Geschäfts- und Betriebsgeheimnissen) entsprechende Anwendung. Der RFM. bestimmt die GeschäftsO. des Bewertungsbeirats und die Entschädigung der nichtbeamteten Mitglieder und ihrer Vertreter; auf die Entschädigung der beamteten Mitglieder finden die Vorschriften Anwendung, die für die Entschädigung von Reichsbeamten entsprechender Gehaltsgruppen bei Dienstreisen maßgebend sind. Über die Aufgaben des Bewertungsbeirats handelt der geänderte § 19. Sie bestehen darin, 1. die Vergleichsbetriebe (§ 16 I) und etwaige Wirtschaftsgebiete zu bestimmen sowie die Verhältniszahlen der Vergleichsbetriebe festzustellen; 2. vor Vorlage der RechtsVO. über die Ertragswertklassen und Rahmensätze an den Reichsrat sich gutachtlich über die in Aussicht genommene Regelung zu äußern; 3. für bestimmte Landesfinanzamtsbezirke oder Wirtschaftsgebiete oder Teile von Landesfinanzamtsbezirken oder Wirtschaftsgebieten die Ertragswertklassen oder Rahmensätze zu bestimmen, die für das Gebiet vorwiegend in Betracht kommen. Eine solche Bestimmung erfolgt nur auf Antrag des RFM.; 4. für bestimmte Gebiete der in Nr. 3 bezeichneten Art festzustellen, welcher Hundertsatz des Einheitswerts bei landwirtschaftlichen Betrieben mit normalem Bestand an Gebäuden und Betriebsmitteln auf den Grund und Boden, die Gebäude und die Betriebsmittel in der Regel entfällt; eine solche Feststellung erfolgt nur auf Antrag des RFM. Die gefaßten Beschlüsse des Bewertungsbeirats werden nach näherer Bestimmung des RFM. bekanntgegeben. Durch die Bekanntgabe erhalten die Beschlüsse für den Hauptfeststellungszeitraum rechtsverbindliche Kraft. Die bekanntgegebenen Beschlüsse können nicht zurückgenommen oder geändert werden; Schreibfehler, Rechenfehler oder ähnliche offenbare Unrichtigkeiten können auch nach der Bekanntgabe berichtigt werden. Im übrigen berät und unterstützt der Bewertungsbeirat den RFM. bei den Maßnahmen zur Sicherung der Gleichmäßigkeit der Bewertung innerhalb des Reichsgebiets. Die §§ 20 und 21 blieben unverändert.

3. Was insbesondere das forstwirtschaftliche Vermögen angeht, so hat es das ReichsbewertungsG. inhaltlich festzustellen versucht; mit Berücksichtigung der Änderungen der NotVO. lauten die Bestimmungen nunmehr folgendermaßen. § 22: Zum forstwirtschaftlichen Vermögen gehören alle Teile einer wirtschaftlichen Einheit, die dauernd einem forstwirtschaftlichen Hauptzweck dient (forstwirtschaftlicher Betrieb) (I). Auf die forstwirtschaftlichen Be-

triebe finden die §§ 11—21 entsprechende Anwendung, soweit sich nicht aus Abs. III bis V etwas anderes ergibt (II). Bei der Feststellung der Verhältniszahlen (§ 16 I) sowie bei der Einreihung in die Ertragswertklassen und Rahmensätze (§ 16 II Nr. 1) sind die tatsächlichen Verhältnisse des Betriebs außer für die im § 16 I Nr. 5 Satz 1 bezeichneten Ertragsbedingungen auch hinsichtlich des Holzbestandes zu Grunde zu legen. Der Wert von Nachhaltsbetrieben mit einem von dem normalen erheblich abweichenden Altersklassenverhältnis sowie der Wert von aussetzenden Betrieben ist bei der Feststellung der Verhältniszahlen (§ 16 I) sowie bei der Einreihung in die Ertragswertklassen und Rahmensätze (§ 16 II Nr. 1) aus dem Werte der diesen Betrieben entsprechenden normalen Nachhaltsbetriebe abzuleiten. Der RFM. kann im Benehmen mit dem Bewertungsbeirat bestimmen, daß die Verhältniszahlen (§ 16 I) nicht für aussetzende Betriebe, sondern lediglich für Nachhaltsbetriebe festgestellt werden; in diesem Falle bildet der höchste Rahmensatz der höchsten Ertragswertklasse (§ 16 II Nr. 1 a) für die aussetzenden Betriebe keine Begrenzung bei ihrer Einreihung in die Ertragswertklassen und Rahmensätze (III). Bei Amtshandlungen des Bewertungsbeirats, die sich auf forstwirtschaftliche Betriebe beziehen, treten an Stelle der sechs im § 17 II Nr. 3 bezeichneten Landwirte vier ausübende Forstwirte, die über allgemeine Sachkunde auf dem Gebiete der Forstwirtschaft verfügen und von denen zwei vom RFM. im Benehmen mit dem zuständigen Reichsminister und zwei vom Reichsrat bestimmt werden. § 17 II Nr. 3 Satz 2 findet entsprechende Anwendung; an Stelle der beiden im § 17 II Nr. 4 bezeichneten Mitglieder treten zwei solche Mitglieder, die, ohne ausübende Forstwirte zu sein, über allgemeine Sachkunde auf dem Gebiete der Forstwirtschaft verfügen (IV). Der Bewertungsbeirat kann für bestimmte Wirtschaftsgebiete Richtlinien darüber aufstellen, unter welchen Voraussetzungen bewaldete Flächen als selbständige forstwirtschaftliche Betriebe anzusehen sind; § 19 II findet entsprechende Anwendung (V). — Vom gärtnerischen Vermögen wird bestimmt, daß zu ihm alle Teile einer wirtschaftlichen Einheit gehören, die dauernd einem gärtnerischen Hauptzweck dient (§ 23). Mit seinem Schicksal der Änderung durch die NotVO. zeigt § 24 folgendes Bild: Auf die gärtnerischen Betriebe, die dauernd dem Weinbau dienen, finden die §§ 11—21 entsprechende Anwendung, soweit sich nicht aus Abs. II bis IV etwas anderes ergibt (I). Zum normalen Bestand an umlaufenden Betriebsmitteln (§ 11 II) gehören auch die Weinvorräte, die aus der letzten Ernte stammen (II). Für die Ermittlung der im § 16 I Nr. 1, 2 vorgesehenen Verhältniszahlen treten an die Stelle von Vergleichsbetrieben Vergleichslagen (III). Bei Amtshandlungen des Bewertungsbeirats, die sich auf Weinbaubetriebe beziehen, treten an Stelle der sechs im § 17 II Nr. 3 bezeichneten Landwirte vier Weinbautreibende, die über allgemeine Sachkunde auf dem Gebiete des Weinbaus verfügen und von denen zwei vom RFM. im Benehmen mit dem zuständigen Reichsminister und zwei vom Reichsrat bestimmt werden; § 17 II Nr. 3 Satz 2 findet entsprechende Anwendung; an Stelle der beiden im § 17 II Nr. 4 bezeichneten Mitglieder zwei solche Mitglieder, die, ohne Weinbautreibende zu sein, über allgemeine Sachkunde auf dem Gebiete des Weinbaus verfügen (IV). — Was das Betriebsvermögen betrifft, so handelt darüber der wesentlich geänderte § 26 folgendermaßen: Zum Betriebsvermögen gehören alle Teile einer wirtschaftlichen Einheit, die dem Betriebe eines Gewerbes als Hauptzweck dient, soweit die Gegenstände dem Betriebsinhaber gehören (gewerblicher Betrieb). Als Gewerbe im Sinne dieses G. gelten auch der Bergbau und die sonstige Ausbeutung von Grund und Boden (z. B. Stein-, Kalkbrüche) sowie die freie und ähnliche selbständige Berufstätigkeit einschließlich der Tätigkeit der Notare, sofern sie nicht als Beamte besoldet werden. Als Gewerbe gelten unbeschadet des Abs. II nicht: 1. die Landwirtschaft, die Forstwirtschaft und der Gartenbau, sofern sie den Hauptzweck der Unternehmung bilden (§ 11 I, § 22 I, § 23); 2. die Ausübung eines der reinen Kunst oder der reinen Wissenschaft gewidmeten freien Berufs oder Nebenberufs. Als der reinen Kunst oder der reinen Wissenschaft gewidmet ist ein künstlerischer oder wissenschaftlicher Beruf dann anzusehen, wenn er sich auf schöpferische oder forschende Tätigkeit, Lehr-, Vortrags- und Prüfungstätigkeit sowie auf schriftstellerische Tätigkeit beschränkt. Durch eine in geringem Umfang nebenher ausgeübte Gutachtertätigkeit als Sachverständiger wird die Zurechnung zu einem der reinen Kunst oder der reinen Wissenschaft gewidmeten freien Beruf nicht ausgeschlossen, ebenso wird bei Künstlern die Zurechnung durch den Umstand nicht ausgeschlossen, daß sie selbstgeschaffene Kunstwerke veräußern; 3. die Tätigkeit der öffentlichen oder dem öffentlichen Verkehre dienenden Sparkassen, die sich auf die Pflege des eigentlichen Sparkassenverkehrs beschränken. Was als eigentlicher Sparkassenverkehr im Sinne dieser

Vorschrift anzusehen ist, bestimmt sich nach den zur Durchführung des Körperschaftsteuer G. und des Vermögensteuer G. erlassenen Bestimmungen; 4. die Tätigkeit als Einnehmer einer staatlichen Lotterie, sofern die Einkünfte daraus dem Steuerabzug vom Arbeitslohn unterworfen werden (I). Einen gewerblichen Betrieb bilden insbesondere alle Gegenstände, die gehören: 1. Aktiengesellschaften, Kommanditgesellschaften auf Aktien, Kolonialgesellschaften, bergbautreibenden rechtsfähigen Vereinigungen und nichtrechtsfähigen Berggewerkschaften, Gesellschaften mit beschränkter Haftung, Genossenschaften, Versicherungsvereinen auf Gegenseitigkeit, Hypothekenbanken, Schiffsbeleihungsbanken; 2. rechtsfähigen und nichtrechtsfähigen Vereinen, Anstalten, Stiftungen, anderen Zweckvermögen und sonstigen nicht unter Nr. 1 fallenden Körperschaften des bürgerlichen Rechtes, sofern sie einen wirtschaftlichen Geschäftsbetrieb unterhalten und vorwiegend die Erzielung wirtschaftlicher Vorteile für sich oder ihre Mitglieder bezwecken; 3. offenen Handelsgesellschaften, Kommanditgesellschaften und ähnlichen Gesellschaften des Handelsrechts, bei denen die Gesellschafter als Unternehmer (Mitunternehmer) anzusehen sind. Zu dem gewerblichen Betrieb einer solchen Gesellschaft gehören auch die Gegenstände, die im Eigentum eines oder mehrerer oder aller an der Gesellschaft beteiligten Gesellschafter stehen und dem Betriebe dieser Gesellschaft dienen (II). Ergänzend ist durch die NotVO. noch § 26a eingefügt worden: Betriebsgrundstücke im Sinne dieses G. sind die zu einem gewerblichen Betriebe gehörigen Grundstücksflächen, und zwar 1. sofern sie, losgelöst von ihrer Zugehörigkeit zu dem gewerblichen Betriebe, zum Grundvermögen gehören würden, einschließlich der Bestandteile (insbesondere Gebäude) und des Zubehörs, jedoch ohne Einbeziehung der zu einer Betriebsanlage verwendeten Maschinen und sonstigen Vorrichtungen aller Art, auch wenn diese wesentliche Bestandteile sind. Als Betriebsgrundstücke dieser Art gelten auch die zu einem gewerblichen Betriebe gehörigen Berechtigungen, die den Vorschriften des bürgerlichen Rechtes über Grundstücke unterliegen, sofern sie eine nicht landwirtschaftliche, forstwirtschaftliche oder gärtnerische Nutzung zum Gegenstande haben (z. B. das Erbbaurecht) sowie die zu einem gewerblichen Betriebe gehörigen Gebäude, die auf einem fremden Grund und Boden errichtet sind. Als Betriebsgrundstücke gelten jedoch nicht die grundstücksgleiche Berechtigung zur Gewinnung von Mineralien (Mineralgewinnungsrecht), die Abdeckereigerechtigkeit und sonstige Berechtigungen, deren Ausübung allein schon ein Gewerbe begründen würde. Zum Mineralgewinnungsrechte sind dessen Bestandteile und Zubehör zu rechnen mit Ausnahme solcher Bestandteile, die in Grundstücken oder Gebäuden bestehen, sowie mit Ausnahme der zu einer Betriebsanlage verwendeten Maschinen und sonstigen Vorrichtungen aller Art; 2. sofern sie, losgelöst von ihrer Zugehörigkeit zu dem gewerblichen Betriebe, einen landwirtschaftlichen, forstwirtschaftlichen oder gärtnerischen Betrieb bilden würden, einschließlich aller Bestandteile (insbesondere Gebäude) und allen Zubehörs. Als Betriebsgrundstücke dieser Art gelten auch die zu einem gewerblichen Betriebe gehörigen Berechtigungen, die den Vorschriften des bürgerlichen Rechtes über Grundstücke unterliegen, sofern sie eine landwirtschaftliche, forstwirtschaftliche oder gärtnerische Nutzung zum Gegenstande haben (z. B. das Erbpachtrecht) (I). Treffen die Voraussetzungen des Abs. I nur auf einen Teil zu, so gilt nur dieser Teil als Betriebsgrundstück (II). § 27 bestimmt jetzt unverändert: Ist eine inländische Gesellschaft der im § 26 II Nr. 1 bezeichneten Art als Muttergesellschaft an dem Vermögen einer unter die gleiche Vorschrift fallenden inländischen Tochtergesellschaft mindestens zu einem Viertel beteiligt, so bleibt der Wert dieser Beteiligung bei der Muttergesellschaft außer Ansatz; der RFM. kann über die Ermittlung des Wertes der Beteiligung nähere Bestimmungen treffen. — Was den Abzug der Schulden angeht, so handelt hierüber § 28, der mit Änderungen der NotVO. lautet: Zur Ermittlung des Einheitswerts des gewerblichen Betriebs sind von dem Rohvermögen die Schulden abzuziehen, soweit sie mit der Gesamtheit oder mit einzelnen Teilen des gewerblichen Betriebs im wirtschaftlichen Zusammenhange stehen; nicht abzugsfähig sind die im § 47 I Nr. 1a, b bezeichneten Schulden (s. unten S. 510) (I). Von dem Rohvermögen sind bei Versicherungsunternehmungen die nach dem Geschäftsplan erforderlichen Rücklagen für die Versicherungsverpflichtungen und für die dem Versicherungsnehmer oder Versicherten als Gewinnbeteiligung zu gewährenden Überschüsse abzuziehen. Von dem Rohvermögen sind ferner bei eingetragenen Genossenschaften sowie den in ihrer Hauptbestimmung als Zentralen der Genossenschaften wirkenden Gesellschaften mit beschränkter Haftung die Geschäftsguthaben der Genossen oder das Stammkapitel der Gesellschaften sowie bei den Revisions- und ähnlichen Hauptverbänden das Verbandsvermögen abzuziehen. Von dem Rohvermögen ist ferner bei Kreditanstalten des öffentlichen Rechtes, die als Girozentralen dienen, das Grund- oder Stammkapital abzuziehen (II). Der § 29, der eine Änderung des Hauptfeststellungszeitpunktes in gewissen Fällen zum Gegenstande hat, erfuhr auch eine kleine Änderung, mit der er nun folgendermaßen lautet: Für Betriebe, bei denen regelmäßige jährliche Abschlüsse auf einen anderen Zeitpunkt als den Hauptfeststellungszeitpunkt stattfinden, ist auf Antrag des Betriebsinhabers oder der zur Vertretung des Betriebs berechtigten Person an Stelle des Hauptfeststellungszeitpunkts (§ 5 II) der Schluß des letzten Wirtschaftsjahrs zu Grunde zu legen, das dem Hauptfeststellungszeitpunkt unmittelbar vorangeht. Der auf dem zu Grunde gelegten Abschlußzeitpunkt ermittelte Einheitswert gilt als Einheitswert am Hauptfeststellungszeitpunkt. An einen gemäß Satz 1 gestellten Antrag bleibt der Betrieb auch für künftige Hauptfeststellungszeiträume insofern gebunden, als stets der Schluß des letzten regelmäßigen Wirtschaftsjahrs zu Grunde zu legen ist. Wird bei Verlegung des Wirtschaftsjahrs ein Antrag auf Zugrundelegung des neuen Abschlußzeitpunkts gestellt, so kann der Vorsteher des Finanzamts für die nach der Umstellung erstmalig erfolgende Einheitswertstellung die Zugrundelegung des bisherigen Abschlußzeitpunkts verlangen. — Die Sonderregelungen werden fortgesetzt in § 30 und § 31, letzterer mit Änderungen. § 30: Werden von einem gewerblichen Betriebe, der natürlichen Steuerpflichtigen gehört und gemäß § 29 einen vom Hauptfeststellungszeitpunkt abweichenden Abschlußzeitpunkt zu Grunde legt, zwischen dem Abschlußzeitpunkte und dem Zustellungszeitpunkte Vermögensgegenstände aus dem gewerblichen Betrieb ausgeschieden und dem übrigen Vermögen des Betriebsinhabers zugeführt, so gelten diese Gegenstände als am Feststellungszeitpunkte noch zum gewerblichen Betriebe gehörig; entsprechend sind, wenn zwischen dem zu Grunde gelegten Abschlußzeitpunkt und dem Feststellungszeitpunkte Gegenstände aus dem übrigen Vermögen ausgeschieden und dem gewerblichen Betriebe zugeführt worden sind, die Gegenstände als am Feststellungszeitpunkte noch zum übrigen Vermögen des Betriebsinhabers gehörig anzusehen (I). Sind innerhalb der letzten drei Monate vor dem für die Feststellung des Einheitswerts maßgebenden Feststellungszeitpunkte (§§ 5, 29) Vermögensgegenstände aus dem inländischen Teil eines gewerblichen Betriebs ausgeschieden, ohne daß diesem ein entsprechender Gegenwert zugeführt worden ist, so sind die ausgeschiedenen Gegenstände dem gewerblichen Betriebe zuzurechnen, sofern sie durch die Ausscheidung der inländischen Vermögensbesteuerung entgehen würden und der Wert des am Feststellungszeitpunkte noch vorhandenen, der inländischen Vermögensbesteuerung unterliegenden Teiles des Betriebs in offenbarem Mißverhältnis zu dem Werte der ausgeschiedenen Gegenstände steht. Satz 1 gilt nicht für Gewinnausschüttungen oder für Fälle, in denen der Betriebsinhaber nachweist, daß die Ausscheidung der Gegenstände in der Absicht einer entsprechenden Einschränkung des Betriebs erfolgt ist oder die ausgeschiedenen Gegenstände oder ein entsprechender Gegenwert einem anderen inländischen Betriebe zugeführt worden sind (II). § 31: Für die Bewertung der Gegenstände des Betriebsvermögens gelten die Vorschriften des Ersten Teils dieses G., insbesondere §§ i und k über die Zugrundelegung des gemeinen Wertes (I). Dem Gesichtspunkte der Gesamtbewertung gemäß § b Satz 1, 2, § o ist bei der Ermittlung des gemeinen Wertes der einzelnen Gegenstände in der Weise Rechnung zu tragen, daß diese mit dem Werte angesetzt werden, den sie unter der Voraussetzung der Fortführung des Betriebs für den Betrieb haben (II). Die in § 26a I Nr. 1 bezeichneten Betriebsgrundstücke sind nach den Vorschriften der §§ 34—37 zu bewerten; auf die Bewertung der nicht zu den Betriebsgrundstücken und der nicht zum Mineralgewinnungsrecht rechnenden Maschinen und sonstigen Vorrichtungen sowie der nicht als Betriebsgrundstücke anzusehenden Berechtigungen (§ 26a I Nr. 1, III) finden Abs. I, II Anwendung. Die in § 26a I Nr. 2 bezeichneten Betriebsgrundstücke sind nach den Vorschriften der §§ 11—25 zu bewerten. Bei der Feststellung des Einheitswerts für den gewerblichen Betrieb sind die Betriebsgrundstücke und das Mineralgewinnungsrecht mit den für sie festgestellten Einheitswerten anzusetzen (III). Wertpapiere und Anteile sowie Genußscheine an Gesellschaften der im § 26 II Nr. 1 bezeichneten Art sind ohne Rücksicht auf den zu Grunde gelegten Abschlußzeitpunkt (§ 29) oder Feststellungszeitpunkt (§§ 75, 76) nach den Vorschriften der §§ 40—43 zu bewerten und mit diesen Werten zur Feststellung des Einheitswerts des gewerblichen Betriebs anzusetzen (IV). Der Gesamtwert des Betriebs darf nicht hinter der Summe der sich für die einzelnen Gegenstände aus Abs. I—IV ergebenden Werte, vermindert um die Schulden und Rücklagen (§ 28) des Betriebs, zurückbleiben (V). — Richtlinien über die Bewertung kann der RFM. im Benehmen mit dem Reichswirtschaftsminister nach Anhörung von Sachverständigen aufstellen (§ 32). — Die Steuerkurswerte regelt § 33, während eine Ergänzung hierzu durch die NotVO. hinsichtlich des Gewerbekapitals erfolgt ist in § 33a. § 33: Sind für die Anteile an einer inländischen Gesellschaft der im § 26 II Nr. 1 bezeichneten Art und für die von der Gesellschaft ausgegebenen Genußscheine Steuerkurswerte festgesetzt worden (§§ 40—42), so ist der Einheitswert für den gewerblichen Betrieb mit der Summe der für die Anteile und Genußscheine der Gesellschaft festgesetzten Steuerkurswerte anzusetzen. Satz 1 findet keine Anwendung, wenn die Summe der Steuerkurswerte das nach den allgemeinen Bewertungsvorschriften, insbesondere gemäß § 31 berechnete Vermögen, um mindestens ein Zehntel der Summe der Steuerkurswerte übersteigt oder um mindestens ein Zehntel dieser Summe hinter diesem Vermögen zurückbleibt. Die Bewertung nach den allgemeinen Bewertungsvorschriften an Stelle der Bewertung nach der Summe der Steuerkurswerte kann nur bis zum Ablauf der Einspruchsfrist gegen den endgültigen Feststellungsbescheid über den Einheitswert des Betriebs verlangt werden. Führen die Ermittlungen über den Wert des Betriebs nach den allgemeinen Bewertungsvorschriften zu dem Ergebnis, daß die Voraussetzungen des Satz 2 nicht vorliegen, so verbleibt es bei der Zugrundelegung der Summe der Steuerkurswerte. — § 33a: Als Gewerbekapital im Sinne der Vorschriften über die Gewerbesteuer gilt der gewerbliche Betrieb (§ 26 I) mit den sich aus Abs. II, III ergebenden Änderungen (I). Wert des Gewerbekapitals ist der Einheitswert des gewerblichen Betriebs 1. abzüglich der Summe der Einheitswerte, mit denen die Betriebsgrundstücke in dem Einheitswert des gewerblichen Betriebs enthalten sind; 2. zuzüglich a) der nicht in laufenden Verbindlichkeiten bestehenden Schulden, der Verpflichtungen an stille Gesellschafter und andere nicht als Mitunternehmer Beteiligte, der Verpflichtungen zur Leistung von Renten sowie der dauernden Lasten. Satz 1 gilt nur insoweit, als die Schulden und Lasten bei der Feststellung des Einheitswertes für den gewerblichen Betrieb abgesetzt worden sind; b) der nicht in landwirtschaftlichen, forstwirtschaftlichen oder gärtnerischen Betrieben, Grundstücken oder Betriebsgrundstücken bestehenden Gegenstände, die dem Betrieb dienen, aber im Eigentum eines anderen als des Gewerbetreibenden stehen, es sei denn, daß sie zum Gewerbekapital des Eigentümers selbst gehören oder bereits im Einheitswert des gewerblichen Betriebs berücksichtigt worden sind; c) des Unterschiedsbetrags zwischen dem vollen Steuerkurs- oder Verkaufswert der zum Betrieb gehörigen Aktien, Kuxe, sonstigen Anteile sowie Genußscheine und dem halben Steuerkurs- oder Verkaufswert, mit dem diese Wertpapiere bei der Feststellung des Einheitswerts für den gewerblichen Betrieb angesetzt worden sind (§ 31 IV, § 43) (II). Erstreckt sich der gewerbliche Betrieb sowohl auf das Inland als auch auf das Ausland, so ist Gewerbekapital der auf das Inland entfallende, nicht in Betriebsgrundstücken bestehende Teil des gewerblichen Betriebs zuzüglich der auf den inländischen Teil entfallenden Schulden und Lasten der in Abs. II Nr. 2a bezeichneten Art, der inländischen Gegenstände der in Abs. II Nr. 2b bezeichneten Art und des auf den inländischen Teil entfallenden, in Abs. II Nr. 2c bezeichneten Unterschiedsbetrags zwischen vollem und halbem Steuerkurs- oder Verkaufswert (III).

Was das Grundvermögen in diesem Zusammenhange bedeutet, gibt § 34 in der durch Abänderungen durch die NotVO. klar ersichtlichen Weise an. Er lautet jetzt wie folgt: Zum Grundvermögen gehört der Grund und Boden einschließlich der Bestandteile (insbesondere Gebäude) und des Zubehörs, soweit er nicht zu einem landwirtschaftlichen, forstwirtschaftlichen, gärtnerischen Betrieb oder zu einem gewerblichen Betriebe gehört. Als Grundstück im Sinne dieses G. gilt die wirtschaftliche Einheit des Grundvermögens (I). Den Grundstücken stehen gleich die Berechtigungen, die den Vorschriften des bürgerlichen Rechtes über Grundstücke unterliegen, soweit sie nicht zum landwirtschaftlichen, forstwirtschaftlichen oder gärtnerischen Vermögen oder zum Betriebsvermögen gehören; nicht als Grundstück gelten jedoch das Mineralgewinnungsrecht im Sinne des § 26a I Nr. 1 III, die Abdeckereigerechtigkeit und sonstige Berechtigungen, deren Ausübung allein schon ein Gewerbe begründen würde. Als Einheitswert der dem Eigentümer des Grund und Bodens gehörigen wirtschaftlichen Einheit gilt der Wert dieser Einheit abzüglich des Einheitswerts der Berechtigung (II). Den Grundstücken stehen ferner gleich Gebäude, die auf einem fremden Grund und Boden errichtet sind, auch wenn sie wesentliche Bestandteile geworden sind (III). — Den Ertragswert für bebaute Grundstücke hält § 35 fest, der, ebenfalls abgeändert, jetzt wie folgt lautet: Bebaute Grundstücke, die in ortsüblicher Weise bebaut sind oder gewerblichen Zwecken dienen, sind mit dem Ertragswert (§ 1, II) zu bewerten (I). Bebaute Grundstücke, die nicht in ortsüblicher Weise bebaut sind und nicht gewerblichen Zwecken dienen, sowie Grundstücke, die sich im Zustand der Bebauung befinden, sind mit dem gemeinen Werte zu bewerten. Befinden sich auf einem im Zustand der Bebauung befindlichen Grundstück bereits baulich vollendete Gebäude, die in ortsüblicher Weise gebaut sind oder gewerblichen Zwecken dienen, so findet auf die Bewertung des Grundstücks einschließlich der baulich vollendeten Gebäude Abs. 1 Anwendung; zu diesem Werte tritt für die im Bau befindlichen Gebäude oder Gebäudeteile ein Zuschlag in Höhe des Betrags, der bis zum Feststellungszeitpunkte für die Baulichkeiten aufgewandt worden ist (II). § 36: Grundstücke, die nach ihrer Lage und den sonstigen obwaltenden Verhältnissen, insbesondere mit Rücksicht auf die bestehenden Verwertungsmöglichkeiten, als Bauland oder als Land für Verkehrszwecke anzusehen sind oder bei denen anzunehmen ist, daß sie in absehbarer Zeit anderen als land- oder forstwirtschaftlichen oder gärtnerischen Zwecken dienen werden, sind auch dann mit dem gemeinen Werte (§ 152 I RAbgO.) zu bewerten, wenn sie am Feststellungszeitpunkte landwirtschaftlich, forstwirtschaftlich oder gärtnerisch genutzt werden (I). Der für bebaute Grundstücke (§ 35) anzusetzende Wert darf nicht geringer sein als der Wert, mit dem der Grund und Boden allein nach Abs. I zu bewerten wäre (II). § 37: Der RFM. kann zur Durchführung der §§ 34—36 Richtlinien über die Bewertung bestimmter Gruppen von Grundstücken aufstellen. — Das sog. „Sonstige Vermögen" ist negativ bestimmt. § 38 in seiner durch die NotVO. veranlaßten Fassung lautet: Als sonstiges Vermögen (§ 2 Nr. 4) kommen insbesondere, soweit die einzelnen Vermögensgegenstände nicht zum landwirtschaftlichen, forstwirtschaftlichen oder gärtnerischen Vermögen, zum Betriebsvermögen oder zum Grundvermögen gehören, in Betracht: 1. selbständige Rechte und Gerechtigkeiten. Werke der bildenden Kunst, des Schrifttums und der Tonkunst gehören nicht zum Vermögen im Sinne dieses G., sofern sie im Eigentume des Urhebers selbst oder im Falle des Todes des Urhebers im Eigentume seiner Ehefrau oder seiner Kinder stehen. Das Gleiche gilt für Urheberrechte an solchen Werken und für nichtpatentierte Erfindungen, es sei denn, daß die Urheberrechte oder Erfindungen einem Dritten gegen die Verpflichtung zur einmaligen oder wiederholten Zahlung fester Beträge auf bestimmte oder unbestimmte Zeit zur Ausnutzung übertragen sind; 2. verzinsliche und unverzinsliche Kapitalforderungen jeder Art; 3. Aktien und Anteilscheine, Kuxe, Geschäftsanteile und andere Gesellschaftseinlagen sowie Geschäftsguthaben bei Genossenschaften; 4. bares Geld deutscher Währung sowie sonstige deutsche Zahlungsmittel, fremde Geldsorten, Banknoten und Kassenscheine sowie Edelmetalle, Edelsteine und Perlen; 5. der Kapitalwert der Rechte auf Renten und andere wiederkehrende Nutzungen und Leistungen, die dem Berechtigten auf seine Lebenszeit oder auf die Lebenszeit eines Anderen auf unbestimmte Zeit oder auf die Dauer von mindestens zehn Jahren entweder a) vertragsmäßig als Gegenleistung für die Hingabe von Vermögenswerten oder b) aus letztwilligen Verfügungen, Schenkungen oder Familienstiftungen oder c) vermöge hausgesetzlicher Bestimmungen zustehen, sofern der Wert der einjährigen Nutzungen oder Leistungen insgesamt 1000 RM. übersteigt; 6. noch nicht fällige Ansprüche aus Lebens- und Kapitalversicherungen oder Rentenversicherungen, aus denen der Berechtigte noch nicht in den Rentenbezug eingetreten ist. Diese Vorschrift findet keine Anwendung auf a) Versicherungen, deren Wert (§ 143 IV RAbgO.) insgesamt 5000 RM. nicht übersteigt; b) Rentenversicherungen, die mit Rücksicht auf ein Arbeits- oder Dienstverhältnis abgeschlossen worden sind; 7. der Überbestand an umlaufenden Betriebsmitteln eines landwirtschaftlichen, forstwirtschaftlichen oder gärtnerischen Betriebs (§ 11 II, § 22 II, § 24 I, § 25); 8. Gegenstände, die einem landwirtschaftlichen, forstwirtschaftlichen, gärtnerischen Betrieb oder dem Betrieb eines Gewerbes zu dienen bestimmt sind, tatsächlich an dem für die Veranlagung zur Vermögensteuer maßgebenden Zeitpunkt aber einem derartigen Betriebe des Eigentümers nicht dienen, es sei denn, daß der Wert dieser Gegenstände insgesamt 1000 RM. nicht übersteigt, oder daß es sich um Gegenstände handelt, die nach § 26 II Nr. 3 Satz 2 zum Vermögen der Gesellschaft gerechnet werden; 9. Gegenstände aus edlem Metall, Schmuckgegenstände sowie solche Luxusgegenstände, die nicht zur Ausstattung der Wohnung des Steuerpflichtigen gehören, sofern der gemeine Wert für den einzelnen Gegenstand 1000 RM. oder für alle Gegenstände dieser Art 10000 RM. übersteigt; 10. Kunstgegenstände und Sammlungen, sofern a) sie nach dem 31. VII. 1914 angeschafft worden sind und b) der gemeine Wert für den einzelnen Gegenstand 10000 RM. oder für mehrere gleichartige oder zusammengehörige Gegenstände 50000 RM. übersteigt und c) sie von nichtdeutschen oder von solchen deutschen Künstlern geschaffen sind, die vor mehr als 15 Jahren verstorben sind (I). Beträge an Zahlungsmitteln, Bankguthaben sowie sonstigen laufenden Guthaben gehören bei natürlichen Personen nur dann zum sonstigen Vermögen, wenn sie insgesamt 1000 RM. übersteigen (II). Nach § 39 gehören zum sonstigen Vermögen nicht (die Änderung der NotVO. ist berücksichtigt): 1. Ansprüche an Witwen-, Waisen- und Pensionskassen; 2. Ansprüche aus einer reichsgesetzlichen Versicherung jeder Art sowie aus einer nicht reichsgesetzlichen Kranken- oder Unfallversicherung; 3. Ansprüche auf Renten und ähnliche Bezüge, die mit Rücksicht auf ein früheres Arbeits- oder Dienstverhältnis gewährt werden; 4. Ansprüche auf Renten, Pensionen und ähnliche Bezüge, die nach den MilitärversorgungsGen, dem ReichsversorgungsG., dem BesatzungspersonenschädenG., dem KapitulantenentschädigungsG., dem OffiziersentschädigungsG. oder den BeamtenpensionsGen gezahlt werden; 5. Hausrat und andere bewegliche körperliche Gegenstände, sofern sie nicht im § 38 besonders aufgezählt sind; 6. Vermögensbeträge, die für ausschließlich gemeinnützige oder Wohlfahrtszwecke zurückgelegt sind und deren Verwendung nach Substanz und Ertrag zu solchen Zwecken gesichert ist; 7. der Anspruch auf eine Kapitalabfindung, die als Entschädigung für den durch Körperverletzung oder Krankheit herbeigeführten gänzlichen oder teilweisen Verlust der Erwerbsfähigkeit dem Steuerpflichtigen zusteht. Das Gleiche gilt für den Anspruch auf eine Kapitalabfindung, die den Hinterbliebenen eines im Sinne des vorhergehenden Satzes Geschädigten auf Grund dieser Schädigung gewährt wird; 8. der Anspruch auf Kapitalabfindungen, auf einmalige Abfindungssummen und auf einmalige Kapitalabfindungen nach den MilitärversorgungsGen, dem ReichsversorgungsG., dem BesatzungspersonenschädenG., dem KapitulantenentschädigungsG., dem OffiziersentschädigungsG. oder den BeamtenpensionsGen; 9. die im § 7 I des ReichsausgleichsG. in der Fassung vom 20. XI. 1923 (RGBl. I, 1135) bezeichneten Forderungen und die im LiquidationsschädenG. in der Fassung vom 20. XI. 1923 (RGBl. I, 1148) und in der GewaltschädenVO. vom 28. X. 1923 (RGBl. I, 1018) geregelten Ansprüche sowie die auf diese Forderungen und Ansprüche ausgezahlten Beträge, soweit die Auszahlung in dem Kalenderjahr erfolgt ist, das vor dem für die Hauptveranlagung zur Vermögensteuer maßgebenden Zeitpunkt geendet hat; 10. die von ehemals feindlichen Mächten beschlagnahmten Vermögensteile, die am Hauptfeststellungszeitpunkte noch nicht freigegeben sind. — § 40 handelt von der Bewertung von Wertpapieren und erhielt unter Berücksichtigung der NotVO. folgenden Wortlaut: Für die Bewertung von Wertpapieren und Anteilen sowie Genußscheinen an Gesellschaften der im § 26 II Nr. 1 bezeichneten Art können maßgebende Werte (Steuerkurswerte) festgesetzt werden (I). Für die Festsetzung der Steuerkurswerte und, soweit keine Steuerkurswerte festgesetzt werden, die Ermittlung der Verkaufswerte tritt an die Stelle des für die Hauptveranlagung zur Vermögensteuer maßgebenden Zeitpunkts der 31. XII. des unmittelbar vorausgehenden Kalenderjahrs; der RFM. kann einen abweichenden Stichtag bestimmen. Der sich aus Satz 1 ergebende Stichtag ist auch dann maßgebend, wenn die Bewertung des Gesamtvermögens auf einen anderen als den im § 11 II Satz 1 des VermögensteuerG. bezeichneten Zeitpunkt vorzunehmen ist (§ 11 II Satz 2, 3, §§ 12, 12a des VermögensteuerG.) (II). Für die Festsetzung der Steuerkurswerte gelten die Vorschriften der §§ 41, 42 (III). Die §§ 41—44 betreffen die Steuerkurswerte für Aktien, Kuxe, sonstige Anteile sowie Genußscheine an inländischen Gesellschaften, ferner die Kurswerte der zum Börsenhandel zugelassenen Wertpapiere, den Ansatz zur Hälfte des festgesetzten Steuerkurswertes oder ermittelten Verkaufswerts bei Aktien, Kuxen, sonstigen Anteilen sowie Genußscheinen an inländischen Gesellschaften. Der § 44 lautet wie folgt: Der RFM. (§ 86) kann Richtlinien über die Bewertung bestimmter Gruppen von Gegenständen des sonstigen Vermögens aufstellen; dies gilt insbesondere für die Bewertung von Ansprüchen und Schulden, die ausschließlich auf Mark lauten und für die eine Aufwertung in Betracht kommt (I). Der RFM. kann ferner für die Bewertung von Gegenständen, deren Erhaltung wegen ihrer Bedeutung für die Kunst, Geschichte oder Wissenschaft im öffentlichen Interesse liegt und die nach näherer behördlicher Anweisung den Zwecken der Forschung oder Volksbildung nutzbar gemacht werden, besondere Bestimmungen treffen (II).

Was das „Gesamtvermögen" angeht, so bestimmt § 45 in neuer Fassung Folgendes: Als Gesamtvermögen gilt 1. bei unbeschränkt Steuerpflichtigen im Sinne des VermögensteuerG. das gesamte Vermögen des Steuerpflichtigen, 2. bei beschränkt Steuerpflichtigen im Sinne des VermögensteuerG. das gesamte inländische landwirtschaftliche, forstwirtschaftliche und gärtnerische Vermögen,

Betriebs- und Grundvermögen (Inlandsvermögen) des Steuerpflichtigen. Zum Gesamtvermögen gehören nicht die von der Vermögensteuer befreiten Gegenstände (I). Zur Ermittlung des Wertes des Gesamtvermögens sind bei der Zusammenrechnung des Wertes der einzelnen Vermögensbestandteile die zum Gesamtvermögen gehörigen Gegenstände, für die ein Einheitswert gesondert festzustellen ist (§ 210b, § 210c, I der RAbgO.), mit den festgestellten Einheitswerten anzusetzen (II). — Ergänzend kommt § 46 hinzu, der in neuer Fassung lautet: Anteile an inländischen offenen Handelsgesellschaften, Kommanditgesellschaften oder ähnlichen Gesellschaften des Handelsrechts, bei denen die Gesellschafter als Unternehmer (Mitunternehmer) anzusehen sind, gehören nicht zum Vermögen (§ 2) des Gesellschafters. Satz 1 findet auf die zum gewerblichen Betrieb einer offenen Handelsgesellschaft, Kommanditgesellschaft oder ähnlichen Gesellschaft des Handelsrechts gehörigen Gegenstände (§ 26 II Nr. 3) entsprechende Anwendung. — Abzüge zur Ermittlung des Gesamtvermögens vom Rohvermögen haben nach § 47 zu erfolgen; er lautet folgendermaßen: Zur Ermittlung des Wertes des Gesamtvermögens sind von dem Rohvermögen abzuziehen: 1. Schulden, soweit sie nicht bereits beim Betriebsvermögen zu berücksichtigen sind (§ 28). Nicht abzugsfähig ist: a) die Belastung der dauernd landwirtschaftlichen, forstwirtschaftlichen oder gärtnerischen Zwecken dienenden Grund stücke auf Grund der §§ 6—8, 10 der RentenbankVO. vom 15. X. 1923 (RGBl. I, 963), § 4 des G. über die Liquidierung des Umlaufs an Rentenbankscheinen vom 30. VIII. 1924 (RGBl. II, 252), b) die Belastung der Unternehmer auf Grund des IndustriebelastungsG. und des AufbringungsG. vom 30. VIII. 1924 (RGBl. II, 257, 269); die Abzugsfähigkeit rückständiger Leistungen bleibt unberührt; 2. der Wert der dem Steuerpflichtigen obliegenden oder auf einem Fideikommiß, Lehen, Stammgut, Hausgut oder einem sonstigen gebundenen Vermögen ruhenden Leistungen der im § 38 I Nr. 5 bezeichneten Art ohne Rücksicht auf die Höhe der jährlichen Leistung; 3. als Dreimonatsabzug bei natürlichen Personen: Beträge an Zahlungsmitteln, Bankguthaben sowie sonstigen laufenden Guthaben, soweit in ihnen Gehälter, Löhne, Zinsen und ähnliche Bezüge enthalten sind, die in den letzten, dem für die Veranlagung zur Vermögensteuer maßgebenden Zeitpunkte vorausgehenden drei Monaten bezogen sind; das Gleiche gilt für fällige Ansprüche auf Bezüge solcher Art. Der Abzug darf insoweit nicht vorgenommen werden, als die Beträge an Zahlungsmitteln, Bankguthaben sowie sonstigen laufenden Guthaben nach § 38 II nicht zum sonstigen Vermögen gehören. Der Abzug ist bei beschränkt Steuerpflichtigen im Sinne des VermögensteuerG. nicht zulässig; 4. bei Inhabern landwirtschaftlicher, forstwirtschaftlicher und gärtnerischer Betriebe der Betrag der Betriebseinnahmen abzüglich Betriebsausgaben, die in der Zeit zwischen dem für Umfang und Bewertung der umlaufenden Betriebsmittel maßgebenden Tage (§ 14, § 22 II, § 24 I, § 25 Satz 2) und dem für die Veranlagung zur Vermögensteuer maßgebenden Zeitpunkt entstanden sind (I). Nicht abzugsfähig sind Schulden und Lasten, soweit sie in wirtschaftlicher Beziehung zu Gegenständen stehen, die nicht zum Vermögen im Sinne dieses G. gehören (II). Beschränkt sich die Besteuerung auf das inländische landwirtschaftliche, forstwirtschaftliche, gärtnerische Vermögen, Betriebsvermögen und Grundvermögen, so sind nur die in wirtschaftlicher Beziehung zu diesen Vermögensteilen stehenden Schulden und Lasten abzuziehen (III). § 48: Das Vermögen von Ehegatten, die nach den Vorschriften des VermögensteuerG. unbeschränkt steuerpflichtig sind und nicht dauernd voneinander getrennt leben, wird für die Ermittlung des Wertes für das Gesamtvermögen zusammengerechnet (I). Bei fortgesetzter Gütergemeinschaft wird das ganze Gesamtgut dem Vermögen des überlebenden Ehegatten zugerechnet (II). — Gestrichen wurde der Dritte Abschnitt des ReichsbewertungsG. „Verfahren" in den §§ 49—74.

3. Der Unterabschnitt über Neufeststellung und Nachfeststellung beginnt mit dem § 75, der ebenso wie § 76 neue Fassung erhalten hat. § 75: Eine neue Feststellung des Einheitswerts wird vorgenommen (Neufeststellung), wenn sich aus dem Stande bei Beginn eines Kalenderjahrs ergibt, daß sich der Einheitswert, der an sich für das in diesem Kalenderjahr beginnende Rechnungsjahr maßgebend sein würde, um mehr als den zwanzigsten Teil oder um mehr als 25000 RM. verändert hat. Wertveränderungen, die auf allgemeiner Veränderung der Wirtschaftsverhältnisse beruhen, führen nicht zu einer Neufeststellung (I). Der Neufeststellung sind die Verhältnisse bei Beginn des auf die Wertveränderung folgenden Kalenderjahrs zu Grunde zu legen; dieser Zeitpunkt gilt als Feststellungszeitpunkt (II). §§ 14, 22 II, § 24 I, § 25 Satz 2, § 29 finden entsprechende Anwendung (III). — § 76: Eine nachträgliche Feststellung des Einheitswerts wird vorgenommen (Nachfeststellung), wenn ein Gegenstand, für den ein

Einheitswert gesondert festzustellen ist (§ 210b, § 210c I der RAbgO.) neu gegründet worden ist oder, ohne neu gegründet worden zu sein, infolge Wegfalls des bisherigen Befreiungsgrundes in die Steuerpflicht hinsichtlich der Vermögensteuer, der Grundsteuer oder der Gewerbesteuer neu eingetreten ist (I). Der Nachfeststellung sind die Verhältnisse bei Beginn des dem Eintritt in die Steuerpflicht folgenden Kalenderjahrs zu Grunde zu legen. Der nach Satz 1 für die Nachfeststellung maßgebende Zeitpunkt gilt als Feststellungszeitpunkt (II).

4. Die Bestimmungen über Anwendung der Einheitswerte bei der Veranlagung der Einheitswertsteuern sowie die Straf-, Übergangs- und Schlußvorschriften mit Ausnahme der §§ 84—86 wurden gestrichen.

5. Unter der Überschrift „Dritter Teil: Übergangsvorschriften" werden die §§ 85 bis 88 übernommen. § 85 lautet nunmehr: Der RFM. kann über die Bewertung von Grundstücken (§ 34) und Betriebsgrundstücken (§ 26a I Nr. 1), die am Feststellungszeitpunkte ganz oder teilweise der staatlichen Wohnungszwangswirtschaft unterliegen, von den §§ 35, 36 abweichende Bestimmungen erlassen. § 86 ist ebenfalls geändert und lautet wie folgt: Wo in diesem G. der RFM. ermächtigt wird, Bestimmungen zu treffen, kann er diese nur mit Zustimmung des Reichsrats treffen. — Als § 87 wird der frühere § 84, geändert durch die NotVO., angefügt und lautet nunmehr: Solange der übliche Zinssatz für gesicherte langfristige Kredite von dem für derartige Kredite in der letzten Vorkriegszeit üblich gewesenen Zinssatz erheblich abweicht, kann durch eine vom RFM. mit Zustimmung des Reichsrats nach Anhörung des Bewertungsbeirats erlassene Rechtsverordnung bestimmt werden 1. mit welcher Zahl abweichend von der Vorschrift des § 1 I, II bei landwirtschaftlichen, forstwirtschaftlichen oder gärtnerischen Betrieben und bei bebauten Grundstücken, soweit sie sich auf das Inland erstrecken, zur Ermittlung des Ertragswerts der Reinertrag zu vervielfältigen ist; 2. mit welchen Zahlen abweichend von §§ r, s zur Ermittlung des Werts von Renten oder anderen Nutzungen und Leistungen der Wert der einjährigen Nutzung zu vervielfältigen ist. Bei der Bestimmung der Zahlen ist auf die Verschiedenheit der im Satz 1 bezeichneten Zinssätze, auf die Verrentung des angelegten Kapitals und auf sonstige in der Wirtschaftslage begründete Umstände Rücksicht zu nehmen; die Rechtsverordnung kann für einen oder mehrere Hauptfeststellungszeiträume erlassen werden (I). Bei Erlaß der VO. über die Ertragswertklassen und Rahmensätze (§ 16 I Nr. 3, § 22 II, § 24 I) ist die gemäß Abs. I Nr. 1 festgesetzte Zahl zu berücksichtigen (II). — Hinter dem § 87 wird folgende Vorschrift als § 88 angefügt: Der erste Hauptfeststellungszeitraum auf Grund des § 6 dieses G. in der neuen Fassung beginnt mit dem 1. IV. 1932. Der Bewertungsbeirat, der nach § 17 V Satz 1, § 22 II, § 24 I für die Zeit vom 1. IV. 1931 an zu berufen sein würde, wird bereits für die Zeit vom 1. I. 1931 ab berufen (I). Für die Länder, in denen die Einheitswerte den Realsteuern für das Kalenderjahr oder Rechnungsjahr 1931 bereits zu Grunde gelegt werden, kann auf Antrag des Landes der RFM. im Einvernehmen mit der Landesregierung die zur Überleitung erforderlichen Bestimmungen treffen, insbesondere die Geltungsdauer alter Vorschriften des ReichsbewertungsG. bis zum 31. III. 1932 ausdehnen (II).

Alles in allem genommen, liegt hier eine fast völlige Umgestaltung gegenüber dem ursprünglichen Texte vor. Während die bisherigen Bewertungsvorschriften der RAbgO. hauptsächlich als Erster Teil des ReichsbewertungsG. übernommen worden sind, ist dies nicht geschehen mit § 139 III RAbgO., der die Bewertung nach den Anschaffungs- oder Herstellungspreisen enthielt. Die Einheitsbewertung ist nunmehr, wie festgestellt, im Zweiten Teil des ReichsbewertungsG. behandelt worden. Das Betriebsvermögen wird nur alle drei Jahre und Grundstücke werden nur nach allen sechs Jahren neu bewertet. Die nächste Feststellung erfolgt auf dem 1. I. 1931. Zum Betriebsvermögen der gewerblichen Betriebe gehört jetzt auch das Berufsvermögen der freien Berufe (Anwälte, Ärzte) sowie der Notare (§ 26). Das Vermögen, das der reinen Kunst oder der reinen Wissenschaft, z. B. der Schriftstellerei gewidmet ist, bleibt frei und zwar auch dann, wenn und insoweit es sich nicht um einen Hauptberuf, sondern um einen Nebenberuf handelt. Über den Bergbau (Mineralgewinnungsrecht) sind eigenartige Neuerungen eingeführt worden. Der Begriff des Gewerbekapitals (§ 33a) hat eine Neufeststellung gefunden. Was die Neufeststellung der Einheitswerte angeht, so ist sie nur zum Beginn eines Kalenderjahrs gegeben; nicht also in der Zwischenzeit, doch soll die Neufeststellung schon dann möglich sein, wenn die Veränderung mehr als 5 % oder mehr als 25000 RM. beträgt. Für die Vermögensteuer betragen die Ziffern für die Veränderung des Gesamtvermögens 10 % bzw. 50000 RM. Hierbei sind auch die Vorschriften der §§ 11 und 12, die dem VermögensteuerG. neu eingefügt worden sind, zu beachten.

Schrifttum:

Vgl. bei den Artt. „RAbgO.", „Realsteuern" und Dziegalowski-Thümen, ReichsbewertungsG., 3. Aufl. 1931.

Fritz Stier-Somlo.

Reichshaushaltsordnung.

I. Im Art. Budgetrecht HdR. I, 822, ist das die RV. ergänzende und ausgestaltende G. über die ReichshaushaltsO. vom 31. XII. 1922 (RGBl. 1923 II, 17) in seinen Grundzügen dargestellt worden. Durch G. vom 8. III. 1930 (RGBl. II, 31) ist die ReichshaushaltsO. in wichtigen Punkten ergänzt und durch Bek. vom 14. IV. 1930 in neuer Fassung veröffentlicht worden (RGBl. II, 693). Nur von den Änderungen soll hier die Rede sein. Dabei ist zu beachten, daß die ReichshaushaltsO. nicht nur von der Aufstellung und Veröffentlichung des Haushaltplanes, sondern auch von der Kassen- und Buchführung und der Rechnungslegung wie der Rechnungsprüfung, ferner von der Prüfung von Unternehmen mit eigener Rechtspersönlichkeit und — von Schlußbestimmungen abgesehen — vom Rechnungshofe handelt. Die Novelle vom 9. III. 1930 baut ihre Bestimmungen in einen Art. I ein, während Art. II zwei Vorschriften bringt. Die eine erklärt, daß § 9 des ReichspostfinanzG. vom 18. III. 1924 (RGBl. I, 387) durch die Vorschriften der §§ 45a und 45c (s. unten II, 2) nicht berührt wird. Die zweite Vorschrift bestimmt, daß im § 16 des BesoldungsG. vom 16. XII. 1927 (RGBl. I, 349) der Abs. IV gestrichen wird.

II. 1. In dem Abschnitt über die Aufstellung des Haushaltsplanes war (§ 8) bestimmt worden, daß alle Einnahmen mit anderem Ansatz als im Vorjahre, alle fortdauernden Ausgaben, für die nicht im Vorjahre Mittel in mindestens gleicher Höhe bewilligt sind und alle einmaligen und außerordentlichen Ausgaben im Haushaltplan zu erläutern sind; ferner, daß Ausgaben zur Erfüllung von Verträgen, durch die das Reich zur Leistung von Zahlungen über ein Rechnungsjahr hinaus verpflichtet wird, bei der erstmaligen Anforderung von Mitteln nach Inhalt und Dauer des Vertrages zu erläutern und die Verträge für die Verhandlungen im Reichsrat und im Reichstag bereitzuhalten sind. Eine Ausnahme ist nur für im Rahmen der laufenden Verwaltung abgeschlossene, ihrer Natur nach regelmäßig wiederkehrende Verträge vorgesehen. Dazu kommen jetzt die neuen Vorschriften der §§ 8a und 8b. Danach wird durch das HaushaltsG. jährlich festgestellt, bis zu welchem Betrage Geldmittel zur Bestreitung außerordentlicher Ausgaben im Wege des Kredits beschafft werden dürfen. Bleiben die Ausgaben des außerordentlichen Haushalts hinter den Ansätzen des Haushaltsplans zurück oder übersteigen die Einnahmen des außerordentlichen Haushalts die Ansätze des Haushaltsplans, so ermäßigt sich der festgestellte Betrag um die Summe der Minderausgaben und der Mehreinnahmen; bleiben die Einnahmen des außerordentlichen Haushalts hinter den Ansätzen des Haushaltsplans zurück, so erhöht sich der Betrag um die Summe der Mindereinnahmen. Im HaushaltsG. ist ferner der Betrag gesondert festzusetzen, der zur Aufrechterhaltung des Betriebs der Reichshauptkasse im Wege des Kredits flüssig gemacht werden darf. Zum Ausgleich für die etwaige Inanspruchnahme des Reichs aus Bürgschafts-, Gewähr- oder anderen, ähnlichen wirtschaftlichen Zwecken dienenden Verträgen sind in den Haushaltsplan Ausgabemittel in entsprechender Höhe einzustellen.

§ 13 hatte bisher folgendermaßen gelautet: „Bei allen einmaligen und allen außerordentlichen Ausgaben, bei denen es sich um die Ausführung einer sich auf mehrere Jahre erstreckenden einheitlichen Aufgabe handelt, sollen der gesamte voraussichtliche Kostenaufwand sowie etwaige Beiträge Dritter bei der erstmaligen Einstellung in den Haushaltsplan angegeben werden." Die Novelle vom 8. III. 1930 gibt der Bestimmung folgende Fassung: „Bei allen einmaligen und allen außerordentlichen Ausgaben, die für eine auf mehrere Jahre sich erstreckende einheitliche Aufgabe in den Haushaltsplan eingestellt werden, sind bei der ersten Einstellung die voraussichtlichen Gesamtkosten und die etwaigen Beiträge Dritter, bei jeder folgenden Einstellung außerdem die Beträge anzugeben, die in früheren Rechnungsjahren bewilligt und ausgegeben worden sind." Auch der § 14 ist verändert worden. Einmalige und außerordentliche Ausgaben für bauliche Unternehmungen des Reichs dürfen erst dann in den Haushaltsplan eingestellt werden, wenn Pläne, Kostenberechnungen und Erläuterungen vorliegen, aus denen die Art der Ausführung und die Kosten der baulichen Maßnahme, etwaige Beiträge Dritter und die etwa vorgesehenen Gebühren und Abgaben ersichtlich sind. Ausnahmen sind nur bei baulichen Unternehmungen, deren Kosten nach vorläufigen Überschlägen den Betrag von 500000 RM. voraussichtlich nicht übersteigen werden und nur dann statthaft, wenn es nicht möglich ist, die Pläne und Kostenberechnungen rechtzeitig herzustellen und wenn dem Reiche aus der Hinausschiebung der Ausgabenbewilligung ein Schaden erwachsen würde. Die Notwendigkeit einer Ausnahme ist im Haushaltsplane zu begründen. Die Pläne, Kostenberechnungen und Erläuterungen sind in diesem Falle so bald als möglich nachzureichen.

2. In dem Abschnitt über die Ausführung des Haushaltsplans sind folgende Neuerungen eingetreten. Nach § 24 I, der die Feststellung der rechtlichen Bedeutung des Haushaltsplans Dritten gegenüber enthält, werden durch ihn Ansprüche oder Verbindlichkeiten Dritter weder begründet noch aufgehoben. Dies gilt auch weiter. Nun ist im § 8 II vorgeschrieben, daß Ausgaben zur Erfüllung von Verträgen, durch die das Reich zur Leistung von Zahlungen über ein Rechnungsjahr hinaus verpflichtet wird, bei der erstmaligen Anforderung von Mitteln nach Inhalt und Dauer des Vertrages zu erläutern, die Verträge für die Verhandlungen im Reichsrat und im Reichstag bereitzuhalten sind. Auf diese Bestimmung bezog sich bisher § 24 II; es durften Verträge der genannten Art endgültig erst abgeschlossen werden, nachdem erstmals die Mittel zur Deckung der aus ihnen dem Reiche erwachsenden Ausgaben durch den Haushaltsplan bewilligt worden sind. Abweichungen bedurften der Zustimmung des RFM. Diese Vorschrift galt nicht für im Rahmen der laufenden Verwaltung abgeschlossene, ihrer Natur nach regelmäßig wiederkehrende Verträge. Durch die Novelle vom 8. III. 1930 wurde § 24 II, III, die inhaltlich soeben wiedergegeben wurden, gestrichen. — Nach § 25 werden die Einnahmen und Ausgaben des Reiches nach dem Haushaltsplane verwaltet. Vor dieses Wort setzt die Novelle „HaushaltsG. und dem". Hiernach sind also die Einnahmen und Ausgaben des Reiches zu verwalten sowohl nach dem ReichshaushaltsG. als auch nach dem Haushaltsplane. — Der § 26 hatte nur ausgesprochen, daß die Haushaltsmittel wirtschaftlich und sparsam zu verwalten sind. Jetzt erhält er folgende Fassung: „Die Haushaltsmittel sind wirtschaftlich und sparsam zu verwalten; sie dürfen bei den einzelnen Zweckbestimmungen nur so weit in Anspruch genommen werden, als es zur wirtschaftlichen und sparsamen Führung der Reichsverwaltung erforderlich ist (I). Der RFM. soll den zu Auszahlungen nicht sofort erforderlichen Kassenbestand der Reichshauptkasse so anlegen, daß ein Verlust ausgeschlossen erscheint und im Bedarfsfalle jederzeit über den Betrag verfügt werden kann (II). Er darf von der Ermächtigung zur Aufnahme von Anleihen und von Krediten, die der Aufrechterhaltung des Betriebs der Reichshauptkasse dienen sollen (§ 8 a), nur unter den im Abs. I bezeichneten Voraussetzungen Gebrauch machen (III). Er ermächtigt die obersten Reichsbehörden im Rahmen der ihm zur Verfügung stehenden Einnahmen, in ihrem Verwaltungsbereich innerhalb eines bestimmten Zeitraums die (nach Abs. I) notwendigen Auszahlungen bis zur Höhe eines bestimmten Gesamtbetrags leisten zu lassen. Zur Leistung außerordentlicher Ausgaben darf er sie, soweit Einnahmen aus Anleihen nicht zur Verfügung stehen und eine Verpflichtung, die Ausgaben zu leisten, nicht besteht, nur ermächtigen, wenn durch das Unterlassen oder Hinausschieben der Ausgaben erhebliche wirtschaftliche Nachteile für das Reich entstehen würden und er die Ausgaben im Hinblick auf zu erwartende Einnahmen aus Anleihen oder auf einen Überschuß im ordentlichen Haushalt für vertretbar hält (IV)." Der § 28 ReichshaushaltsO. der Bestimmungen über Vorschüsse enthielt, forderte, daß Leistungen des Reichs vor Empfang der Gegenleistung nur vereinbart oder bewirkt werden dürfen, soweit dies im allgemeinen Verkehr üblich oder durch besondere Umstände gerechtfertigt ist. Der RFM. kann einheitliche Grundsätze hierfür aufstellen. Jetzt ist ein zweiter Absatz eingefügt, wonach der RFM. bei Zahlungen, die vor Fälligkeit an das Reich entrichtet werden, einen angemessenen Abzug gewähren kann. Der § 29 II betraf Verwendung von Einnahmen aus der Veräußerung von Grundstücken des Reichs. Er ist jetzt spezialisiert worden und bestimmt, daß jene Einnahmen, wenn sie im einzelnen Falle den Betrag von 10000 RM. nicht übersteigen, als ordentliche Einnahmen, im übrigen als außerordentliche zu behandeln sind; Ausnahmen bedürfen der Genehmigung durch den Haushaltsplan oder durch ein besonderes Gesetz. Der § 30, der die sachliche und zeitliche Verwendbarkeit der im Haushaltsplan bewilligten Mittel behandelt, d. h. bestimmt, für welche Zwecke und innerhalb welchen Zeitraums bewilligte Mittel verausgabt werden dürfen (Grundsatz der Spezialität des Haushaltsplanes), erhielt durch die Novelle folgenden Zusatz: „Beträge, die bei übertragbaren Ausgabebewilligungen am Schlusse eines Rechnungsjahrs nicht verwendet sind, dürfen nur mit vorheriger Zustimmung des RFM. verausgabt werden, soweit dieser nicht bereits nach § 45 d (s. unten S. 514/15) der Übernahme einer entsprechenden Verpflichtung zugestimmt hat oder soweit nicht bei Ausgabebewilligungen, die im laufenden Rechnungsjahr abschließen, eine rechtliche

Verpflichtung zur Leistung besteht. Der RFM. soll die Zustimmung nur erteilen, wenn die Verausgabung bei wirtschaftlicher und sparsamer Verwaltung erforderlich ist.“ Im Zusammenhang damit wurde der bisherige Abs. II zum Abs. III und etwas verändert. Er lautet nunmehr: „Mehrausgaben gegenüber einer übertragbaren Ausgabebewilligung (Vorgriffe) sind Haushaltsüberschreitungen, die aus der nächsten Bewilligung für den gleichen Zweck vorweg zu decken sind. Ausnahmen können für die Deutsche Reichspost im Haushaltsplane zugelassen werden.“ Neu ist die Bestimmung des § 30a: „Aus den in den Einzelplänen zur baulichen Unterhaltung ausgebrachten Ausgabemitteln dürfen die Kosten für Um- und Erweiterungsbauten sowie Neubauten und Erwerbungen von Grundstücken insoweit bestritten werden, als die Kosten der Bauten einschließlich Grunderwerb oder der Hausgrundstücke 30000 RM., die Kosten der Erwerbung von unbebauten Grundstücken allein 10000 RM. im einzelnen nicht überschreiten.“ Der § 31, der die Möglichkeit gibt zu einer Ausnahme von der Vorschrift, daß die bewilligten Beiträge nur zu dem im Haushaltsplane bezeichneten Zwecke, soweit und solange dieser fortdauert und nur innerhalb des Rechnungsjahres verwendet werden dürfen, bestimmt in seinem ersten Satze, daß wenn im Haushaltsplane mehrere Ausgabebewilligungen als gegenseitig deckungsfähig bezeichnet sind, die bei einer Bewilligung ersparten Mittel, solange sie verfügbar sind, zur Begleichung von Mehrbedürfnissen bei einer anderen dieser Bewilligungen verwendet werden dürfen. Der darauf folgende zweite Satz erhielt jetzt folgende Fassung: „Übertragbare Ausgabemittel dürfen nicht als mit anderen Ausgabemitteln deckungsfähig bezeichnet werden; in besonderen Fällen können Ausnahmen durch das Haushaltsgesetz zugelassen werden.“

Der § 33 handelt von den Mehrausgaben gegenüber dem Haushaltsplan. Haushaltsüberschreitungen und außerplanmäßige Ausgaben einschließlich der Mehrausgaben aus übertragbaren Mitteln, desgleichen Maßnahmen, durch welche für das Reich Verbindlichkeiten entstehen können, für die Mittel im Haushaltsplan nicht vorgesehen sind, bedürfen der vorherigen Zustimmung des RFM. Sie darf nur ausnahmsweise im Falle eines unabweisbaren Bedürfnisses erteilt werden. Hierzu wird nun neu hinzugefügt: „Soweit hiernach über- und außerplanmäßige Ausgaben im Betrage von 10000 RM. und darüber geleistet worden sind, sind sie vierteljährlich dem Reichstag mitzuteilen.“ Abgesehen von einigen Einfügungen des Wortes „Angestellter“, wo (in §§ 32 und 33) bisher nur von Beamten die Rede war, wird hinter § 36, der von der Bewilligung von Besoldungen und anderen Dienstbezügen handelt, ein § 36a eingefügt: (1) Freie planmäßige Stellen sind mit Beamten zu besetzen, die bei der eigenen oder einer anderen Reichsverwaltung entbehrlich geworden sind und die erforderliche Vor- und Ausbildung besitzen. Ausnahmen sind mit Zustimmung des RFM. zulässig. Im übrigen sollen (unbeschadet der Bestimmung im § 16 III des ReichsbesoldungsG. vom 16. XII. 1927) in erster Reihe geeignete, einstweilig in den Ruhestand versetzte Beamte in solche Stellen übernommen werden. Wird ein Beamter nach Satz 1 in eine andere Stelle übernommen, so fällt seine bisherige Stelle weg. (2) Zur Übernahme von Beamten in den Reichsdienst und zur Einstellung von Beamtenanwärtern bedarf es der vorherigen Zustimmung des RFM. Auch darf, abgesehen von den Fällen des Abs. 1, kein Beamter planmäßig angestellt oder befördert werden, solange innerhalb derselben Verwaltung ein Beamter derselben Laufbahn, der eine Stelle einer niedrigeren Besoldungsgruppe innehat, für seine Person die Bezüge der Besoldungsgruppe, die der zu übernehmende oder zu befördernde Beamte erhalten soll, oder einer höheren Besoldungsgruppe erhält; Ausnahmen sind mit vorheriger Zustimmung des RFM. zulässig. (3) Eine Stelle, die bei einer Verwaltung entbehrlich geworden ist, darf mit vorheriger Zustimmung des RFM. auf eine andere Verwaltung übertragen werden, wenn diese den bisher aus der Stelle besoldeten Beamten übernimmt und wenn bei ihr für die sofortige Schaffung einer neuen Stelle ein unabweisbares Bedürfnis besteht. Die Stelle ist zunächst als künftig wegfallend zu behandeln. Über ihren weiteren Verbleib ist im nächsten Haushaltungsplane zu entscheiden. (4) Die Vorschriften der Abs. 1 und 2 gelten auch für die Deutsche Reichspost.“

Der § 45 handelt davon, daß der Ausführung jedes größeren Baues ausführliche Bauentwurfszeichnungen zu Grunde zu legen sind. Dies erwies sich nicht als ausreichend und so sind jetzt die §§ 45a—45d eingefügt worden. Sie besagen Folgendes: Soll das Reich zu Leistungen verpflichtet werden, deren Betrag oder Wert im Zeitpunkt der Übernahme der Verpflichtung 1 Mill. RM. überschreitet, so darf die Verpflichtung nur von dem Leiter der zuständigen Behörde oder dem geschäftsordnungsgemäß zu seiner ständigen Vertretung befugten Beamten und nur in schriftlicher Form erklärt werden. Verträge, durch die das Reich verpflichtet werden soll, über ein Rechnungsjahr hinaus Auszahlungen zu leisten (§ 8 II), dürfen endgültig erst abgeschlossen werden, nachdem erstmals durch den Haushaltsplan die Ausgabemittel zur Deckung der aus ihnen dem Reiche erwachsenden Ausgaben bewilligt worden sind oder die Genehmigung zum Vertragsabschlusse durch den Haushaltsplan erteilt ist. Der RFM. kann für dringende Fälle Ausnahmen hiervon zulassen. (2) Vor dem Abschluß von Verträgen der genannten Art ist die Zustimmung des RFM. einzuholen, sofern er nicht ausdrücklich darauf verzichtet. Die vorstehenden Vorschriften gelten nicht für im Rahmen der laufenden Verwaltung abgeschlossene, ihrer Natur nach regelmäßig wiederkehrende Verträge. Bürgschafts-, Gewähr- oder andere, ähnlichen wirtschaftlichen Zwecken dienende Verträge dürfen nur mit vorheriger Zustimmung des RFM. abgeschlossen werden; dies gilt nicht für im Rahmen der laufenden Verwaltung abgeschlossene, ihrer Natur nach regelmäßig wiederkehrende Verträge. In Verträgen der genannten Art ist für die zuständige Reichsbehörde das Recht auszubedingen, die Unternehmen der Beteiligten durch eigene Organe oder, soweit erforderlich, durch besondere Sachverständige jederzeit einer Buch- und Betriebsprüfung zu unterziehen, um festzustellen, ob eine Inanspruchnahme des Reichs in Frage kommen kann oder die Voraussetzungen für eine solche vorliegen oder vorgelegen haben. Ein gleiches Prüfungsrecht ist für den Rechnungshof des Deutschen Reichs auszubedingen. Ausnahmsweise kann mit Zustimmung des RFM. davon abgesehen werden, ein Prüfungsrecht auszubedingen, wenn die Natur des Vertrags es erfordert. Verpflichtungen zur Leistung außerordentlicher Ausgaben und zur Verausgabung von Beträgen, die bei übertragbaren Ausgabebewilligungen am Schlusse eines Rechnungsjahrs nicht verwendet sind und deren Verausgabung der RFM. nicht bereits (nach § 30 II) zugestimmt hat, dürfen nur mit seiner vorherigen Zustimmung übernommen werden. Dies gilt auch dann, wenn das Reich nicht zur Leistung von Auszahlungen über ein Rechnungsjahr hinaus verpflichtet wird. Der RFM. kann im Rahmen einer sparsamen und wirtschaftlichen Führung des Haushalts Ausnahmen hiervon zulassen.

§ 47 handelt von der Veräußerung von Reichseigentum. Hier waren allerhand Zweifel entstanden, die zu der neuen Fassung geführt haben, welche folgendermaßen lautet: „(1) Gegenstände, die im Eigentume des Reichs stehen, dürfen nur gegen einen dem vollen Werte entsprechenden Preis veräußert werden. Der RFM. ist befugt, Ausnahmen hiervon zuzulassen, wenn es im dringenden Reichsinteresse geboten ist und der Wert der Gegenstände den Betrag von insgesamt 5000 RM. nicht überschreitet. Weitergehende Abweichungen bedürfen der Genehmigung durch den Haushaltsplan. (2) Grundstücke oder Teile von solchen sowie Anteile an gesellschaftlichen Unternehmungen jeder Art dürfen nur mit vorheriger Zustimmung des RFM. veräußert werden. (3) Haben Grundstücke oder Anteile an gesellschaftlichen Unternehmungen erheblichen Wert oder besondere Bedeutung, so dürfen sie nur mit vorheriger Zustimmung des Reichsrats und des Reichstags veräußert werden, soweit nicht aus zwingenden wirtschaftlichen Gründen eine Abweichung hiervon geboten ist. In diesem Falle ist dem Reichsrat und dem Reichstag von der Veräußerung alsbald durch eine Nachweisung Kenntnis zu geben. (4) Die Bestimmungen der Abs. 2 und 3 gelten auch für die Belastung von Anteilen an gesellschaftlichen Unternehmungen, für ihre Einbringung in andere Gesellschaften, an denen das Reich nicht überwiegend beteiligt ist, und für die Zustimmung zur Überlassung junger Anteile von solchen Gesellschaften an andere Bezieher als das Reich. (5) Die Veräußerung von Grundstücken, die einen besonderen künstlerischen, geschichtlichen oder kulturellen Wert haben, bedarf in jedem Falle der vorherigen Zustimmung des Reichsrats und des Reichstags. (6) Ein Tausch von Gegenständen ist nur zulässig, wenn er aus wirtschaftlichen Rücksichten geboten ist; er bedarf der vorherigen Zustimmung des RFM. Die Vorschriften der Abs. 3 bis 5 gelten sinngemäß; für die Notwendigkeit der Zustimmung des Reichsrats und des Reichstags ist der Wert oder die Bedeutung des abzugebenden Gegenstandes maßgebend."

Der § 48, der zum erstenmal für die Beteiligung des Reiches an Unternehmungen mit eigener Rechtspersönlichkeit besondere etatrechtliche Vorschriften gebracht hatte, bedurfte ebenfalls einer Veränderung bzw. Ergänzung. Der Satz, es könne auf die dort bezeichnete Nachweisung ganz oder teilweise verzichtet werden, wurde gestrichen. Die Abs. 2 und 3 erhielten folgende Fassung: „(2) Bei der Gründung soll sich das Reich durch geeignete Abmachungen den nötigen Einfluß sichern. Soweit es der vom Reich verfolgte Zweck erfordert, soll insbesondere die Beteiligung des Reiches an dem Unternehmen davon abhängig gemacht werden, daß dem Reich das Recht zur Bestellung eines oder mehrerer Aufsichtsratsmitglieder eingeräumt wird; satzungsmäßig die Prüfung des Unternehmens durch eine von dem Aufsichtsrat beauftragte, dem zuständigen Reichsminister genehme Treuhandgesellschaft und nach den auf Grund von § 113 II festgelegten

Richtlinien erfolgt; satzungsmäßig der zuständige Reichsminister oder die von ihm beauftragte Stelle zu unmittelbaren Aufträgen an die Treuhandgesellschaft auf Kosten des Unternehmens dann berechtigt ist, wenn das Unternehmen dem Verlangen nach Erteilung entsprechender Aufträge nicht nachkommt. (3) Auf die Durchführung der Vorschriften des Abs. 2 ist auch in den Fällen, in denen das Reich Anteile bestehender Unternehmen besitzt oder erwirbt, hinzuwirken. Im Falle des Erwerbs von Anteilen gemäß Satz 1 gilt Abs. 1 Satz 2 und 3 sinngemäß, sofern die Bedeutung der Beteiligung des Reichs dazu Anlaß gibt."

3. In dem Abschnitt Kassen- und Buchführung und Rechnungslegung (§§ 65 bis 86) haben sich eine Reihe weiterer Neuerungen als notwendig erwiesen. Im § 65, der von der Belegung von Einnahmen und Ausgaben handelte, lautete Abs. I Halbsatz 1: „Alle für Rechnung des Reichs angeschafften Gegenstände müssen neben der Belegung der dafür ausgegebenen Geldbeträge entweder als vollständig verwendet oder in einer besonderen Sachrechnung in Einnahme nachgewiesen werden." Statt der Worte „Alle für Rechnung des Reichs angeschafften Gegenstände" wurden die Worte gesetzt: „Alle entgeltlich oder unentgeltlich vom Reiche erworbenen Sachen und Rechte". Dort, wo das Wort „Grundstücke" erwähnt ist, werden ihm auch noch die Worte „und Rechte" beigefügt. In demselben § 65 Abs. II heißt es: „Gegenstände, die zum Vermögen des Reichs gehören, dürfen für Zwecke einer anderen Haushaltsbewilligung als derjenigen, aus der sie beschafft sind, nur gegen Erstattung des Wertes zur Zeit der Abgabe abgegeben werden, soweit sich nicht aus dem Haushaltsplan etwas anderes ergibt." Es wird jetzt hinzugefügt: „oder soweit nicht bei der Abgabe von Gegenständen von einer Reichsbehörde an eine andere (mit Ausnahme der Fälle, in denen auf der einen Seite eine Behörde der Deutschen Reichspost beteiligt ist) mit Zustimmung des RFM. von einer Erstattung des Gegenwertes oder der Erhebung von Mieten oder Pachten abgesehen wird." — § 66 betrifft die Durchführung des Art. 81 RVerf., wonach der RFM. über die Verwendung aller Reichseinnahmen im folgenden Rechnungsjahr zur Entlastung der Reichsregierung dem Reichsrat und dem Reichstag Rechnung zu legen hat. Die ersten beiden Absätze des § 66 haben die folgende Neufassung erhalten: „(1) Die Kassen haben für jedes Jahr Rechnung zu legen. Soweit es möglich und zweckmäßig ist, ist mit Zustimmung des Rechnungshofs bereits in kürzeren Zeitabschnitten Rechnung zu legen. Eine Rechnungslegung für einen über ein Rechnungsjahr hinausgehenden Zeitraum ist bei den nicht fortdauernden Ausgaben mit Zustimmung des Rechnungshofs zulässig. (2) Die Rechnungslegung erfolgt durch Aufstellung einer Kassenrechnung oder mit Zustimmung des Rechnungshofs (§ 81) durch Vorlage der Kassenbücher. Soweit für einen kürzeren Zeitraum als ein Rechnungsjahr Rechnung gelegt wird, sind die Bücher für diese Zeitabschnitte abzuschließen und für die Rechnungsprüfung durch den Rechnungshof bereitzuhalten. — Von kleinen Änderungen abgesehen ist eine Novellierung des § 75 Satz 1 erfolgt, der bisher lautete: „Bleibt in einem Rechnungsjahr im ordentlichen Haushalte der Gesamtbetrag der Einnahmen hinter dem Gesamtbetrag der Ausgaben zurück, so ist der Fehlbetrag in den Haushaltsplan für das zweitnächste Rechnungsjahr als ordentliche Ausgabe einzustellen." Jetzt lautet § 75 folgendermaßen: „Bleibt in einem Rechnungsjahr im ordentlichen Haushalt der Gesamtbetrag der Einnahmen hinter dem Gesamtbetrage der Ausgaben zurück, so ist der Fehlbetrag spätestens in den Haushaltsplan für das zweitnächste Rechnungsjahr als ordentliche Ausgabe einzustellen. Ein Überschuß der Einnahmen über die Ausgaben des ordentlichen Haushalts ist zur Verminderung des Anleihebedarfs oder zur Schuldentilgung zu verwenden. Die Verminderung des Anleihebedarfs ist in der ReichshaushaltsO. zugleich mit dem Nachweis des Überschusses festzustellen; soweit der Überschuß zur Schuldentilgung verwendet wird, ist er als außerordentliche Einnahme spätestens in den Haushaltsplan des zweitnächsten Rechnungsjahrs einzustellen." — Im § 79 ist bestimmt, was der Reichshaushaltsrechnung beizufügen ist, und neu ist, daß Grundstücksveräußerungen unter Angabe der erzielten Erlöse, soweit diese im einzelnen Falle den Betrag von 10000 RM. übersteigen, einzeln zu erläutern sind und daß eine Nachweisung der Gegenstände, die eine Reichsbehörde mit Zustimmung des RFM. von einer anderen Reichsbehörde unentgeltlich übernommen hat, erforderlich ist.

4. In dem Abschnitt „Rechnungsprüfung" (§§ 87—109) sind folgende Neuerungen bemerkenswert. § 98 enthält die notwendige Voraussetzung für die dem Rechnungshof obliegende Überwachung der Reichshaushaltsführung. Die bisherige Vorschrift ist durch die folgende ersetzt worden: „Der Rechnungshof darf von den Behörden jede zur Prüfung der Rechnungen und Nachweisungen oder sonst zur Überwachung der Wirtschaftsführung von ihm für erforderlich erachtete Auskunft sowie die Einsendung von Büchern und Schriftstücken und die Vor-

legung der Akten mit Ausnahme derjenigen der Reichsministerien verlangen. Akten der Reichsministerien darf er nach Zustimmung des zuständigen Reichsministers einsehen." — § 100 trifft darüber Bestimmungen, in welchem Umfange der Rechnungshof von Anordnungen und Vereinbarungen der Behörden über die Bewirtschaftung des Reichshaushalts und von Beschlüssen der gesetzgebenden Körperschaften betr. die Rechnungslegung in Kenntnis zu setzen und inwieweit er beim Erlaß allgemeiner Anordnungen auf dem Gebiet des Kassen- und Rechnungswesens zu beteiligen ist. An Stelle des Satzes 1 Abs. II: „Vor dem Erlaß allgemeiner Dienstanweisungen über die Buchführung und Verwaltung der Kassen und Magazine ist der Rechnungshof gutachtlich zu hören" ist heute die folgende Bestimmung maßgebend: „Vor dem Erlasse von Bestimmungen zur Durchführung der ReichshaushaltsO. und von hierzu von den Reichsministern erlassenen allgemeinen Dienstanweisungen ist der Rechnungshof gutachtlich zu hören. Hierzu gehören in jedem Falle allgemeine Dienstanweisungen über die Buchführung und Verwaltung der Kassen und Magazine." — Der § 113, der Einzelheiten wegen der Prüfung durch den Rechnungshof enthält, war verbesserungsbedürftig; die Abs. II und III haben folgende Fassung erhalten: „(2) Die Bestimmung der Treuhandgesellschaft gemäß § 48 Abs. 2 Ziff. 2 bedarf der vorherigen Zustimmung des Rechnungshofs. Richtlinien für die Prüfung sind zwischen dem zuständigen Reichsminister und dem Rechnungshof zu vereinbaren. Der zuständige Reichsminister oder die von ihm beauftragte Stelle hat für die Einhaltung der Richtlinien zu sorgen. Der zuständige Reichsminister ist auf Verlangen des Rechnungshofs verpflichtet, die dem Rechnungshof erforderlich scheinenden Ergänzungen der Prüfung im Rahmen des § 48 Abs. 2, 3 zu veranlassen. (3) Der Rechnungshof kann auch, soweit die Satzungen der Gesellschaft oder besondere mit ihr getroffene Vereinbarungen es vorsehen, die Bücher und Schriften der Gesellschaft durch Beauftragte in dem von ihm für erforderlich erachteten Umfang prüfen lassen." — Schließlich sind neben geringfügigen Änderungen noch dem RFM. wesentliche Zuständigkeiten zur Durchführung von neuen oder veränderten Vorschriften gegeben worden und endlich wurde er allgemein ermächtigt, den Wortlaut der RHO., wie er sich nach der Novelle ergibt, bekanntzumachen. Das ist dann auch im RGBl. 1930 II, 693 erfolgt. — Zu beachten ist die VO. des Reichspräsidenten vom 26. VII. 1930 (RGBl. I, 311, 328) 6. Abschn. §§ 1—24, wo zwar nur bezüglich des Haushalts 1930 eigenartige Regelungen getroffen sind, diese aber überhaupt von grundsätzlicher Bedeutung werden können. Hierzu VO. d. Reichspräsidenten vom 1. XII. 1930 (RGBl. I, 517), Zweiter Teil „Sicherungen des Haushalts".

Schrifttum

(außer dem HdR. I, 827 angeführten):

Brendt, Etatrecht und Finanzwirtschaft, 1927. — Dorn, Empfiehlt es sich im Interesse einer geordneten Finanzwirtschaft, die bestehenden Grundsätze über die Bewilligung der Einnahmen und Ausgaben für die Haushalte des Reiches und der Länder zu ändern? 1928. — Gerloff, Der Staatshaushalt und das Finanzwesen der wichtigsten Kulturstaaten im Handbuch der Finanzwissenschaft von Meisel-Gerloff, III, 1ff., 1929. — Jessen, Der vollkommene Haushaltsplan, 1929. — Jèze, Allgemeine Theorie des Budgets, deutsche Ausgabe von Neumark, 1927. — Kühnemann, Haushaltsrecht und Reichsetat, 1930. — Lotz, Finanzwissenschaft, 2. Aufl. 1929/30. — Lufft, Das Problem des außerordentlichen Haushalts, Vierteljahrsschrift für Steuer- u. Finanzrecht, 2. Jahrg. 1928, 181ff. — Mende, Der Einspruch des Reichsrats gegen ein vom Reichstag angenommenes Gesetz und seine Behandlung durch den Reichstag, JW. 1925, 2419. — Moll, Lehrbuch der Finanzwissenschaft, 1930. — Mook, Vom Kreditwesen des Reiches, 1930. — Neumark, Der Reichshaushaltsplan, 1929. — Derselbe, Der Grundsatz der Vorherigkeit budgetärer Veranschlagungen und der Reichshaushaltsplan, Vierteljahrsschrift für Steuer- und Finanzrecht, Jahrg. 1 (1927), 423 bis 458. — Pistorius, Sollen die Grundsätze über Bewilligung der Einnahmen und Ausgaben für die Haushalte des Reichs und der Länder geändert werden? DJZ. 1928, Sp. 1121. — Reichard, Die Reichskassenordnung, 2. Aufl., 1928. — Derselbe, Wirtschaftsbestimmungen für die Reichsbehörden, 1929. — Reinhard, Grundfragen der deutschen öffentlichen Verschuldung, 1929. — Rotenbücher, Über die Verpflichtung der Reichsregierung, vom Reichstag bewilligte Ausgaben auszuführen, RuPrVerwBl. 1929, 4. — v. Schanz, Art. Budgetrecht im Hdw. d. Staatsw., 4. Aufl., III, 1926, 84. — Schulze-Wagner, Reichshaushaltsordnung, 2. Aufl., 1926. — Dieselben, Reichskassenordnung, 1930. — Schultzenstein, Die Reichsschuldenverwaltung und ihre Aufgaben, 1930. — Spangenberg, Ersparnismöglichkeiten auf dem Wege des Haushaltsrechts, Ztschr. „Reich und Länder", 2. Jahrg., 1928/29, 70. — Spielhagen-Jessen, Der Reichshaushalt 1927 (Berlin 1927). — Stengel-Winzerling, Art. Rechnungsprüfung und Rechnungshof, Hdw. d. Staatsw., 4. Aufl., VI (1925), 1173.

Fritz Stier-Somlo.

Reichspräsident und Ausnahmeverordnung.
(HdR. V, 9ff.)

In der verfassungsrechtlichen und politischen Entwicklung haben wesentliche Fragen, die den Reichspräsidenten betreffen, stärkstes Interesse und lebhafte wissenschaftliche Erörterung gefunden. Sie betreffen zwar vorzugsweise die AusnahmeVO., gehen aber auch auf die mit dem Ausnahmeverordnungsrecht eng zusammenhängende rechtliche Stellung des Reichspräsidenten zurück. Deshalb ist von diesen beiden gesondert zu handeln.

I. Die rechtliche Stellung des Reichspräsidenten ist zwar insofern keiner Meinungsverschiedenheit ausgesetzt gewesen, als es sich handelt einmal um seine Befugnis und Verpflichtung, das Deutsche Reich völkerrechtlich zu vertreten, sodann bei der Ausübung der Staatsgewalt gewisse Mitwirkungsrechte, vielfach solche, die früher dem Kaiser zustanden, zur Geltung zu bringen und endlich eine vermittelnde Rolle zwischen Volk und Reichstag, Volk und Regierung zu spielen.

1. Man will jedoch neuerdings darüber hinaus dem Reichspräsidenten in Wissenschaft und Politik eine aus der RVerf. sich nicht ergebende, die anderen Reichsorgane überragende Stellung einräumen, und zwar nicht etwa de lege ferenda, d. h. also für die Zukunft, sondern als eine angeblich zur Zeit schon positivrechtlich bestehende Einrichtung. Den Ausgangspunkt bildet vielfach die Erklärung, die der Reichspräsident von Hindenburg anläßlich seiner Eidesleistung im Reichstage am 12. V. 1925 abgegeben hat und die lautet: „Reichstag und Reichspräsident gehören zusammen, denn sie sind beide unmittelbar aus den Wahlen des Deutschen Volkes hervorgegangen. Aus dieser gemeinsamen Grundlage leiten sie ihre Machtvollkommenheiten her. Beide zusammen erst bilden die Verkörperung der Volkssouveränität, die die Grundlage unseres gesamten heutigen Verfassungslebens bilden. Das ist der tiefe Sinn der Verfassung, auf die ich mich soeben durch mein Manneswort feierlich verpflichtet habe. Während aber der Reichstag die Stätte ist, wo die Gegensätze der Weltanschauungen und der politischen Überzeugungen miteinander ringen, soll der Reichspräsident der überparteilichen Zusammenfassung aller arbeitswilligen und aufbaubereiten Kräfte unseres Volkes dienen. Auch an dieser Stelle spreche ich es daher noch einmal ausdrücklich aus, daß ich mich dieser Aufgabe der Sammlung und Einigung unseres Volkes mit besonderer Hingabe widmen will. Diese große Aufgabe wird mir dann wesentlich erleichtert werden, wenn auch in diesem hohen Hause der Streit der Parteien nicht zum Vorteile für eine Partei oder einen Berufsstand gehen wird, sondern vielmehr darum, wer am treuesten und erfolgreichsten unserem schwergeprüften Volke dient. Ich hoffe zuversichtlich, daß der edle Wettstreit um treueste Pflichterfüllung die sichere Grundlage bilden wird, auf der wir uns immer wieder nach dem Streit der Geister und Meinungen zu gemeinsamer vertrauensvoller Arbeit zusammenfinden werden." Aus diesen Sätzen ist aber — ganz abgesehen davon, daß die Wahl des Reichspräsidenten durch das Volk noch lange nicht bedeutet, daß er die Volkssouveränität verkörpert, und eine Selbstbeilegung von Rechten natürlich unmöglich wäre — nicht abzuleiten, jedenfalls rechtlich nicht nachweisbar, daß der Reichspräsident nicht nur ein dekorativ-repräsentatives Organ, sondern ein politischer Machtfaktor sein soll, der dem Reichstage ebenbürtig ist. Übrigens hat an eine rein dekorative Stellung niemand, an eine repräsentative sehr wohl die Nationalversammlung ausschließlich gedacht. Jedenfalls ist der Grundgedanke, daß die Volkssouveränität (abgesehen von Volksentscheid und Volksbegehren) nur durch den Reichstag, der das oberste der Organe des Reiches ist, zum Ausdrucke gelangt, durch jene Rede des Reichspräsidenten von Hindenburg weder widerlegt noch sollte sie wohl widerlegt werden. Daß der Reichspräsident berufen ist, die höchsten Lebensinteressen des Volkes und Staates zu wahren, ergibt sich aus dem Art. 42 VRerf. über die Eidesleistung nicht, braucht aber deshalb nicht in Abrede gestellt zu werden; wesentlich dagegen ist, daß nicht dem Reichspräsidenten allein und nicht ihm in gleichsam höheren Range als dem Reichstage diese Wahrung der Lebensinteressen des Volkes und Staates zugewiesen ist. Auch Reichskanzler und Reichsregierung haben die höchsten Lebensinteressen des Volkes und Staates nicht minder zu wahren. Dies und die weitere Auffassung (Carl Schmitt, Der Hüter der Verfassung, in ArchÖffR. 55, 169ff., 218; nach ihm Pohl im HdbDStR. 1, 483), der Reichspräsident soll in Wahrheit ein Führer, ein Staatsoberhaupt sein, ein in die Geschicke des Reiches tatkräftig eingreifender, sie mitbestimmender, schaffender, leitender Staatsmann, der über die ihm zugewiesenen Zuständigkeiten im Bereich der Verwaltung, Rechtsprechung und Gesetzgebung hinaus die Kontinuität und Permanenz der staatlichen Einheit und ihres einheitlichen Funktionierens darstellt, trifft zwar einen heute sehr verbreiteten politischen Gedanken, ist aber nicht mit der verfassungsrechtlichen Stellung des Reichspräsidenten

vereinbar, vielmehr ein etwas abgewandelter monarchischer Gedanke, dem auf das bestimmteste vom Standpunkt der republikanischen RVerf. widersprochen werden muß, soweit dem Reichspräsidenten eine Stellung zugewiesen wird, die „über die ihm zustehenden Zuständigkeiten im Bereich der Verwaltung, Rechtsprechung und Gesetzgebung hinaus" geht. Eine nicht verfassungsrechtliche, sondern politisch-dynamische Frage ist es, ob es einem jeweiligen Reichspräsidenten gelingt, sich als Symbol der staatlichen Einheit zu erweisen.

2. In diesen Zusammenhang gehört es auch, daß Schmitt in dem Reichspräsidenten den „Hüter der Verfassung" sieht. Gewiß kann man allein aus dem allgemeinen richterlichen Prüfungsrecht der Verfassungsmäßigkeit der Gesetze nicht entnehmen, daß der Richter als solcher und nur er „Hüter der Verfassung" sei. Das hat wohl auch bis heute niemand ausgesprochen, allenfalls, daß der Staatsgerichtshof eine solche Aufgabe haben kann, was hier nicht, wenigstens nicht in dem Sinne behauptet werden soll, als ob der Reichsstaatsgerichtshof der alleinige Hüter der Verfassung wäre. Es ist gewiß richtig, daß die allgemeine Einhaltung des Grundsatzes der Gesetzmäßigkeit und damit auch der Verfassungsmäßigkeit eine Behörde noch nicht zum Hüter der Verfassung macht, auch dann nicht, wenn gegenüber der Kollision widersprechender gesetzlicher Vorschriften die Notwendigkeit eintritt, zwischen den kollidierenden Bestimmungen zu wählen. Andererseits ist m. E. nicht bestreitbar, daß die Gerichte, soweit sie jenes Prüfungsrecht haben, die entscheidende Macht darüber besitzen, ob der in einem formell in Kraft getretenen Gesetze ausgesprochene Wille des Gesetzgebers wirksame Rechtskraft hat oder nicht. Insofern wird eben der Richter tätig und zuständig, die Verfassungsmäßigkeit zu bejahen oder zu verneinen; insofern hat er die schließliche „Dezision" über Geltung oder Nichtgeltung eines Gesetzes, jedenfalls in dem konkret zu entscheidenden Streite über die Verfassungsmäßigkeit. Er behütet insofern — wenn auch gewiß nur „akzessorisch" und in „Gelegenheitsgerichtsbarkeit" (deren Häufigkeit aber große Bedeutung gewinnen kann) — die Verfassung vor ihrer Verletzung, den Bürger vor Anwendung verfassungswidriger Rechtsnormen. In dieser Begrenzung macht es nichts aus, den Ausdruck „Hüter der Verfassung" auf die Gerichte anzuwenden, womit keineswegs ausgesprochen werden soll, daß die Gerichte die ausschließlichen oder auch nur die wichtigsten „Hüter der Verfassung" sind. Immerhin kann die sachliche Funktion dieser Hütereigenschaft bei der richterlichen Prüfung der Verfassungsmäßigkeit der Gesetze unmöglich grundsätzlich verneint werden. Eine sozusagen offizielle Ernennung zum „Hüter der Verfassung" hat natürlich weder der einzelne Richter noch ein bestimmtes Gericht, auch nicht der Reichsstaatsgerichtshof erhalten; aber diese Ernennung oder Zulegung der Eigenschaft ist auch dem Reichspräsidenten durch keine Rechtsnorm zuteil geworden.

Soweit man ihn als „Hüter der Verfassung" bei manchen Schriftstellern (aus ihrer eigenen subjektiven Machtvollkommenheit) proklamiert sieht, versucht man diese Eigenschaft aus seinen wirklichen oder angeblichen Zuständigkeiten, also aus materiell verfassungsmäßigen Bestimmungen abzuleiten. Es wird für die Eigenschaft des Reichspräsidenten als Hüters der Verfassung a. a. O. behauptet: „Nach dem vorliegenden Inhalt der Weimarer Verfassung besteht bereits ein Hüter der Verfassung, nämlich der Reichspräsident. Sowohl das relativ Statische und Permanente (Wahl auf 7 Jahre, erschwerte Abberufsmöglichkeit, Unabhängigkeit von den wechselnden Parlamenten) wie auch die Art seiner Befugnisse (die Zuständigkeiten nach Artt. 45f. RVerf., die Reichstagsauflösung nach Art. 25, Herbeiführung eines Volksentscheids nach Art. 73 RVerf., Gesetzesausfertigung und Verkündigung nach Art. 70, Schutz der Verfassung nach Art. 48) haben den Sinn, eine neutrale und vermittelnde Stelle zu schaffen, die als solche der berufene Wahrer und Hüter des verfassungsmäßigen Zustandes und des verfassungsmäßigen Funktionierens der obersten Reichsinstanzen ist. Ausdrücklich heißt es deshalb in dem Eid, den der Reichspräsident nach Art. 42 zu schwören hat, daß er die Verfassung wahren werde." Diese Auffassung kann ich nicht teilen. Jene Bestimmungen haben jenen ihnen unterstellten Sinn nicht. Man wollte dem Reichspräsidenten, der, ebenso wie der Reichstag, auf unmittelbarer Volkswahl beruht, eine vermittelnde Stellung geben zwischen Volk und Reichstag, Volk und Regierung. Aus diesem Grunde ist das Reichstagsauflösungsrecht des Art. 25 gegeben worden und nicht zu dem Zwecke einer „Hütung der Verfassung". Die parlamentarische Regierungsweise soll seines Amtes der Verknüpfung und Mäßigung, der Herstellung des Gleichgewichts der politischen Kräfte nicht entbehren. Daß Art. 25 zur Hütung der Verfassung eingeführt worden sei, ist objektiv unrichtig.

Daß das Staatshaupt in der Republik auf eine längere Zeit (Art. 43 I RVerf., auf 7 Jahre) gewählt wird, ist angesichts der

Regel, wonach durchschnittlich in den europäischen Republiken das Amt des Präsidenten zeitlich dasjenige der Minister übersteigt, nichts Besonderes und kann nicht für die These über die Hütung der Verfassung verwertet werden. Überdies steht der Tatsache des „relativ Statischen" die Tatsache der Abberufbarkeit, Absetzbarkeit (Art. 43 II) entgegen und die Erschwerung dieser Abberufbarkeit ist wahrlich nicht so erheblich, als daß man von „Permanenz" sprechen dürfte.

Auch daß der Reichspräsident, wenn auch nur mit Zustimmung des Reichstags, strafrechtlich verfolgt werden kann (Art. 42 III), spricht nicht gerade dafür, daß seine Stellung eine die des Reichstags überragende ist.

Die behauptete Unabhängigkeit von wechselnden Parlamentsmehrheiten ist mit mehreren Körnchen Salzes zu verstehen, da nach Art. 50 alle Anordnungen und Verfügungen des Reichspräsidenten, auch solche auf dem Gebiete der Wehrmacht, zu ihrer Gültigkeit der Gegenzeichnung durch den Reichskanzler oder den zuständigen Reichsminister bedürfen. Ob man dies nun als eine unmittelbare Abhängigkeit von Reichskanzler oder Reichsminister oder eine mittelbare Abhängigkeit von dem Reichstage auf dem Wege über Reichskanzler oder Minister ansieht, spielt keine entscheidende Rolle.

Die Zuständigkeiten nach Artt. 45ff. ergeben sich zwanglos, d. h. ohne Nötigung, sie als Funktionen eines „Hüters der Reichsverfassung" zu unterstellen, aus der festgestellten Aufgabe des Reichspräsidenten zur Vertretung des Reichs und aus der gewiß nicht sehr glücklichen Regelung der RVerf., die Exekutive an oberster Stelle zwischen dem Reichspräsidenten und der Reichsregierung aufzuteilen.

Gesetzesausfertigung und Verkündigung sind, weil streng gesetzesgebunden, und da letztere nur in dem Falle des Art. 72 dem Reichspräsidenten eine gewisse Freiheit läßt, ebenfalls keine Beweisgründe für die Eigenschaft als „Hüter der Verfassung".

Einen solchen Beweisgrund kann man m. E. auch nicht aus Art. 48 RVerf. entnehmen, zumal er eine Sicherung gegen erhebliche Störung oder Gefährdung der öffentlichen Sicherheit, nicht aber eine Hütung und Wahrung der Reichsverfassung als Voraussetzung setzt. Es wäre ein seltsamer Gedanke, den Reichspräsidenten gerade mit Hilfe des Art. 48 zum Hüter der Verfassung erheben zu wollen, da doch für den rechtlichen Machtbereich des Reichspräsidenten (wobei man jenen nicht willkürlich ausdehnen darf) bei Benutzung des Art. 48 gerade eine vorübergehende Außerkraftsetzung gewisser Artikel der RVerf. vorgesehen ist. Er „hüte" also die Verfassung, indem er sie z. T. aufhebt! Die Idee, es sei das Ausnahmeverordnungsrecht für den Fall gegeben, daß das Parlament versagt, ist als bestimmendes Motiv des Art. 48 aus seiner Entstehung nicht zu entnehmen, wird nur nachträglich, ohne Unterlagen, hineingedeutet. Zutreffend Glum (Parlamentskrise und Verfassungslücke, DJZ. vom 15. XI. 1930 Sp. 1416): „Es war m. E. unrichtig, zur Lösung aus dieser Schwierigkeit, sich des Art. 48 Abs. II RVerf. zu bedienen. Bei Einführung dieses Artikels in die RVerf. hatte man ganz andere Fälle im Auge. Auch bei einer noch so weit gehenden Interpretation dieser Bestimmung wird man nicht darüber hinwegkommen können, daß der Tatbestand, den Art. 48 voraussetzt, ‚erhebliche Störung oder Gefährdung der öffentlichen Sicherheit und Ordnung', ein ganz verschiedener von dem in Wirklichkeit vorliegenden, dem Nichtfunktionieren eines Organs der RVerf., ist". Will man aber jener Idee der Verfassungshütung durch Art. 48, ohne sie freilich anzuerkennen, Gehör schenken, so könnte man allenfalls sagen, daß unter Umständen durch Erlaß einer AusnahmeVO. der Staat geschützt werde, nicht aber die Verfassung, die ja in ihrer normalen Organfunktion während der Dauer des Ausnahmezustandes aussetzt.

Großes Gewicht wird auf die Eidesformel in Art. 42 RVerf. für die Annahme des „Hüters der Verfassung" gelegt. Aber auch hieraus läßt sich eine Bestätigung jener These nicht herauslesen oder als „Sinn" erfassen. Schließlich „wahrt" pflichtgemäß jeder Beamte die RVerf., indem er sie befolgt und sie je nach Maßgabe seines Aufgabenkreises unter rechtmäßiger Anwendung der Gesetze (im Sinne jeder Rechtsnorm) behütet. Das gilt für jeden Richter, der zur Nachprüfung der Verfassungsmäßigkeit eines Gesetzes befugt ist, es gilt aber auch für jeden Verwaltungsbeamten, der das Gesetz anwendet. Von besonderem Interesse ist aber, daß nach § 3 des G. über die Rechtsverhältnisse des Reichskanzlers und der Reichsminister (ReichsministerG. vom 27. III. 1930, RGBl. I, 96) die Reichsminister bei der Übernahme ihres Amtes folgenden Eid zu leisten haben: „Ich schwöre: Ich werde meine Kraft für das Wohl des Deutschen Volkes einsetzen, die Verfassung und die Gesetze des Reichs wahren, die mir obliegenden Pflichten gewissenhaft erfüllen und meine Geschäfte unparteiisch und gerecht gegen jedermann führen." Also auch dem Wortlaut nach hat jeder Minister die „Verfassung zu wahren"; deutlicher kann es nicht zum Ausdrucke kommen, daß nicht der Reichspräsident der einzige „Hüter der Verfassung" ist, wenn er es überhaupt ist; wäre er es, so doch nicht allein, sondern alle Reichsminister, alle Beamte und alle Gerichte sind es nicht minder, wenn auch natürlich ebenfalls nicht ausschließlich.

Mit alledem ist schon jene bedenkliche These, der Reichspräsident sei „Hüter der Verfassung", widerlegt. Ganz abwegig erscheint aber ferner die Behauptung, es entspreche auch dem demokratischen Prinzip, auf welchem die Weimarer Verfassung beruhe, daß der Reichspräsident und nur er der Hüter der Verfassung sei. Seine politischen Befugnisse gegenüber den gesetzgebenden Instanzen (insbesondere Auflösung des Reichstags und Herbeiführung eines Volksentscheids) seien der Sache nach nur ein „Appell an das Volk". Es wurde schon gezeigt, daß die Auflösung des Reichstags davon abhängt, ob ein gegenzeichnender Minister sich findet, hier abgesehen von der Beschränkung, daß nur einmal aus dem gleichen Anlaß aufgelöst werden darf. Die Herbeiführung eines Volksentscheids, insbesondere nach Art. 73, ist aber auch nicht ein zur „Wahrung der Verfassung" dienendes Mittel, sondern ein Versuch für den praktischen Fall, dem Reichspräsidenten, nach erfolgtem Beschluß eines ihm bedenklich erscheinenden Gesetzes durch den Reichstag, die Möglichkeit einer Feststellung der unmittelbaren Volksmeinung zu geben. Der letzte Grund dieser Vorschrift liegt in der schon festgestellten Tatsache, daß beide, Reichstag und Reichspräsident, rechtlich auf Grund der Volkswahl entstanden sind. Die Herbeiführung eines Volksentscheids ist also der Staatsakt, zwischen Reichstag und Reichsvolk ausgleichend und entscheidend zu wirken. So hoch auch diese Befugnis des Reichspräsidenten anzuschlagen ist, so kann sie doch nicht als Verfassungswahrung, sondern lediglich als eine Organfunktion auf Grund der Verfassung angesehen werden. Im übrigen kann ja auch ein die Verfassung in keiner Weise verletzendes, vom Reichstag beschlossenes Gesetz nach Art. 73 I RVerf. zum Volksentscheid gebracht werden, also wenn gar keine „Wahrung der Verfassung" denkbar ist, vielmehr nur irgendwelche politische, vielleicht ganz subjektive Gründe für den Reichspräsidenten bestimmend sind. Die Zuständigkeit des Reichspräsidenten nach Art. 73 I bedeutet also, eine Möglichkeit zu schaffen, zwischen dem Willen des Parlaments und dem des Volkes eine aufklärende Entscheidung herbeizuführen; keineswegs will der Reichspräsident selbst gegen das Parlament entscheiden. Der Reichspräsident ist hier nicht einer, der eine „Dezision" trifft, sondern ein „Vermittler", den die Verfassung zu diesem Zwecke eingesetzt hat.

Ebensowenig spricht Art. 73 II für jene hier bekämpfte These; denn dieser Absatz ist nur eine Folge des Art. 72, der einen Minderheitsschutz für den Reichstag bedeutet. Irgend jemand muß doch da sein, um Volksentscheid und Volksbegehren in die Wege zu leiten, und hierzu ist hier der Reichspräsident bestimmt. Der „Appell" an das Volk ist nicht vorgesehen, um über die Meinung des Reichspräsidenten einen Volksentscheid herbeizuführen, sondern um im Konfliktsfalle zwischen Reichstag und Volk diesem die Entscheidung zu ermöglichen. Übrigens ist ganz gewiß trotz des Ausdruckes „plebiszitärer Präsident" nicht irgendwie zu leugnen, daß bei der Schaffung der RVerf. niemand daran gedacht hat, dem Reichspräsidenten etwa nur Ehrenrechte zu geben. Wenn Anschütz (RVerf., 10. Aufl., S. 222) ausführt, daß die Verfassung sich den Reichspräsidenten als „einen schaffenden und trotz allem Parlamentarismus leitenden, auch keineswegs unverantwortlichen Staatsmann denkt, der weder verpflichtet noch berechtigt sei, sich von den Reichsgeschäften fernzuhalten", so bedeutet das ganz gewiß nicht, daß der Reichspräsident „Hüter der Verfassung" ist, auch nicht, daß er über dem Reichstage stünde.

II. Wohin die Lehre von dem Reichspräsidenten als Hüter der RVerf. führt (auch der „Bund zur Erneuerung des Reichs" hat sich in seiner Schrift „Die Rechte des deutschen Reichspräsidenten nach der RVerf. 1918", 2. Aufl. 1930, im wesentlichen auf diesen Boden gestellt), zeigt die Ansicht von Glum, a. a. O., Sp. 1417ff., der sich ausdrücklich auf die Lehre von Carl Schmitt bezieht, wonach der Reichspräsident für den Fall, daß der Reichstag „versagt", die Gesetzgebung an Stelle des Reichstages auszuüben hat. Er sieht eine Lücke in der Verfassung, die in dieser Weise ausgefüllt werden müsse. Wenn die Einigung der Parteien wegen der Gegensätze der Meinungen nicht zustande kommt, müsse, „bis durch eine Reform die Lücke geschlossen ist", „die Integration des parlamentarischen Staats" — die in der Einigung der Parteien bestehen soll —, auf anderem Wege gesucht und gefunden werden. Der Sinn des parlamentarischen Staates soll also, wenn die Parteien des Reichstags sich nicht auf ein Gesetz einigen, darin bestehen, daß das Parlament ausgeschaltet wird! Das sei kein Rechtsbruch. Weiter kann man die seltsame Lehre von der „Integration" wirklich nicht treiben.

Geht man näher auf das Problem ein, so ist zunächst die seit Mitte des Jahres 1930 (in Verbindung mit dem Erlaß der Ausnahmeverordnung v. 26. Juli) oft gehörte Behauptung von der „Versagung" des Reichstags auf ihre Richtigkeit zu beklopfen.

Es gehört zum Wesen jeder konstitutionellen Verfassung, daß die Volksvertretung die Freiheit hat, ihr vorgelegte Gesetzentwürfe anzunehmen oder abzulehnen. Besonders gilt dies für die RVerf., weil hier der Reichstag der alleinige Gesetzgeber ist, der auch die Sanktion erteilt. Auf keinen Fall kann das Wesen des Konstitutionalismus m. E. darin gefunden werden, daß die Volksvertretung verpflichtet wäre, Entwürfe der Regierung, auch wenn sie vom Reichspräsidenten empfohlen werden, zum Beschluß zu erheben. Wenn sie das nicht tut, dann „versagt" sie ihre Zustimmung, sie lehnt also den Entwurf ab, aber sie „versagt" nicht im Sinne des Konstitutionalismus; es ist ihr gutes Recht anzunehmen oder abzulehnen. Es bedeutet eine vollständige Umkehrung des vernünftigen, historischen und positiv-verfassungsrechtlichen Sinnes des Gesetzgebungsrechts des Reichstags, wenn man annimmt, daß er Gesetzentwürfe, die ihm die Reichsregierung vorschlägt, annehmen müsse, widrigenfalls der Tatbestand der „Versagung" gegeben wäre. Ein Versagen im verfassungsrechtlichen Sinne wäre nur dann vorhanden, wenn der Reichstag sich überhaupt weigerte, Gesetze zu beschließen. Das ist aber noch nicht vorgekommen und die Annahme einer solchen Möglichkeit ist auch schon deshalb abwegig, weil neben dem Initiativrecht der Reichsregierung auch dasjenige des Reichstags selbst, des Reichsrats und des Reichswirtschaftsrats steht. Glum baut seine Ausführungen nach der Analyse der politischen Situation auf, wie sie seit dem Erlaß der AusnahmeVO. vom 16. VII. 1930 auf Grund des Art. 48 RVerf. geschaffen wurde und wie sie kurz vorher war und weiter zum Vertagungsschluß bis zum 3. XII. 1930 führte. Da aber der Reichstag sich nicht grundsätzlich weigerte, ein Finanzprogramm zu beschließen, sondern nur, das Finanzprogramm der Regierung Brüning zum Gesetz zu erheben, kann man nicht sagen, „das parlamentarische System funktioniere nicht, da es auf der Vorstellung von einer stets möglichen Mehrheitsbildung für ein aktives Arbeitsprogramm im Reichstag aufgebaut ist". Denn ob eine Mehrheit bei anderem Inhalt als dem des Brüningschen Programms nicht zustande gekommen wäre, ist sehr zu bezweifeln und es ist schlechterdings unrichtig, im Interesse des konstitutionellen parlamentarischen Regierungssystems zu behaupten, es müsse stets das Parlament nachgeben, es könnte das nicht auch die Regierung tun. Es ist bei dieser verfassungsrechtlichen Erörterung vollständig gleichgültig, ob von einem politischen Standpunkt aus vielleicht die Regierung Brüning „recht" hätte und der Reichstag, der ihr nicht folgen wollte, „unrecht". Das sind subjektive Auffassungen, die staatsrechtlich irrelevant sein müssen, die vom Standpunkt der Reichstagsmehrheit aus gerade umgekehrt beurteilt worden sind: sie habe „recht" und die Regierung mit ihren Vorschlägen habe „unrecht". Liegt kein „Versagen" vor, wenn der Reichstag nicht die Ausübung der Legislative überhaupt, sondern nur in einem konkreten Fall oder in mehreren Fällen weigert — und dazu ist er, wie festgestellt, berechtigt, sonst würde er bloß das unselbständige Echo der Reichsregierung und vollkommen unselbständig sein —, so ist es auch unzutreffend, daß „die Einwirkung auf die Bildung der Exekutive" fehlt. Es ist — vom Boden der geltenden RVerf. aus — absolut keine Lücke vorhanden, was geschehen soll, wenn der Reichstag einen Entwurf nicht annimmt. Da hat die Regierung das Spiel verloren. Der Vertreter des souveränen Volkes, der Reichstag, hat die Dezision. Der Verfassungsgesetzgeber hat nicht, wie behauptet wird, einen „Konstitutionsfehler gemacht".

Mehrfach erklärt Glum, es sei der Fall eingetreten und könne wieder eintreten, daß überhaupt keine Mehrheit für ein Arbeitsprogramm gefunden und daher beim Rücktritt der Regierung auch keine parlamentarische Regierung gebildet werden kann. So scheint es bei den Vorgängen gewesen zu sein, die zu der AusnahmeVO. v. 1. XII. 1930 geführt haben. Es wird dabei übersehen, daß nur für das Arbeitsprogramm der jeweiligen Regierung keine Mehrheit gefunden worden ist, daß eine solche Mehrheit bei einem anderen Arbeitsprogramm, und erst recht im Falle von Entwürfen, die aus dem Reichstag selbst hätten gestellt werden können, durchaus denkbar wäre. Kommt kein Gesetz bestimmten Inhalts zustande, so mag das politisch außerordentlich erwünscht oder bei gegenteiliger Grundanschauung unerwünscht sein. Nicht von irgendeinem politischen Standpunkt aus, aber im Sinne des Konstitutionalismus muß der Reichstag ein Gesetz des von der Regierung vorgeschlagenen Inhalts nicht erlassen. Daß die Unmöglichkeit besteht, eine parlamentarische Regierung zu bilden, ist in dieser Form auch nicht richtig. Der Reichspräsident ist in seinem Ernennungsrechte zwar politisch, aber nicht rechtlich beschränkt; findet das von ihm ernannte Kabinett kein Vertrauen, so muß er so lange ernennen und wieder abberufen, bis eine Reichsregierung da ist, der die Mehrheit des Reichstags kein Mißtrauen mehr ausspricht. Das ist der Sinn der Rechte, die der die Volkssouveränität repräsentierende Reichstag besitzt. Daß der Reichstag die Feststellung des Haushaltsplans grundsätzlich versagt hätte, trifft auch nicht zu; er versagte beide Male (Fälle der VO. v. 26. VIII. u. 1. XII.) nur einem bestimmten Entwurf eines Haushaltsgesetzes usw. die Zustimmung. Ebenso steht es mit der Geldbeschaffung im Kreditwege. Man mag im Volk außerhalb des Reichstags dessen Beschlußverweigerung in bestimmten konkreten Fällen billigen oder mißbilligen; darin, daß der Reichstag sich nicht zu einer Mehrheit über bestimmte Gesetzentwürfe zusammenfindet, liegt verfassungsrechtlich kein Versagen, sondern die Ausübung seiner Befugnisse. Dächte man anders, so würde man seine eigene persönliche Meinung oder die der Öffentlichkeit (die übrigens ganz bestimmt nicht einheitlich in solchen Dingen war und ist) an die Stelle der Meinung und des Beschlußwillens des staatsrechtlich zuständigen Reichstags setzen. Zu einem solchen Ersatz ist niemand, auch nicht der Reichspräsident, befugt, mit alleiniger Ausnahme der Anwendung seines Reichstagsauflösungsrechts. Man kann sich sehr wohl vorstellen, daß man aus politischen Gründen das Vorgehen der Reichsregierung in der Form des Art. 48 durch Inanspruchnahme des Reichspräsidenten billigt, ja daß man annimmt, es sei im Juli und Dezember 1930 hierdurch eine große Gefahr vom Deutschen Staate abgewandt worden, wenn auch vielleicht unter Verkennung der Bedeutung und Tragweite des Art. 48 (Glum, a. a. O., Sp. 1416, sagt: „Ich glaube, daß die Durchführung des Finanzprogramms der Regierung Brüning durch die erste Verordnung des Reichspräsidenten auf Grund des Art. 48 vor der Auflösung des Reichstags im Juli nicht zu billigen war").

Jedenfalls aber zeigt es sich, daß eben der Ausweg des Art. 48 blieb. Man kann nicht einwenden, daß im Falle jener angeblichen „Lücke" dieses Mittel des Art. 48 als Kampfmittel „versagt" gegen einen versammelten Reichstag, in dem zwar keine Mehrheit für eine Regierung, wohl aber gegen die bestehende Regierung vorhanden ist, da nach Art. 48 Abs. III eine solche Verordnung auf Verlangen des Reichstags außer Kraft zu setzen ist. Da aber eine Lücke m. E. nicht vorliegt, kommt diese Schlußfolgerung nicht in Betracht. Der souveräne Reichstag will den Entwurf nicht zum Gesetz erheben; nochmals, das ist sein gutes Recht, gesehen von der Seite der Verfassung, gleichviel wie man politisch dazu steht.

Man darf nicht außer acht lassen, daß der Tatbestand seit Mitte 1930 wegen der vielfach angenommenen zwingenden Notwendigkeit des Erlasses von bestimmten Gesetzen eigenartig lag. Versucht man, einen tatsächlich politisch umgekehrt liegenden Tatbestand zu konstruieren, dann sieht man sofort, daß die Theorie von der Füllung der Lücke durch Übertragung der Gesetzgebungsmacht an den Reichspräsidenten eine verfassungsrechtliche Unmöglichkeit darstellt. Nehmen wir an, es hätte die Reichsregierung Entwürfe vorgelegt und Rechtsbestimmungen vorgeschlagen, bezüglich deren der Reichstag — sich auf eine ihm zustimmende überwältigende öffentliche Meinung stützend — mit allen gesetzlichen Mitteln die Annahme mit großer Mehrheit verweigert, so würde die Behauptung, der Reichstag „versage", weil er nicht der Reichsregierung folge, geradezu sinnlos erscheinen. Verfassungsrechtlich liegt aber genau derselbe Fall, wenn der Reichstag sich nicht zu einigen vermag.

Es soll hier nicht im einzelnen auf die Rechtmäßigkeit der Verordnung des Reichspräsidenten zur Behebung finanzieller, wirtschaftlicher und sozialer Notstände vom 26. VII. 1930 (auch nicht der vom 1. XII. 1930) eingegangen werden. Die geistvollen Ausführungen von Hensel, DJZ. vom 1. IX. 1930 Sp. 1053ff., haben mich nicht überzeugt. Der Nachweis, daß die Voraussetzung, „erhebliche Störung oder Gefährdung der öffentlichen Sicherheit und Ordnung", auch für den Fall gegeben ist, wenn der Reichstag bestimmte Entwürfe, die die Reichsregierung für dringlich erklärt, nicht annimmt, scheint mir nicht geführt zu sein. Es bedarf noch eingehender Untersuchungen, was in diesem Zusammenhange „Sicherheit und Ordnung" bedeuten und gegen wen sich die zur Wiederherstellung der Sicherheit und Ordnung ergriffenen Maßnahmen richten. Gewiß können die Maßnahmen sowohl Handlungen tatsächlicher Art als auch Rechtsschöpfungsakte sein, aber wo sind die Grenzen für diese Eingriffe? Eine Zuständigkeitsbereinigung ist nur insofern erkennbar, als auf dem Gebiete der Durchführung das Verhältnis von Reich und Länder geordnet ist; der Reichspräsident hat die Exekutive. Längst abgelehnt ist die Auffassung von Schmitt, daß nur ein in Art. 48 selbst vorgesehenes Mindestmaß von Reichsorganisation beachtet werden müsse, daß aber der Reichspräsident im übrigen mit seinen Maßnahmen ohne jede Grenze in das Verfassungsrecht eingreifen könne. Aber welche Tragweite man auch dem Art. 48 zu geben in der Lage ist, auf keinen Fall kann sie so weit reichen, die völlige Umkehrung der Zuständigkeitszuweisung von Reichstag und Reichspräsident zu bewirken, d. h. die Gesetzeszuständigkeit von dem Reichstag auf den Reichspräsidenten zu übertragen. Geht dies aber nicht einmal auf dem Wege des Art. 48 RVerf., so kann es nur auf dem Wege des Rechtsbruchs oder des Staatsstreichs möglich sein. Schließlich stellt Hensel (Sp. 1061) die Auslegung, die dem Art. 48 durch die AusnahmeVO. vom 26. VII. 1930 zuteil geworden ist, als eine möglicherweise „gefährliche" dar und hält die Folgerung nur erträglich, wenn man gleichzeitig die Amtsführung von Reichspräsident und Reichsregierung unter die Voraussetzung sachlicher Verfassungstreue stellt, eine Voraussetzung, der m. E. jede staatsrechtliche Grundlage fehlt. Nicht als ob man die Verfassungstreue irgendwie als Grundsatz bestreiten wollte, sondern in dem Sinn, daß es stets einer selbständigen Prüfung bedarf, ob sie mit der vorgenommenen Maßnahme gemäß Art. 48 vereinbar erscheint. Immerhin wäre mit jener Voraussetzung „der Bereich echter politischer Wertung betreten". Es ist kaum entscheidend, was Hensel meint. Es sei zu fragen: Wollten Reichspräsident und Reichsregierung durch die von ihnen eingeschlagene Politik einen Zustand herbeiführen, der sachlich als Staatsstreich durch Verfassungsmißbrauch zu kennzeichnen ist? Oder wollten sie durch Ausnutzung der von der RVerf. formell gegebenen Möglichkeiten das Staatsleben in den von der Verfassung vorgeschlagenen Bahnen halten? Dieser Schriftsteller meint, die Antwort könnte nur im Sinne der letzteren Möglichkeit ausfallen. Ich halte diese Schlußerwägung nicht für richtig. Es muß unterstellt werden, daß Reichsregierung und Reichspräsident wußten, man werde, wenn nicht in allen verfassungsrechtlich sachverständigen Lagern, so doch in einer überwiegenden Zahl von solchen die Anwendbarkeit des Art. 48 für die ganze AusnahmeVO. vom 26. VII. 1930 oder ihrer Teile bestreiten. Regierung und Reichspräsident konnten auch nicht zweifelhaft sein, daß ihr Vorgehen auf einem außerordentlich unsicheren Rechtsboden sich befindet. Aber selbst wenn sie das Bewußtsein der Rechtsüberzeugung schlechthin von der Zulässigkeit des Art. 48 hier hatten, schaltet dies doch die objektive Beurteilung vom Boden des Verfassungsrechts hier nicht aus.

III. Die Anwendung des Art. 48 RVerf. ist nicht nur eine hinsichtlich der Anlässe sehr verschiedene gewesen, sondern auch, je nach Lage der Dinge, einer vielfach voneinander abweichenden Beurteilung unterzogen worden. Reichspräsident Ebert hat in den Jahren 1919—1926 136 Verordnungen auf Grund des Art. 48 (einschließlich der Änderungen und Aufhebungen) erlassen. Darunter befindet sich auch eine Anzahl aus der Inflations- und Stabilisierungsperiode 1923 und 1924 und auch eine Anzahl von Verordnungen über wirtschaftliche und finanzielle Notstandsmaßnahmen; steuerrechtlicher Natur war die VO. vom 11. X. 1923 betr. Steueraufwertung und Vereinfachung im Steuerverfahren, die SteuerNotVO. vom 7. XII. 1923, die VO. vom 14. IX. 1924 betr. Herabsetzung der allgemeinen Umsatzsteuer und der Kapitalverkehrssteuer, die VO. vom 10. XI. 1924 betr. wirtschaftliche Steuermilderungen (Herabsetzung der Einkommens-, Körperschafts- und Umsatzsteuer), die VO. vom 29. XII. 1924 betr. Aufrechterhaltung von Vorschriften des Kapitalflucht- und WeinsteuerG. Allerdings ist die erste SteuerNotVO. vom 7. XII. 1923 sogleich durch eine auf Grund eines verfassungändernden ErmächtigungsG. erlassenen NotVO. abgelöst worden. Reichspräsident von Hindenburg hat während seiner Präsidentschaft bis zum Juli 1930 keine neuen Ausnahmeverordnungen erlassen. Bei all diesen Gelegenheiten ist in der Öffentlichkeit und der Wissenschaft der Art. 48 einer vielfachen Nachprüfung, sei es im allgemeinen, sei es mit Rücksicht auf die konkrete Verordnung unterworfen worden. Die erste Voraussetzung des Erlasses einer Ausnahmeverordnung (nicht einer Notverordnung, die es im Reichsrechte nicht gibt, sondern in der Pr. Verf.-Urk. Art. 55) ist die erhebliche Störung oder Gefährdung der öffentlichen Sicherheit und Ordnung. Diese Begriffe sind dem allgemeinen Polizeirecht entnommen und die Frage, ob sie für das Staatsrecht den gleichen Inhalt haben, ist nicht ausreichend untersucht worden. M. E. kann man nicht auf Grund des Art. 48 eine Verordnung erlassen, wenn, ganz allgemein gesprochen, „die Beseitigung eines ungewöhnlichen Notstandes es dringend erfordert". Das ist die Formulierung der Notverordnung der Pr. VerfUrk. Art. 55. Das ist erheblich mehr als die Gefährdung der öffentlichen Sicherheit und Ordnung. Damit hängt auch zusammen, daß wenn Art. 48 anwendbar ist, bei der Wiederherstellung der öffentlichen Sicherheit und Ordnung es ebenfalls auf diese Begriffe ankommt. Da Einverständnis darüber herrscht, Art. 48 setze nicht voraus, daß ein förmlicher Belagerungs- oder Ausnahmezustand gegeben ist, wie in Art. 68 der a. RVerf. von 1871 und in dem damals zur Anwendung gelangenden preuß. G. vom 4. VI. 1851, so scheint es klar, daß der Zweck der Ausnahmeverordnung nur für den Fall eines höheren Grades der gefährdeten Sicherheit und Ordnung von der verfassunggebenden Nationalversammlung gedacht war. Im gegenteiligen Falle würde man ja eine so allgemeine Formel, wie sie in der preuß. Verf. Art. 55 enthalten ist, auch für die Ausnahme-VO. des Reichs unterstellen, obwohl die Texte der beiden Artikel gänzlich verschieden sind. Mit anderen Worten: Es würde, weil eine rechtliche Nachprüfung der Annahme des Reichspräsidenten, daß ein Notstand gegeben ist, nur auf dem Wege des Reichstagsbeschlusses, die Verordnung, und zwar nachträglich, aufzuheben, gegeben wäre, dem Reichspräsidenten eine viel zu große Machtbefugnis verliehen werde, die in dem Art. 48 ihre Grundlage nicht findet. Da nur die Voraussetzungen der Ausnahmeverordnung gegeben sind, ist nur zulässig, Maßnahmen, und zwar nur die nötigen, bei erheblicher Störung oder Gefährdung der öffentlichen Sicherheit und Ordnung zu treffen, allerdings erforderlichenfalls mit Hilfe der bewaffneten Macht einzuschreiten. Daß zu diesen Maßnahmen sowohl Handlungen tatsächlicher Art als auch Eingriffe in die Rechtsordnung durch den Erlaß von Einzelverfügungen oder allgemeinen Rechtsverordnungen zulässig sind, kann wohl nicht bestritten werden. Wohl aber ist es strittig, ob die RVerf. solchen Eingriffen eine unbedingte Schranke setzt, ob also durch die Ausnahmeverordnung nur Regelungen getroffen werden können, die (abgesehen von den vorübergehend außer Kraft setzbaren 7 Grundrechtsartikeln) nicht im Widerspruch mit der RVerf. stehen dürfen. Sonst könnte durch eine Ausnahmeverordnung das Verhältnis zwischen Reich und Länder auf eine ganz andere Grundlage gestellt werden, als sie es im ersten Abschnitt der RVerf. ist; es könnte auch schließlich aus der Republik, entweder unmittelbar oder auf dem Wege einer zeitlich dazwischengeschobenen organisatorischen Einrichtung, die Monarchie eingeführt werden. Zwar wird die Auffassung vertreten, daß ein in Art. 48 selbst vorgesehenes Minimum von Reichsorganisation unter allen Umständen geachtet werden müsse, daß aber der Reichspräsident im übrigen mit seinen Maßnahmen ungehemmt in das Verfassungsrecht eingreifen könnte. Das ist unbedingt abzulehnen, weil es ohne rechtliche Grundlage bleibt und was „Minimum" ist, nicht rechtlich feststeht. Richtig ist vielmehr, daß eine verfassungsmäßig vorgesehene und rechtlich geregelte Diktatur vor der Verfassung und vor allen Verfassungsgesetzen Halt machen muß.

Scharf betont werden muß der schon gestreifte Grundsatz, daß das landesrechtlich vorgesehene Notverordnungsrecht der Landesregierungen einen ganz anderen Charakter hat als die Ausnahmeverordnung. Die Notverordnungen der Länder bedeuten einen Ersatz für die normale Gesetzgebung im Falle der Dringlichkeit, wenn der Landtag nicht versammelt ist. Aus diesem Grunde bedarf die Notverordnung der nachträglichen Genehmigung durch den Landtag, übrigens in Preußen der Zustimmung des ständigen Landtagsausschusses, in dem die Mehrheitsparteien vertreten sind. Wird die Genehmigung erteilt, so wird die Notverordnung auch formal zum Gesetz, wird sie verweigert, so muß die Regierung sie wieder zurückziehen. Dagegen ist die Anwendung des Art. 48 auch zulässig, wenn der Reichstag versammelt und arbeitsfähig ist. Es wird demnach eine kritische Lage vorausgesetzt, bei der die Ordnung und Sicherheit erheblich gefährdet ist und es zweckmäßig erscheint, das normale Gesetzgebungsorgan, den Reichstag, zurücktreten zu lassen. Schon hieraus ergibt sich, daß die unbeschränkte Anwendung des Art. 48 insbesondere bei Fällen der Kollision zwischen Reichstag und Reichsregierung nicht als eine „erhebliche Störung der öffentlichen Sicherheit und Ordnung" angesehen werden kann und deshalb grundsätzlich unzulässig ist (s. oben zu II.). Die Maßnahmen müssen dem Reichstag mitgeteilt und müssen wieder aufgehoben werden, sobald dort eine Mehrheit dieses Verlangen stellt; die Anordnungen der Ausnahmeverordnung sind demnach nur vorübergehende. Ob politische Momente, jenseits jeder rechtlichen Normierung, es notwendig erscheinen lassen, den auf diese Weise aufgehobenen Ausnahmeverordnungen dennoch — wie es im Sommer 1930 geschehen ist — nach Auflösung des Reichstags ein Wiederaufleben durch eine zweite inhaltlich ganz oder im wesentlichen gleichlautende Ausnahmeverordnung zu geben, kann hier nicht dahingestellt bleiben; vom Standpunkte des Staatsrechts ist ein solches Verfahren unbedingt unzulässig.

Sehr bestritten ist ferner, ob Ausnahmeverordnungen in formelle Gesetze eingreifen können und, wenn dies zu bejahen ist, ob dies für alle Gesetze im formellen Sinne gilt. Mindestens wird man anzunehmen haben, daß dort, wo die Verfassung insbesondere in den Grundrechten für Abweichungen oder Einschränkungen ausdrücklich ein Reichsgesetz vorbehält, nur der Reichstag zuständig und der Erlaß von Rechtsverordnungen nach Art. 48 unzulässig ist. Dasselbe wird man annehmen müssen für Kriegserklärung, Aufstellung des Haushaltsplans usw. Daß nicht immer nach dieser Regel verfahren wurde, ist kein Beweis für die Richtigkeit des Gegenteils, da ein Gewohnheitsrecht sich gegen das positive Recht nicht bilden kann. Es ist auch kein Beweis, daß die Regierung Brüning sich dazu entschlossen hat, in der AusnahmeVO. vom 26. VII. 1930 auch den Reichshaushaltsplan für das Geschäftsjahr 1930/31 vorläufig festzustellen. Ähnlich auch VO. des Reichspräsidenten vom 1. XII. 1930, Zweiter Teil „Sicherungen des Haushalts". Gegen die Zulässigkeit einer solchen Maßnahme spricht auch, daß die Rechtsverordnung des Reichspräsidenten nur vorübergehender Natur ist, der Reichshaushalt aber grundsätzlich für das ganze Geschäftsjahr durch Gesetz festgestellt werden muß.

Nicht zuletzt wird man auch die Frage, die in Art. 48 IV beantwortet ist, scharf herausarbeiten müssen. Wenn den Landesregierungen „bei Gefahr im Verzuge" einstweilige Maßnahmen wie dem Reichspräsidenten erlaubt sind, so müssen sie doch auf Verlangen des Reichspräsidenten wie auch des Reichstags außer Kraft gesetzt werden.

Die Frage, ob der Reichstag berechtigt ist, AusnahmeVOen des Reichspräsidenten durch Gesetz materiell zu ändern, ist zu bejahen und durch eine Aussprache im Haushaltsausschuß des Reichstages am 20. XI. 1930 bestätigt worden. Der Reichstag kann nicht nur verlangen, daß nach Art. 48 I und II erlassene Maßnahmen außer Kraft gesetzt werden, er kann auch durch Beschluß eines entsprechenden Gesetzes seinem Verlangen Ausdruck geben. Offen blieb die Frage, ob es nach Lage der Gesetzgebung und früherer Vorgänge möglich ist, ohne Aufhebung der ganzen VO. einzelne ihrer Bestimmungen im Wege der Gesetzgebung durch andere Vorschriften zu ersetzen. Die Praxis bejaht dies ebenso wie die Rechtslehre. Es ist u. a. am 8. XI. 1923 auf Grund des Art. 48 II eine VO. des Reichspräsidenten über die Ausprägung von Münzen ergangen. Diese VO. ist geändert worden durch § 16 des MünzG. vom 30. VIII. 1924. Ferner hat am 8. XII. 1923 der Reichspräsident auf Grund des Art. 48 II eine VO. zur Änderung des OkkupationsleistungsG. erlassen. Durch das BesetzungsleistungsG. vom 5. IV. 1927 ist diese VO. z. T. gesetzlich bestätigt, z. T. aufgehoben worden. Staatssekretär Joel (Reichsjustizministerium) erklärte am 20. XI. 1930: Das Initiativrecht des Reichstages ist gegenüber der VO. des Reichspräsidenten in keiner Weise eingeschränkt. Die Bestimmungen der VO. können also durch Gesetz materiell geändert werden. Der Reichstag kann auch verlangen, daß die VO. im ganzen außer Kraft gesetzt werde. Dagegen — meinte er unrichtigerweise — würden gegen das Verlangen einer teilweisen Außerkraftsetzung schwere staatsrechtliche Bedenken bestehen. Der Haushaltsausschuß könne also z. B. dem Plenum vorschlagen, das Verlangen zu stellen, die VO. außer Kraft zu setzen. Er könne auch dem Plenum vorschlagen, eine Entschließung anzunehmen, daß die Reichsregierung ihrerseits einen Gesetzentwurf zur Änderung von Bestimmungen der VO. vorlegen soll. Er kann schließlich dem Plenum vorschlagen, die Initiative für ein solches Gesetz zu ergreifen.

Schrifttum:

Außer den in HdR. V, 13 angegebenen und in diesem Artikel erwähnten Schriften ist noch zu vergleichen die gemeinverständliche Darstellung des Bundes zur Erneuerung des Reichs „Die Rechte des deutschen Reichspräsidenten nach der Reichsverfassung", 2. Aufl. 1930, insbesondere S. 73ff. — Poetzsch-Heffter, Zur Ausübung des Art. 48 der RVerf., DJZ. vom 1. VIII. 1930, S. 985. — Hensel, Verfassungswidrigkeit der Notverordnung?, daselbst S. 1053. — Glum, a. a. O. 1416; auch Holtz, Bedürfen unsere Anschauungen vom Wesen des Staates einer Erweiterung?, DJZ. 1930, S. 317ff.

Fritz Stier-Somlo.

Reichsrat, weitere Entwicklung.

(Gleichzeitig eine Erörterung über das Problem der berufsständischen Vertretung.)
(Vgl. HdR. V, 14ff.).

I. Das Problem des Reichsrats ist in den letzten Jahren insbesondere nach drei Richtungen hin verfolgt worden.

1. Es hängt aufs engste zusammen mit der Reichsreform überhaupt. Die Kampfrufe der jüngsten Vergangenheit und der Gegenwart sind besonders stark: einerseits nach äußerster Vereinheitlichung des Reichs, unter grundsätzlicher Ausschaltung der politischen Macht, ja Bestand der Länder, andererseits Beibehaltung der Länder als Staaten mit allen hieraus sich ergebenden Folgerungen und Wirkungen. Würde ein radikaler Unitarismus Erfolg haben, so gäbe es für den Reichsrat in dem Verfassungsleben keinen Platz mehr, weil es eines obersten Reichsorgans zur Vertretung der deutschen Länder bei der Gesetzgebung und Verwaltung des Reiches nicht mehr bedürfte.

2. Das Problem des Reichsrats berührt ohne weiteres auch dasjenige aller anderen Reichsorgane, also die Stellung des Reichstags, des Reichspräsidenten und der Reichsregierung, weil die Mitwirkung des Reichsrats

unmittelbar und mittelbar neben diesen verfassungsrechtlich vorgeschrieben ist und die Verknüpfung ihrer gegenseitigen Aufgaben erst die Verwirklichung der Reichsfunktionen ermöglicht.

3. Die Frage des Reichsrats hängt ferner eng zusammen mit den Bestrebungen, die auf eine berufsständische Vertretung im Deutschen Reiche gerichtet sind.

II. In jüngster Zeit haben sich eine Reihe von Vorschlägen hinsichtlich des Reichsrats in die Öffentlichkeit begeben, über die Folgendes festgestellt sei.

1. Der Reichslandbund machte unter dem 21. II. 1925 in einer Entschließung bezüglich des Zweikammersystems folgende Vorschläge:

„Der ständige Krisenzustand unserer innerpolitischen Verhältnisse verlangt Maßnahmen zur Gesundung unseres Verfassungslebens. Unter Ablehnung putschistischer Eingriffe fordert der Reichslandbund die Reform der deutschen Verfassung, insbesondere durch einen Ausbau der gesetzgebenden Faktoren. — Gegenüber der mechanischen Herrschaft der Zahl muß in unserem gesamten öffentlichen Leben die verantwortliche Führerpersönlichkeit eingeschaltet werden. Das bestehende Einkammersystem überläßt die Bildung des Staatswillens ausschließlich der organisierten Uneinigkeit, nämlich den Parteien, die heute gewohnt sind, anstatt in Staatsgedanken nur in Interessen zu denken. — Kabinettsbildung, Gesetzgebung und Verwaltung liegen zur Zeit in den gleichen Händen und sind damit jeder Kontrolle und Kritik durch eine andere, dem Volks- und Staatsganzen verantwortliche Stelle entzogen. — Die Staatsvernunft verlangt die Beseitigung der Alleinherrschaft von parlamentarischen und Finanzcliquen, die unter der Maske des Massenwillens unser Staatswesen in schmarotzerhafter Weise aussaugen. Die Schaffung einer gleichberechtigten weiteren Kammer, die alle geistigen, kulturellen und wirtschaftlichen Gruppen des deutschen Volkes gebührend vertritt, ist dringend geboten. — Staaten werden nur durch die Kräfte erhalten, durch die sie groß geworden sind. Die Größe des Reiches war in der deutschen Geschichte gegründet und gesichert, wenn seine Leitung über den Parteien und außerhalb materieller Interessen und wirtschaftlicher Kämpfe stehend, in ausgleichender Gerechtigkeit, gestützt auf die ideellen Führerkräfte der Nation, das Ziel zu verfolgen vermochte, Ruhe und Frieden zu halten und die Wohlfahrt des Landes zu sichern."

2. Die bayerische Regierung bezeichnet in ihrer ersten Denkschrift (1924) zur Revision der Weimarer Reichsverfassung als „das Kernproblem der ganzen Verfassungsänderung" eine „Hebung der verfassungsrechtlichen Stellung des Reichsrates zu der Stellung des früheren Bundesrates". Die Denkschrift verlangt, daß der Reichsrat wieder gleichberechtigter Gesetzgebungsfaktor neben dem Reichstag wird und schlägt eine Änderung des Art. 68 Abs. 2 dahingehend vor: „Ein Reichsgesetz kommt durch übereinstimmenden Mehrheitsbeschluß des Reichsrats und des Reichstages zustande." Ferner wird Streichung der Art. 69 Abs. 1 Satz 2, Art. 74 Abs. 2, Art. 76 Abs. 2 und Art. 85 Abs. 3 und 4 gefordert. Das Recht, Ausführungsbestimmungen zu den Reichsgesetzen sowie allgemeine Verwaltungsanordnungen zu erlassen, soll nach der Denkschrift wieder in die Hände des Reichsrats gelegt werden. Diese Forderungen sind in der Bayerischen Denkschrift von 1926 und auch in der neuesten Denkschrift über „die Abgrenzung der Zuständigkeiten zwischen Reich und Ländern in Gesetzgebung und Verwaltung" aufrecht erhalten worden. In der letzteren wird gefordert, daß „der Reichsrat ausgebaut wird zu einem Organ, das größere Mitwirkungsrechte bei der Gesetzgebung besitzt". Außerdem wird verlangt, daß der Reichsrat hinsichtlich des Verordnungsrechtes eine Mitwirkung und hinsichtlich der Führung der Reichsgeschäfte bestimmte Befugnisse erhält, die seine dauernde Einschaltung überall gewährleisten. Darüber hinaus verlangt die Denkschrift eine Sicherung gegen Verfassungsänderungen, die eine Aufhebung oder Minderung der den Ländern zustehenden Rechte auf Freiheit und Selbstbestimmung in sich schließen würden. Sie schlägt vor, den Artikel 68 der RVerf. wie folgt zu fassen: a) Die Gesetzesvorlagen werden von der Reichsregierung oder aus der Mitte des Reichstages oder des Reichsrates eingebracht. b) Ein Reichsgesetz kommt durch übereinstimmenden Beschluß des Reichstages und des Reichsrats zustande.

3. Vorschlag des Staatsministers Prof. Dr. Apelt in seiner Schrift: „Vom Bundesstaat zum Regionalstaat" (Verlag Reimar Hobbing), Berlin 1927. Er steht auf dem Standpunkt, daß der Reichsrat über kurz oder lang völlig umgestaltet werden muß, einmal weil die Zurücksetzung Preußens im Reichsrat auf die Dauer auch vom Standpunkt der gesamtdeutschen Interessen nicht länger ertragen werden kann, sodann weil die Organisation des Reichsrats völlig unhaltbar wird, sobald die norddeutschen Kleinstaaten vielleicht aus finanziellen Gründen sich Preußen anzuschließen gezwungen sind, da sich dann die Stellung Preußens im Reichsrat

noch weiter verschlechtern würde. Für die wichtigsten Funktionen des neuen Reichsrats im Interesse des Reichsganzen und seiner Glieder hält Apelt: a) daß der Reichsrat in der Gesetzgebung und Verwaltung des Reichs ein Gegengewicht zum Reichstag bildet; b) daß in ihm die regionalen Bedürfnisse als solche gegenüber den mit ihnen sich keineswegs immer deckenden zentralen Interessen zur notwendigen Geltung gebracht werden. — Nach Ansicht Apelts muß noch ein zweites Organ neben dem Reichstag geschaffen werden, das an der Gesetzgebung teilnimmt und das auf Grund seiner andersgearteten Zusammensetzung geeignet und bereit wäre, seine Entschließungen „nach rein sachlichen, die berechtigten Interessen aller Volksschichten abwägenden Gesichtspunkten zu treffen". Ebenso müßten bei der Führung der Reichsgeschäfte die regionalen Wünsche besonders vertreten sein. Da Reichstag und Reichsregierung zentralistisch eingestellt seien, könnte selbst in einem Einheitsstaat nicht auf ein Organ verzichtet werden, das gegenüber zentralisierenden Tendenzen eine gesunde Gegenwirkung sichert. Apelt glaubt, daß ein Staatenhaus diese Aufgabe viel besser erfüllen und das regionale Prinzip viel besser zur Geltung bringen könne, als der Reichsrat in der jetzigen Form. Den Aufbau denkt sich Apelt — ohne einen genau formulierten Plan vorzulegen — in der Weise, daß in den größeren, eigenen landsmannschaftlichen oder wirtschaftlichen Charakter aufweisenden Teilgebieten sowohl die öffentlichen Körperschaften wie die privatrechtlichen Vereinigungen, die wichtige Interessen weiter Bevölkerungskreise wahrnehmen, in ihm vertreten werden. Die Vertreter der Länder im Staatenausschuß sollen von ihren Regierungen unabhängig, d. h. weder von ihnen ernannt noch instruiert sein. Sie sollen vielmehr auf Vorschlag oder nach Gehör der zu beteiligenden Körperschaften und Gruppen vom Landesparlament gewählt werden und alle Rechte der Volksvertreter besitzen. — Unter diesen Voraussetzungen sollen auch die preußischen Provinzen an der Auswahl der preußischen Staatenhausmitglieder weiter beteiligt werden. — Dem Staatenhaus soll als politisches Organ und Volksparlament wie dem Reichstage eine vollwertige Stellung neben dem Reichstag eingeräumt werden, wobei dem Reichstag im Falle dauernder divergenter Meinungen ein gewisses Übergewicht vorbehalten bleiben soll. — Neben dem Staatenhaus sei für den Reichswirtschaftsrat kaum Raum und kein Bedürfnis mehr. Im Staatenhaus würden ferner alle Beteiligten, die mit ihrem Haushaltsplanbedarf auf die Erträgnisse der Steuern angewiesen seien, Länder wie Gemeinden und Gemeindeverbände, unmittelbar an der finanziellen Auseinandersetzung mitwirken und ihre Auffassung mit viel größerem Nachdruck vertreten können, als dies für die Länderregierungen jetzt im Reichsrat möglich sei. Im übrigen tritt Apelt für die Beseitigung des parlamentarischen Systems in den Ländern ein.

4. Vorschlag des Ministerialrats Dr. Otto Frielinghaus in „Der dezentralisierte Einheitsstaat" (Verlag Reimar Hobbing), Berlin 1928. Er schlägt wie Apelt vor, den Reichsrat und Reichswirtschaftsrat zu einem Staatenhaus im Sinne von Preuß zu vereinigen. Neben dem Reichstag soll eine zweite gesetzgebende Kammer, deren Mitglieder nicht an Instruktionen der Länderregierungen gebunden sind, bestehen. Die Mitglieder des Staatenhauses sollen durch die Landtage gewählt werden, die wiederum nicht aus allgemeinen, sondern aus indirekten Wahlen hervorgehen sollen. Die Wahl soll in der Weise stattfinden, daß ein Drittel der Gewählten auf die Vertretung des Wirtschaftsausschusses des Landtages entfällt. Ein Drittel der Mitglieder des Landtages soll von den Arbeitnehmern und Arbeitgebern zu gleichen Teilen gewählt werden. Die von den Arbeitgebern zu wählenden Mitglieder würden von den amtlichen Berufsvertretungen, also den Landwirtschafts-, Industrie- und Handels- und Handwerkskammern, die Vertreter der Arbeitnehmer, solange noch keine Kammern der Arbeiter bestehen, von den Gewerkschaften gewählt werden. Die Vertreter der Arbeitgeber und Arbeitnehmer treten innerhalb des Landtages zu einem besonderen Wirtschaftsausschuß zusammen. Die Vertreter des Wirtschaftsausschusses können ihrerseits wieder im Staatenhaus zu einer besonderen Abteilung zusammengefaßt werden, die an die Stelle des Reichswirtschaftsrats tritt. Frielinghaus erwartet von dieser zweiten Kammer, daß das parlamentarische System nicht unerheblich eingeschränkt und die Stellung der Reichsregierung gestärkt wird, zumal wenn die Landtage der Länder nicht aus allgemeinen Wahlen sondern aus indirekten Wahlen hervorgehen. In Heft 2, 3. Jahrg. der Zeitschrift „Reich und Länder" schlägt Frielinghaus eine Variante vor. Auch in diesem Aufsatz „Das Zweikammersystem" empfiehlt er in Deutschland das Zweikammersystem einzuführen, wodurch man der Demokratie keinen Abbruch täte, sondern sie im Gegenteil stütze und wordurch auch dem Bundesstaatsgedanken mehr Rechnung getragen würde, als durch eine Regierungsvertretung wie im Reichsrat. Als Gegengewicht gegen den „Parteiismus" sollen

die Kammern aus indirekten Wahlen der Landtage hervorgehen, um dem bundesstaatlichen und regionalen Prinzip Rechnung zu tragen. Zur Durchsetzung des modernen berufsständischen Gedankens in der zweiten Kammer sollen die hauptsächlichsten Berufsstände Vertreter in diese zweite Kammer entsenden. Frielinghaus empfiehlt bei der Wahl der Landtagsvertreter an das Beispiel des preußischen Staatsrats und bei der Entsendung der berufsständischen Vertreter an das Beispiel des Reichswirtschaftsrats anzuknüpfen, falls man es nicht vorziehe, auch die Landtage in Ausführung des Art. 165 RVerf. zur Hälfte berufsständisch zusammenzusetzen. Dieselben Gruppen, die nach dem Entwurf zum endgültigen Reichswirtschaftsrat die Abteilungen 1 und 2 des Reichswirtschaftsrates bilden, sollen in der zweiten Kammer in der Gesamtzahl von 96 vertreten sein. Zweckmäßig sei auch, die 30 Vertreter der Gruppe 7—11 der Abteilung 3 des Reichswirtschaftsrates in die zweite Kammer mit aufzunehmen, zumal sich hierunter auch 11 Vertreter der Städte, Landgemeinden und Landkreise befänden. Wenn man die durch Abteilung 1 und 2 des Reichswirtschaftsrats vertretenen berufsständischen Interessen den regionalen und kommunalen Interessen gleichstelle, blieben für die Landtage der Länder noch 66 zu wählende Vertreter übrig, so daß auf durchschnittlich eine Million Einwohner in den Ländern ein Vertreter entfiele, der von den Landtagen zu wählen wäre. Im übrigen stellt Frielinghaus zur Erwägung, entsprechend den Gruppen 13 und 14 des Reichswirtschaftsrates auch dem Reich und den Ländern noch ein besonderes Recht zur Ernennung von Vertretern zuzubilligen, wobei er insbesondere an die Vertreter der Länder in Berlin denkt. Außerdem regt er an, den kirchlichen Gesellschaften und den Universitäten ein Repräsentationsrecht einzuräumen, so daß die Mitgliederzahl des Reichsrats auf 250, also die Hälfte der des Reichstages steigen würde. Die Rechte der beiden Kammern bei der Gesetzgebung sollen grundsätzlich gleich sein, nur die Finanz- und Etatsgesetze sollen zuerst dem Reichstage vorgelegt werden. Im übrigen neigt Frielinghaus dazu, dem Reichstag ein Übergewicht gegenüber der zweiten Kammer zu belassen, insbesondere auch hinsichtlich der Erteilung des Mißtrauensvotums. Er stellt jedoch auch zur Erwägung, den Art. 54 dahin umzugestalten, daß der Reichskanzler und die Reichsminister zu ihrer Amtsführung des Vertrauens des Reichstages und der zweiten Kammer (Reichsrat) bedürfen, daß also das Mißtrauensvotum erst dann Geltung hat, wenn es vom Reichstag und von der zweiten Kammer (Reichsrat) in getrennter Beratung ausgesprochen ist.

5. Vorschlag der Länderkonferenz. Der zweite Unterausschuß der Länderkonferenz hat in dem von ihm erstatteten Organisationsreferat III zu dem Problem der Umgestaltung des Reichsrats nicht Stellung genommen. Aus der Mitte des Ausschusses hervorgegangene Anregungen bezüglich der Ausgestaltung des Reichsrates (Ausbau zur zweiten Kammer) wurden nicht aufgegriffen. Das allgemeine Verfassungsproblem sollte mit dieser Frage nicht belastet werden (Medicus: Reichsreform und Länderkonferenz, Berlin 1930, S. 46). Trotzdem soll nach dem Referat der Reichsrat hinsichtlich seiner Zusammensetzung insofern eine Änderung erfahren, als die Länder neuer Art (die bisherigen Provinzen) im Reichsrat mit voller Stimmenzahl vertreten sein sollen. Die bisherige Beschränkung der Stimmenzahl Preußens auf zwei Fünftel aller Stimmen (Art. 61) fällt damit fort. — Ministerialrat Brecht hatte zur Erhaltung eines zentralen Einflusses im Reichsrat den Sondervorschlag gemacht, daß ein Drittel der auf die Gesamtheit der neuen Länder entfallenden Stimmenzahl der Reichsregierung zustehen, daß also die verwaltende Zentralregierung selber, wie bisher die preußische Zentrale, ein Drittel der Stimmen einwerfen kann. Dieser preußische Antrag wurde von den vereinigten Unterausschüssen der Länderkonferenz abgelehnt. In gleicher Weise wurde ein bayerischer Antrag abgelehnt, die Stimmen der „Länder neuer Art" auf zwei Fünftel der Stimmenzahl des Reichsrates zu beschränken. — Zur verfassungsmäßigen Sicherung der ihnen verbliebenen Verwaltungszuständigkeiten der Länder alter Art (I C, S. 12 des Zuständigkeitsreferates) ist von den Unterausschüssen die Regelung beschlossen worden, daß „verfassungsändernde Gesetze, die den Ländern verbliebene Verwaltungszuständigkeiten betreffen, im Reichsrat als abgelehnt gelten, wenn ihnen eine Stimmenzahl entgegensteht, die der Gesamtstimmenzahl dieser Länder entspricht". Dieses „Nein", das durch eine geringe Minderheit im Reichsrat herbeigeführt werden kann, kann wieder durch die Zweidrittelmehrheit des Art. 74 beseitigt werden. Vgl. unten III zu 4.

6. Der Vorschlag des preuß. Handelsministers Dr. Schreiber in der Frankfurter Zeitung vom 30. XII. 1928 hält die Umgestaltung des Reichsrats in eine zweite Kammer für unbedingt erforderlich und sieht in der Beibehaltung des Reichsrats in der jetzigen Form eine erhebliche Gefahr aus folgenden Gründen: a) An der Betätigung im Reichsrat trete der Rest der Souveränität,

der den deutschen Ländern geblieben sei, am deutlichsten in Erscheinung. Im Gegensatz zu dem ehemaligen Bundesrat, der dem Reichstag als Gesetzgebungsfaktor gegenübergetreten sei (Kontrollorgan war er nie, da im Bundesrat Preußen führte), sei der gegenwärtige Reichsrat ein ausgesprochenes Kontrollorgan gegenüber der Reichsregierung, in welchem die Regierungen der Länder Gelegenheit haben, die Führung der Reichsgeschäfte zu beeinflussen und zu erschweren. b) Wenn an die Stelle der bisherigen, in ihrer Bedeutung so verschiedenartigen Länder, anders organisierte Länder in der Form von Reichsprovinzen oder von Provinzen eines Reichslandes Norddeutschland treten würden, wäre nichts gebessert; im Gegenteil würden die Provinzen infolge der Mitwirkung an der Gesetzgebung im Reichsrat gezwungen sein, sich einen Gesandtschaftsapparat in Berlin zu schaffen, was zu der Prätention der Eigenstaatlichkeit der neuen Reichsverwaltungsbezirke führen und die klare Scheidung zwischen der einheitlichen Reichsregierung und der dezentralisierten Verwaltung verwischen würde. Man würde damit eine Zerschlagung Preußens in ein Dutzend Einzelstaaten erreichen. — Schreiber schlägt deshalb vor, neben dem rein politisch und allzu zentralistisch eingestellten Reichstag, einen nach mehr regionalen Gesichtspunkten zusammengesetzten, auch die wirtschaftliche und soziale Struktur der einzelnen Gebietsteile treu widerspiegelnden Vertretungskörper zu schaffen. Als Wahlkörperschaften zu dieser zweiten Kammer empfiehlt Schreiber die Länder- bzw. Provinzialparlamente (wie bei dem preußischen Staatsrat) und daneben den Reichswirtschaftsrat. Jedes der Länder bzw. Provinzialparlamente und der Reichswirtschaftsrat sollen auf je eine Million Einwohner einen Vertreter für den Reichsrat wählen, wobei auch der Reichswirtschaftsrat alle deutschen Verwaltungsgebiete ihrer Bevölkerungszahl entsprechend berücksichtigen müßte. Alle zwei bis drei Jahre soll ein Drittel dieser zweiten Kammer erneuert werden. Die Wahlperioden des Reichstages und die der zweiten Kammer sollen nicht zusammenfallen.

III. 1. Von besonderer Bedeutung erscheinen aber die grundsätzlichen Vorschläge und Einzelausführungen der Schrift des Bundes zur Erneuerung des Reiches über „Das Problem des Reichsrats" 1930 (aus der die obigen anderweitigen Vorschläge entnommen sind). Es wird hier auf diese Leitsätze und Vorschläge eingegangen, hieran eine grundsätzliche Kritik angefügt. In einem historischen Teile wird neben einer allgemeinen Übersicht über die geschichtliche Entwicklung des Zweikammersystems die Behandlung von Geldgesetzen, die Entwicklung des Problems der zweiten Kammer in Deutschland und der Idee einer berufsständisch zusammengesetzten zweiten Kammer, ebenfalls in Deutschland, gezeigt, mit einem Exkurs über das Verhältnis von Demokratie und Zweikammersystem, insbesondere von Demokratie und Wirtschafts- oder berufsständischem Parlament; endlich die wichtigsten bisher zur Reform bzw. zur Erweiterung des Reichsrats gemachten Vorschläge: des Reichslandbundes, der bayerischen Staatsregierung, des Staatsministers Dr. Apelt, des Ministerialrats Dr. Otto Frielinghaus, der Kölnischen Volkszeitung, der Länderkonferenz, des pseudonymen Verfassers Dr. G. Hermann in „Deutsche Wirtschaftsbriefe" und des Handelsministers Dr. Schreiber. Man wird sich den Schlußfolgerungen, die das Buch (S. 149f.) zieht, nicht wohl entziehen können, soweit sie darauf hinauslaufen, es ergäbe sich aus der historischen Entwicklung des Zweikammersystems und aus der (im Anhang S. 163—227 a. a. O.) zusammengestellten Übersicht des Zweikammersystems in anderen Staaten, daß es „eine Patentlösung, die einfach schematisch auf die deutschen Verhältnisse übertragen werden könnte, nicht gibt, daß allgemein gültige Richtlinien aus der Art der Zusammensetzung oder der Zuständigkeit der zweiten Kammern in anderen Staaten sich nicht gewinnen lassen". Hier überwiege durchaus das einzelnen Staaten Eigentümliche und oft wohl auch der geschichtliche Zufall. Etwas anders steht es bezüglich der übrigen Schlußfolgerungen jener Schrift. Sie geht davon aus, es müsse angestrebt werden, in Deutschland so eng wie möglich bei der Reform des Reichsrats auf bereits Vorhandenem aufzubauen und die bisherigen Rechte des Reichsrats innerhalb der Gesetzgebung nur da zu erweitern, wo besonders dringlich gewordene Fragen, z. B. Finanzfragen, es erforderten. Ich kann nicht ohne weiteres zugeben, daß das richtig ist. Es ist vielmehr eine opportunistische Vorsicht rein politischer Art; man fürchtet, bei einem unmittelbaren Vorschlag auf Schaffung einer zweiten Kammer neben dem Reichstag auf allzu heftigen Widerstand zu stoßen; deshalb will man „auf bereits Vorhandenem aufbauen". Derartiges mag für eine werbende Aktion, wie sie der Erneuerungsbund erstrebt, taktisch richtig sein, für die wissenschaftliche Behandlung der Frage ist es nicht geeignet. Sodann zieht die Schrift die Folgerung: Da es bei dem bundesstaatlichen Aufbau des Reichs unmöglich ist, die regionale Vertretung Deutschlands, die sich im Reichsrat findet, zu beseitigen, und ebenso unmöglich ist, neben dem Reichstag und Reichsrat — vom Reichswirtschaftsrat abgesehen — noch eine Art dritte Kammer zu setzen, habe nur ein Ausbau des Reichsrats in Frage kommen können. Dem ist zuzustimmen, natürlich mit dem Vorbehalt, daß bei restlosem Unitarismus zwar nicht eine Vertretung der Länder mehr in Frage kommt, daß aber auch dann das Problem einer zweiten Kammer bestehen bleibt. Eine dritte Schlußfolgerung des Bundes ergibt sich aus dem Gedanken, daß sowohl vom berufsständischen Gedanken aus, der im Fühlen des deutschen Volkes immer größere Anhängerkreise gewinne, wie von der Notwendigkeit aus, den wirtschaftlichen Kräften eine legitime Vertretung innerhalb der entscheidenden Reichsorgane zu verschaffen und den Reichstag als politische Körperschaft von ihrem Einfluß freier zu stellen, eine Ergänzung der regionalen Kräfte durch berufsständische, zum mindesten wirtschaftlich berufsständische Kräfte erforderlich scheine. Das ist ein Punkt, über den noch weiteres, und zwar in wesentlich zustimmendem Sinne hier zu sagen sein wird. Die vierte Schlußfolgerung, die die Bundesschrift zieht, scheint mir etwas die große Linie der Reformideen zu verlassen: Die allgemeine Tendenz, die Ausgabeninitiative der Volksvertretung bei der Behandlung von Geldsachen einzuschränken, die sich heute in fast allen Demokratien zeigt, müsse gerade auch in Deutschland wegen seiner gespannten Finanzlage bei der geplanten Reform in den Vordergrund gestellt werden. Natürlich läßt sich auch dies ernsthaft erörtern; aber eine grundsätzliche Reformfrage des Reichsrats ist das wohl nicht.

2. Die Leitsätze (S. 13—66 a. a. O.) zerfallen in drei Gruppen, von denen die erste „Die Reichsgewalt", die zweite „Reich und Länder", die dritte „Reichspräsident und Reichsrat" überschrieben ist. In der ersten Gruppe sind in 5 Punkten Gedanken zusammengeballt, die im wesentlichen darauf hinauskommen, daß das Hauptziel jener Reform der deutschen Staatsorganisation die Sicherung einer einheitlichen politischen Führung ist, wobei der Unterschied zwischen Entscheidung und Führung betont wird. Jene gebühre dem Reichstag, diese, die Führung, die auch als einheitliche bezeichnet wird, der Reichsregierung, „unbeschadet der Rechte und Verantwortlichkeiten des Reichspräsidenten und des Reichstags". Zu dem Erfordernis einer einheitlichen politischen Führung wird dann eine starke Führung im Reich gefordert, als die wirksamste Sicherung gegen ernste staatspolitische Gefahren bei krisenhaften Zeiten wirtschaftlicher Bedrängnis. Gewiß, allgemein ist das richtig und nicht nur auf die bezeichneten Zeiten zu beschränken. Dabei ist eine starke Führung ein quantitativ-qualitatives rein politisches Moment, während das Problem der einheitlichen politischen Führung ein im wesentlichen staatsrechtlich-organisatorisches ist, bedingt von der verfassungsmäßigen Zuständigkeitsverteilung. Kritisch wäre hier geltend zu machen, daß die Entscheidungsgewalt nicht ausschließlich beim Reichstage stehen kann und nach geltendem Rechte auch nicht allein bei ihm steht. So wie der Erneuerungsbund es formuliert, würde die Reichsregierung und nur sie exekutiv wirken und lediglich die Ausführung des Willens des Reichstags darstellen. Es bleibt aber doch die politische Initiative außerhalb des Reichstags und seine entscheidende Beeinflussung in wichtigen Fragen für Staat und Volk bedeutsam. Nicht nur Entscheidung, auch Führung kann vom Reichstage ausgehen und verfassungsrechtlich läßt sich, selbst wenn man es wollte, die Führung durch den Reichstag in wichtigen Fragen nicht ausschalten. Wird der Reichsrat zu einer zweiten Kammer gestaltet, worüber noch zu sprechen ist, so läge auch die Entscheidung nicht allein beim Reichstage. Wird die Gleichberechtigung der Reichsregierung mit dem Reichstage in bezug auf die Gesetzgebung, was ebenfalls einen Zukunftsplan darstellt, erreicht, so trifft der Unterschied zwischen Entscheidung und Führung, und die Überweisung der einen an den Reichstag, der anderen an die Reichsregierung, auf keinen Fall grundsätzlich zu. Aber auch die Formulierung: „dem Reichstage gebührt die Entscheidung über die Fragen, die das Staats- und Volksleben in seinen Grundlinien gestalten", befriedigt nicht ganz. Der Begriff dieser „Grundlinien" ist zu unbestimmt, um darauf konkrete verfassungsrechtliche Regelungen stützen zu können. Andererseits wird man den Reichstag (und den Reichsrat) auch nicht grundsätzlich von Angelegenheiten ausschließen dürfen, die nicht „grundlinienmäßig" sind. Die Reichsregierung wird um so leichter die Verantwortung tragen können, je mehr sie auch in verhältnismäßig wenig bedeutsamen oder Einzelheiten der Rechtsordnung betreffenden Fragen zusammen mit dem Reichstag wirksam wird. Man denke hierbei etwa an das Arbeitsrecht, den Arbeitsschutz, die Sozialversicherung, gewerbliche und landwirtschaftliche Problemkreise, Beamtenrechts- und Beamtenbesoldungsfragen u. dgl. mehr. Vielfach haben gerade nicht Grundlinien, über die man sich verhältnismäßig leicht verständigen kann, sondern die recht-

lichen Ordnungen im einzelnen weittragende Bedeutung und wirken aus für zahllose von berufsständischem Gesichtspunkte zu wertende Angelegenheiten.

Wenn sodann die politische Führung der Reichsregierung zugesprochen wird, die Rechte und Verantwortlichkeiten des Reichspräsidenten und des Reichstags aber vorbehalten werden, so bleibt die Frage offen, ob und inwieweit die politische Führung auch dem Reichspräsidenten zusteht, inwieweit daran auch der Reichstag beteiligt sein kann, obwohl ihm „die Entscheidung" zugewiesen wird. Die m. E. weit über das richtig verstandene geltende Recht hinausgehende Zuständigkeitszuteilung mancher Theoretiker an den Reichspräsidenten stellt sich doch auch als „Führung" dar, die insoweit nicht der Reichsregierung zufällt, selbst wenn man dem Reichspräsidenten nicht eine der Reichsregierung übergeordnete Stellung anweisen will. Würde man einwenden, daß beide führen, so würde die Forderung der einheitlichen Führung kaum erfüllt werden können. (Vgl. hierzu Art. Reichspräsident und Ausnahmeverordnung, oben S. 519ff.).

3. In der zweiten Gruppe der Leitsätze des Bundes wird eine Führerstellung der Reichsregierung nach Geist und Willen der Reichsverfassung als nur gegeben betrachtet, wenn sie sich mit der Verantwortung für das Ganze verknüpft. Diese die Leitsätze über „Reich und Länder" einleitende Erwägung kommt zu dem Ergebnis, daß erste Voraussetzung jeder Staatsreform die Vereinigung der Staatsgewalt des Reichs mit der Staatsgewalt Preußens als der deutschen Teilgroßmacht ist, die drei Fünftel des Reichsgebiets und Reichsvolkes umfaßt und durch ihre innere Festigkeit nach wie vor berufen sei, das Rückgrat des Reichs zu bilden. Der jetzige Zustand des Dualismus zwischen Reich und Preußen lähmt nicht nur die Lösung der dringendsten Gegenwartsaufgaben auf fast allen Gebieten öffentlichen Schaffens, sondern mißachtet auch die Erfahrungen des Bismarckreichs, in dem es einen Dualismus zwischen Reich und Preußen in der jetzigen Gestalt nicht gab (S. 14 u. 35ff. der Schrift des Bundes zur Erneuerung des Reichs).

Es ist nicht erforderlich, auf diese grundwichtige Frage hier näher einzugehen, weil sie das Problem des Reichsrats nicht oder nur in bezug auf die Frage der preußischen Reichsratsvertreter berührt. Grundsätzlich ist dabei nur zu sagen, daß weder der Vorschlag des Erneuerungsbundes noch auch die sogenannte Zwischenlösung irgendwelche Sicherheit dafür bietet, daß, obwohl es natürlich bestritten wird, Preußen in seiner Großstaatsstellung zerschlagen, in machtlose Provinzen aufgelöst wird und sowohl außen- wie innenpolitisch in eine Lage gerät, die das Gegenteil des jetzigen Preußens ist, nämlich das starke Rückgrat des Deutschen Reichs zu sein.

4. Mit großer Enttäuschung haben alle Einsichtigen das bisherige Arbeitsergebnis des Verfassungsausschusses der Länderkonferenz entgegengenommen (s. oben II zu 6 und III zu 3), das in dem Gutachten vom 1. III. 1930 enthalten ist und das vier namhafte Persönlichkeiten verfaßt und unterzeichnet haben. Es sind das: Ministerialdirektor Dr. Brecht (Preußen), Ministerialdirektor Dr. Poetzsch-Heffter (Sachsen), Staatspräsident Dr. Bolz (Württemberg) und Präsident des Hamburger Senats Dr. Petersen. In diesem Zusammenhang interessieren nur folgende Punkte. Obwohl es in Abrede gestellt wird, wird durch diese Pläne Preußen zerschlagen. Es sollen die preußischen Provinzen Länder werden a) deren Verfassung für sie gemeinschaftlich durch Zentralgesetzgebung festgesetzt wird, b) denen eine Zuständigkeit zur Gesetzgebung nur zukommt, soweit sie ihnen besonders übertragen wird, c) in deren Gebiet neben der Verwaltung durch die Landes- (bisher Provinzial-) Behörden und Reichssonderbehörden (z. B. Post und Eisenbahn) eine allgemeine Reichsverwaltung nach Art der bisherigen preußischen Staatsverwaltung besteht. Während noch zur Zeit der Schaffung der Preuß. Verf.Urk. vom 30. XI. 1920 der Gedanke bestand, die Provinzen zu Ländern zu machen, man hiervon aber mit Recht Abstand nahm, weil dadurch der einzige Großstaat in Deutschland, das Rückgrat des Reiches, gebrochen worden wäre, kommt man nun auf diese groteske Idee zurück! Man stelle sich einmal vor, wie die stark zentrifugalen politischen Kräfte, z. B. in Hannover, z. T. im Rheinland, auch Hessen-Nassau und Schleswig-Holstein, wirken würden, wenn all diese Provinzen zu selbständigen Ländern erhoben werden. Die Begrenzung ihrer Zuständigkeiten würde hierbei die Schädlichkeit solcher zentrifugalen Tendenzen nicht allzu sehr beschränken können. Denn es fehlte an einer ihnen übergeordneten preußischen Gesamtstaatsgewalt und das Reich, das ihnen in vieler Beziehung übergeordnet wäre, würde aus verfassungsmäßig zu heterogenen Elementen bestehen, um naheliegenden Gefahren begegnen zu können. Das eigentlich preußische Staatsinteresse würde nirgends bei diesen Zwergländern einheitlich gewahrt sein, denn einen preußischen Landtag im heutigen Sinne soll es nach diesen Vor-

schlägen auch nicht mehr geben. Es werden in jenem Gutachten ferner zwei Vorschläge gemacht. Nach Poetzsch-Bolz-Petersen soll der preußische Landtag mit dem Reichstag vereinigt werden, und die gemeinschaftliche Gesetzgebung soll erfolgen auf dem Wege der Reichsgesetzgebung. Nach dem Vorschlage von Brecht soll die gemeinschaftlichen Gesetze ein für die Länder aus diesen Ländern gewählter gemeinschaftlicher Landtag mit Zustimmung der Reichsregierung oder, wenn keine Übereinstimmung erzielt wird, auf Anruf der Reichsregierung oder des gemeinschaftlichen Landtages der Reichstag mit qualifizierter Mehrheit beschließen.

Ist die Macht Preußens sowieso schon seit der RV. stark beschränkt, so würde die Auflösung des preußischen Staates in diese Provinzländer nur einen Schatten früherer Macht im Rahmen des Reiches, dessen Hauptstütze Preußen immer war, bedeuten. Das Schicksal der übrigen Länder wird dagegen sehr vorsichtig angefaßt. Die Verfasser des Gutachtens deuten eine Zwischenform für die Organisation der Länder an, haben aber auf eine nähere Erörterung hierüber verzichtet, „da diese Frage zu sehr mit der Zuständigkeitsverteilung verbunden sei". Sie sind sich aber einig, daß es nicht ausgeschlossen sein sollte, einem hinreichend großen Land alter Art, das weder die für Preußen vorgeschlagene Organisationsform annehmen noch in der den alten Ländern gelassenen Organisationsform beharren will, unter Umständen eine Zwischenform zu gestatten oder bei der Neubildung eines Landes eine solche Zwischenform zu wählen. Für diesen Fall müßten besondere Vorschläge gemacht werden, die sich dem Rahmen der Gesamtorganisation anpassen. Die Hansastädte könnten für ihre Stadtverwaltung die besondere Organisation (Senat, Bürgerschaft) und auch künftig eine gewisse Selbstbestimmung über die Organisation sowie alle Städtestimmen im Reichsrat behalten. Also Preußen soll entrechtet werden, Hamburg rechtlich unverletzt bestehen bleiben! Sachsen, Württemberg, Baden und vor allem Bayern würden ihren Staatscharakter innerhalb des Reiches behalten und auf einen großen Teil der preußischen Provinzländer nicht nur mit berechtigter Geringschätzung herabsehen können, sondern sie würden auch eine viel größere rechtliche Selbstbestimmung haben, weil sie ihren eigenen Landtag behielten. Preußen soll aber weiterhin auch seine Zentralregierung verlieren; sie soll, so wird ausdrücklich vorgeschlagen, fortfallen. Die preußischen Ministerien sollen mit den Reichsministerien vereinigt werden.

Auf weitere Einzelheiten, so kraß sie auch sind, z. B. Vermehrung, statt Verminderung der Abgeordnetensitze des Reichstages, kann hier nicht eingegangen werden. Diese „differenzierende Endlösung" kann man wirklich nicht als eine „Lösung" befriedigender Art bezeichnen. Mit Recht wurde schon anderwärts festgestellt, daß sie Gewalten zertrümmert, die sie erhalten müßte, während sie durch Schaffung von Vorbehalten alle nicht zu Preußen gehörigen Gebietsteile in unerträglicher Weise bevorzugen würde. Nein, so darf die Reichsreform nicht aussehen.

Etwas beruhigend wirkt die (m. W. unveröffentlichte) Rede des Ministerialdirektors Dr. Brecht, die er über die Preußenfrage am 8. XI. 1930 in der Weltwirtschaftlichen Gesellschaft in Münster i. W. gehalten hat. Er führt dort aus: „Der Verfassungsausschuß ist mit großer Stimmenmehrheit dazu gelangt, daß Preußen, wenn es im Reich aufgeht, nur unzerschlagen aufgehen kann. Der Ausschuß hat aber diese Frage konkretisiert und damit entgiftet. Er hat fünf Verwaltungen genannt, nämlich Justiz, Schutzpolizei, Gemeindeaufsicht und Schulaufsicht, die in Preußen in der höchsten Verwaltungsinstanz zentralisiert bleiben sollen. Auch die Gesetzgebung soll in einer Hand bleiben, wo sie nicht für Einzelfragen an die Provinzen besonders delegiert werden kann.

Warum, so fragen einige extreme Föderalisten, soll denn in Preußen nicht gehen, was heute in allen anderen Ländern geht? Die Antwort ist ebenso einfach wie zwingend. Erstens: Es geht heute in den andern Ländern nur deshalb, weil Preußen und das Reich ihnen die große Aufgabe des Ausgleichs zwischen West und Ost abnehmen. Zweitens: Wenn man in der Not eine Reichsreform macht, kann man nicht alles auf den Kopf stellen. Man muß an das Vorhandene anschließen. Drittens: Die heutige Landesgesetzgebung nimmt nur etwa ein Dreißigstel Raum der Reichsgesetzgebung ein, wie ein Vergleich der Dicke der Gesetzblätter lehrt. Den Hauptteil der Landesgesetze bilden Beamtengesetze, Justizausführungsgesetze und andere Ausführungsgesetze, dazu einige Organisationsgesetze und staatliche Finanzgesetze. Diese zur Zeit in Preußen einheitlich ergehenden Gesetze auf zwölf Parlamente der Provinzen zu verteilen, wäre das Gegenteil von Vereinfachung. Man denke an die Beamtengesetzgebung. Örtliche Unterschiede werden, wo es nötig ist, in Preußen schon jetzt gemacht.

Ebenso widersinnig wäre es in Preußen, zwölf Justiz- und Polizeiministerien zu schaffen. Wohl kann und soll die sogenannte

Verwaltungspolizei (Feuerpolizei, Gesundheitspolizei, Baupolizei usw.) den Provinzen und Gemeinden übertragen werden. Das ist gesunde Dezentralisation. Aber der Oberbefehl über die Sicherheitspolizei in höchster Instanz muß bei der Zentrale bleiben.

Entscheidend ist die Behandlung der Gemeindeaufsicht. Ein Gebiet, das nicht in höchster Instanz die Aufsicht über seine Städte hat, ist gewiß kein Staat. Sollen die Provinzialverbände die höchste Gemeindeaufsicht erhalten? Sollen sie Staaten werden? Die preußischen Städte werden froh sein, wenn sie es einmal nur mit einer Zentrale zu tun haben statt mit zweien. Eine ganz andere Frage ist es, ob die staatliche Mittelinstanz, also der Oberpräsident, mit dem Chef der Provinzialverwaltung, also dem Landeshauptmann, in einer Person vereinigt werden soll, ob also nicht nur die heutigen Reichs- und Staatsbehörden miteinander zu vereinigen sind, sondern auch beide mit den Provinzialbehörden, nur mit dem Unterschied, daß sie in Reichssachen unter Oberleitung des Reiches arbeiten. Einige vortreffliche Vorkämpfer der Reichsreform treten dafür ein. Eine Einigung hierüber, geschweige eine Zweidrittelmehrheit, ist aber nicht zu erzielen.

Sogar bei der Schulaufsicht hat jetzt niemand mehr ein Interesse daran, daß sie in höchster Instanz in zwölf Teile zersplittert wird. Man würde sehr bald künstlich die Einheiten wiederherstellen müssen, um nicht zu unerträglichen Unterschieden im Westen und Osten zu kommen.

So kommt es, daß ohne viel Pathos, einfach aus Erkenntnis des Notwendigen, im Verfassungsausschuß die Erhaltung der höchstinstanzlichen Verwaltungseinheit im Norden auf den genannten Gebieten mit überwältigender Stimmenmehrheit, auch der außerpreußischen Mitglieder, beschlossen wurde.

Daraus ergeben sich für alle mit Preußen im Gemenge liegenden Länder auf dem Gebiet der Justiz, Polizei usw. die entsprechenden Folgerungen. Bei aller Achtung vor der deutschen Eigenart: keines dieser Länder hat auf diesen Gebieten eine solche Eigenart, daß ihm die höchste Instanz der Verwaltung erhalten werden muß, daß sie nicht dem großen Ziel der Reichsreform geopfert werden kann. Dann besteht kein Hindernis mehr, hier zu zweckmäßig abgerundeten Bezirksgrenzen zu gelangen.

Dagegen muß die Wirtschaftsautonomie der Provinzen und Städte — unter eigner Verantwortung für Einnahmen und Ausgaben — gestärkt werden. Das hat mittelbar auch für die selbständige Kulturpflege große Bedeutung. Auch die Wohlfahrtsbehörden müssen wieder in einer Hand zusammengefaßt werden unter reichsgesetzlicher Regelung und Finanzierung. Auch die Gewalt der Mittelbehörden muß gestärkt werden. —

6. Die „differenzierende Zwischenlösung" ist ja nicht die Lösung des Erneuerungsbundes. Aber es ist doch etwas Ähnliches. Kein Zweifel daran, daß der Vorwurf der Zerschlagung Preußens insofern unberechtigt ist, als keine darauf gerichtete Absicht besteht. Aber wehrpolitisch, außenpolitisch und organisatorisch ergibt es ein ganz unglückliches Ergebnis, wenn Preußen derart im Reiche aufgeht — bei gleichzeitiger Beharrung von Bayern, Sachsen, Württemberg, Baden in ihrem bisherigen Landesaufbau —, daß an Stelle des Einheitsstaates Preußen eine große Zahl von Provinzen tritt. Die außerordentliche Vielheit der neuentstehenden Körperschaften bedeutet eine nicht zu überbietende Verwickelung aller politischen Verhältnisse oder aber die Provinzen fallen hinab auf die Stufe politisch und rechtlich bedeutungsloser Kommunen und entfalten höchstens in wirtschaftspolitischer und allenfalls — soweit das der Reichsfinanzausgleich zuläßt — in kultureller Beziehung einige Tätigkeiten. Gewiß, der Dualismus zwischen Reich und Preußen muß irgendwie beseitigt werden. Auch Bismarck hat zwar die Stellung des Preußischen Ministerpräsidenten mit der des Reichskanzlers verbunden, aber er hat die preußische Regierung sonst selbständig sein lassen. Daß damals den preußischen Ministern keine Reichsminister gegenüberstanden, will nichts besagen; denn nicht nur die auf Grund des Stellvertretergesetzes bestellten Staatssekretäre, sondern der Reichskanzlerposten war es, der diese Duplizität nur in seiner Person, nicht aber hinsichtlich der verschiedenen Zuständigkeiten aufhob; mit anderen Worten, es gab preußische Staatspolitik und preußische ministerielle Verwaltung auf der einen, Reichspolitik und Reichsverwaltung (wenn auch im bescheidensten Maße) auf der anderen Seite. Läßt sich auch über die Wiederherstellung der Personalunion zwischen Reichskanzler und preußischem Ministerpräsidenten reden, so ist es doch kaum möglich, das Land Preußen verschwinden zu lassen und die preußische Verwaltung mit der Reichsverwaltung zu identifizieren. Geschieht dies, so wird, neben anderen Gefahren, unbedingt auch diejenige heraufbeschworen, die in dem Vorwurf eines verlängerten Preußens liegt. Da fernerhin die finanziell nicht mehr leistungsfähigen Staaten, insbesondere oberhalb des Mains, ob man es wünscht oder nicht,

in dem Anschluß an Preußen ihre Rettung suchen werden, wird jener Vorwurf immer schärfer geltend gemacht werden. Aber auch ohne jenen Vorwurf ergibt sich jene scharfe Gegensätzlichkeit zwischen dem Reich-Preußen und den anderen Staaten, die ihre Struktur weiter behalten sollen. Selbst der Gedanke des dezentralisierten Einheitsstaates läßt sich durch jene differenzierende Zwischenlösung an und für sich noch nicht realisieren. Denn ein Einheitsstaat ist, bei jener Sonderstellung Bayerns, Sachsens, Württembergs, Badens ohnedies nicht vorhanden und außerdem ist es im Grunde genommen eine keineswegs im einzelnen durchdachte Idee, wie die Dezentralisation innerhalb des Einheitsstaates sich auswirken soll. Vielmehr muß beim Preußen-Reich alles zu jenem krassen Zentralismus führen, der auch von Unitariern schärfster Observanz, wie Koch-Weser, abgelehnt wird. Ein starkes Reich ist undenkbar, wenn es aus zwei Teilen besteht, von denen das eine in der Empfindung des In- und Auslandes als verlängertes Preußen gilt, und einem anderen Teile, der sich eben doch nur dadurch halten kann, daß er den Einheitsgedanken nicht mitmachen will und diese seine Absicht auch praktisch bei einer differenzierenden Zwischenlösung durchsetzt. Wenn ich auch ganz mit der Denkschrift des Erneuerungsbundes einig gehe, daß eine Hegemonie Preußens im alten Sinne nicht wieder entstehen kann, so ist es doch auf der anderen Seite klar, daß die Ungerechtigkeit, die Preußen durch die heutige Beschränkung der Reichsratsstimmen erfährt (RVerf. Art. 61 I Satz 2), auf die Dauer nicht aufrechterhalten werden kann. Und ferner, daß es aus eben diesem Grunde unmöglich ist, die Macht Preußens auch dann nur auf dem jetzigen Stande zu belassen, wenn es durch Anschluß einer weiteren Zahl von Gebieten erweitert wird. Es darf sich für Preußen selbstversändlich nicht handeln um den materialistischen Weg einer selbstischen Machterweiterung, aber doch auch nicht auf der anderen Seite um eine Selbstaufgabe zu Gunsten einer neuen Formation, deren Wirkungen nicht übersehen werden können. Im übrigen ist natürlich das Durcheinander von Reichs- und Länderzuständigkeit irgendwie zu beseitigen, sei es in der Form einer Über- und Unterordnung der Verwaltungsbehörden, sei es durch Schaffung von Exekutivorganen auch für das Reich. Aus den hier angedeuteten Gründen bedarf es auch nicht eines Eingehens auf die weiteren Leitsätze, die zum Problem „Reich und Länder" von dem Erneuerungsbunde herausgearbeitet sind. Eine Zusammenfassung der Reichsgewalt mit der preußischen Staatsgewalt sei zur Vermeidung staatspolitischer Störungen an eine gleichzeitige grundlegende Neuregelung der Beziehungen des Reiches zu den Ländern überhaupt gebunden. Hierbei komme der Verteilung der Zuständigkeiten eine ausschlaggebende Bedeutung zu. Der Organismus des Reichs einschließlich aller seiner Glieder muß so durchsichtig und führungsfähig gestaltet werden, daß ein sparsames und möglichst reibungsloses Arbeiten verbürgt ist. Endlich die letzten Leitsatzgedanken in diesem Rahmen: An die Stelle der Zuständigkeitsverwirrung muß bei enger Anlehnung an geschichtlich Gewachsenes, das noch lebendig und das bewährt ist, eine organisatorisch klare und zweckmäßige Gestaltung treten, die in ihren Grundlinien auch für den einzelnen Staatsbürger verständlich wird. Eine klare Zuständigkeitsverteilung ist wesentliche Voraussetzung eines wirksamen, allen Verwaltungsstellen gerecht werdenden Finanzausgleiches. Aber auch eine auf die Dauer erfolgreiche Steuer- und Finanzreform ist von einer Neuregelung der Zuständigkeiten abhängig. Diese Gedanken sind sicherlich beifallswürdig.

5. Das Reichsratsproblem berührt insbesondere die dritte Gruppe der Leitsätze des Erneuerungsbundes „Reichspräsident und Reichsrat". Wenn zunächst gefordert wird eine stärkere Belebung der außer dem Reichstage noch vorhandenen verfassungsmäßigen Kräfte und vor allen die Wirksammachung der in der Reichsverfassung vorgesehenen Rechte des Reichspräsidenten, so genügt hier eine Bezugnahme auf die Denkschrift des Erneuerungsbundes und den Artikel „Reichspräsident und Ausnahmeverordnung" (oben S. 519ff.). Von gleich großer Bedeutung für eine Festigung der Reichsregierung scheint dem Bunde die Aktivierung des Reichsrats, dessen Rechte durch die bisherige Handhabung der Verfassungsbestimmungen in ihren Auswirkungen beeinträchtigt sind. Der Reichsrat ist sowohl ein Organ der Reichsverwaltung wie der Reichsgesetzgebung. Innerhalb der Reichsgesetzgebung hat der Reichsrat eine doppelte Aufgabe: Einmal bedarf es nach Art. 69 Abs. 1 RVerf. die Einbringung von Gesetzesvorlagen, die der eigenen Initiative der Reichsregierung entstammen, der Zustimmung des Reichsrats. Zur Frage, welche Bedeutung dieses Erfordernis der Zustimmung mit Rücksicht darauf hat, daß die Reichsregierung die Vorlagen auch dann einbringen kann, wenn vom Reichsrat die Zustimmung versagt wird, wird in der Wissenschaft teilweise der Standpunkt vertreten, daß nur beabsichtigt gewesen sei, die Regierungsvorlagen vorher dem

Reichsrat zur Stellungnahme vorzulegen, während von anderer Seite „die Zustimmung" als ein wesentlicher Bestandteil des Einbringungsverfahrens erklärt wird mit der Wirkung, daß, wenn die Zustimmung versagt wird, die Zustimmung des Reichsrats nachgesucht und nach Möglichkeit eine Übereinstimmung zwischen Reichsregierung und Reichsrat angestrebt werden müsse. Es wird nun vom Reichsbunde der Gedanke aufgeworfen, ob man bei der zukünftigen gesetzlichen Regelung es der Reichsregierung nicht überlassen soll, ob sie ihre Gesetzesvorlagen zuerst dem Reichstag statt dem Reichsrat vorlegen will. Weiterhin hat der Reichsrat nach Art. 69 I RVerf. das Recht, Initiativvorlagen zu beschließen, die die Reichsregierung beim Reichstag einbringen muß. Endlich steht das Recht des Reichsrats zum Einspruch gemäß Art. 74 zur Diskussion. Die Linie führt weiter zu der Frage der Schaffung einer besonderen zweiten Kammer neben Reichsrat und Reichswirtschaftsrat. Dies würde nach den Leitsätzen des Bundes eine Überorganisation unseres öffentlichen Lebens darstellen und wird deshalb abgelehnt. Man werde der deutschen geschichtlichen Entwicklung am besten gerecht, wenn die Bestimmungen der RVerf. über den Reichsrat — der bereits jetzt bezüglich seiner Tätigkeit und Befugnisse einer zweiten Kammer nahekomme — fortentwickelt werden, wobei die Erfahrungen und Erwägungen zu beachten sind, wie sie sich in fast allen anderen Staaten, vor allem den demokratischen, finden (S. 15, 43—48 der Bundesschrift). Es ist die Meinung des Bundes, daß die die Verwaltung betreffenden Aufgaben des heutigen Reichsrats beibehalten werden müssen (er müßte zukünftig „Länderrat" heißen) und er müßte zu einem Organ der RVerf. gestaltet werden, das neben dem zahlenmäßigen Ausdruck, den das Volk im Reichstag gefunden hat, auch die organische (korporative) Gliederung des Volkes in Berufsstände und andere Lebenszweige zum Ausdruck bringt. Dabei sollte die Auswahl der in den Reichsrat zu Berufenden zugleich dem Führergedanken Rechnung tragen. Der Reichsrat sollte aus zwei Hälften oder aus drei Dritteln zusammengesetzt werden. In dem ersteren Falle stellt der Länderrat die erste Hälfte, bei der anderen Formung das erste Drittel dar. Die andere Hälfte der engeren Formung soll vom Reichswirtschaftsrat gewählt werden, während bei der weiteren Formung der Reichswirtschaftsrat nur das zweite Drittel des Reichsrats wählen soll, während das dritte Drittel je zur Hälfte vom Reichspräsidenten und vom Reichstag zu berufen wäre (S. 51 a. a. O.). Die Zuständigkeit des neuen Reichsrats soll dabei grundsätzlich der Zuständigkeit des heutigen Reichsrats entsprechen, die nach dem Wortlaut und der Absicht der Verfassung bereits heute schwerwiegend sei, namentlich dadurch, daß der Reichstag Einspruchsbeschlüsse des Reichsrats gegen Gesetze nur mit Zweidrittelmehrheit überwinden kann. Wenn im allgemeinen keine Erweiterung der Reichsratsrechte vorgeschlagen wird, so sei dafür die Überzeugung maßgebend, daß die dem Reichsrat durch die umfassendere Zusammensetzung zuwachsende Erhöhung seines politischen Gewichts genügen werde, um die in der Verfassung bestehenden und nur durch die bisherige Übung unterbewerteten Rechte des Reichsrats zu voller politischer Wirkung zu bringen. Nur in denjenigen Fällen, wo der Reichstag entgegen dem Vorschlag oder der Bewilligung der Reichsregierung Ausgabenerhöhungen oder Neuausgaben beschlossen hat, soll es künftig der Zustimmung des Reichsrats zum Reichstagsbeschluß bedürfen. Das Vorbild für eine solche Regelung ist in der geltenden preußischen Verfassung gegeben. Kennzeichnend ist die Betonung des Gedankens bei der Erläuterung dieser Leitsätze, daß die von der Verfassung gewollte konstitutionelle Demokratie in eine Alleinherrschaft des Reichstags oder richtiger der politischen Parteien umgewandelt worden ist. Jede Staatsreform müsse an diesem Punkte einsetzen und dafür sorgen, daß die in der Verfassung selbst vorgesehenen Rechte anderer Reichsorgane auch dem Reichstag gegenüber zur vollen Geltung kommen. Durch eine neue Einzelvorschrift sei dafür Sorge zu tragen, daß zwischen einem Einspruch des Reichsrats und dem endgültigen Beschluß des Reichstags eine Zeit eingeschaltet wird, die genügt, damit die Öffentlichkeit zu den zwischen den beiden Organen der Gesetzgebung streitig gewordenen Angelegenheiten Stellung nehmen kann. Man nennt das die Wirksammachung des Einspruchs des Reichsrats (S. 16 u. 61—65 a. a. O.).

7. Geben diese Leitsätze und ihre hier nur angedeuteten Erläuterungen eine ungefähre Vorstellung von dem, was der Erneuerungsbund wünscht, so genügt das zu einer vollen Klarstellung nicht. Wichtig ist vielmehr die Skizze eines Verfassungsgesetzes über den Reichsrat und den Länderrat, der folgende Fassung hat. (Es ist zum Verständnis notwendig zu wissen, daß die Gesetzesskizze in mehreren Fassungen vorgelegt wird. Der Unterschied zwischen Fassung A und Fassung B bedeutet: Fassung A baut auf dem geltenden Text der RVerf. auf, Fassung B dagegen auf demjenigen Texte, der sich aus

den Vorschlägen des Bundes zur Neuregelung des Verhältnisses zwischen dem Reich und den Ländern, enthalten in der Bundesschrift „Reich und Länder" ergibt. Der Bund hält zwar an diesen Vorschlägen fest in der Überzeugung, daß eine sachlich befriedigende Reichsreform ohne Neuregelung des Reich-Länder-Verhältnisses, namentlich ohne Überwindung des Dualismus Reich-Preußen nicht erreichbar ist; so ermöglicht der Bund durch die Fassung A eine Prüfung der Vorschläge auf Ausbau des Reichsrats ohne gleichzeitige Stellungnahme zu seinen Vorschlägen über Zurechtrückung der Beziehungen zwischen dem Reich und den Ländern. Der Unterschied von Fassung I und Fassung II ist der gleiche Unterschied, der als weitere und innere Formung des Vorschlags bezeichnet worden ist. Fassung I bedeutet die Zusammensetzung des Reichsrats aus 3 Dritteln, nämlich dem Länderrat als erstem Drittel, einem vom Reichswirtschaftsrat zu wählenden zweiten Drittel und einem halb vom Reichspräsidenten zu berufenden und halb vom Reichstag zu wählenden dritten Drittel; Fassung II, die Zusammensetzung des Reichsrats aus zwei Hälften, nämlich dem Länderrat als erster Hälfte und einer vom Reichswirtschaftsrat zu wählenden zweiten Hälfte.)

Skizze eines Verfassungsgesetzes über den Reichsrat und den Länderrat.

Der Reichstag hat das folgende Gesetz beschlossen, das mit Zustimmung des Reichsrats hiermit verkündet wird, nachdem festgestellt ist, daß die Erfordernisse verfassungsändernder Gesetzgebung erfüllt sind.

Erster Teil.

Der vierte Abschnitt der Reichsverfassung erhält unter Aufhebung der bisherigen Artikel 60 bis 67 folgenden Wortlaut:

Der Reichsrat.

Art. 60.

Zur Mitwirkung bei der Gesetzgebung des Reiches wird ein Reichsrat gebildet. Er übt insbesondere die in Art. 69, 72, 74, 76 und 85 vorgesehenen Befugnisse aus.

Die Vertretung der deutschen Länder bei der Verwaltung des Reiches wird durch eine Abteilung des Reichsrats wahrgenommen, welche die Bezeichnung „Länderrat" trägt.

Fassung I.

Der Reichsrat, dessen Mitgliederzahl sich aus drei gleichen Dritteln zusammensetzt, ist eine einheitliche Versammlung.

Der Länderrat (Art. 61 bis 61f) bildet das erste Drittel des Reichsrats. Das zweite Drittel wird vom Reichswirtschaftsrat gewählt. Das dritte Drittel wird zur Hälfte vom Reichstag gewählt, zur anderen Hälfte vom Reichspräsidenten berufen.

Fassung II.

Der Reichsrat, dessen Mitgliederzahl sich aus zwei gleichen Hälften zusammensetzt, ist eine einheitliche Versammlung.

Der Länderrat (Art. 61 bis 61f) bildet die erste Hälfte des Reichsrates. Die zweite Hälfte wird vom Reichswirtschaftsrat gewählt.

Art. 61.

Fassung A:

(Bisheriger Text der Reichsverfassung).
Im Länderrat hat jedes Land mindestens eine Stimme. Bei den größeren Ländern entfällt auf 700000 Einwohner eine Stimme. Ein Überschuß von mindestens 350000 Einwohnern wird 700000 gleichgerechnet. Kein Land darf durch mehr als zwei Fünftel aller Stimmen vertreten sein. Deutsch-Österreich erhält nach seinem Anschluß an das Deutsche Reich das Recht der Teilnahme am Länderrat mit der seiner Bevölkerung entsprechenden Stimmenzahl. Bis dahin haben die Vertreter Deutsch-Österreichs beratende Stimme.

Fassung B:

(Bundesvorschlag: „Reich und Länder").
Im Länderrat hat jedes Land mindestens eine Stimme. Bei den größeren Ländern entfällt auf eine Million Einwohner eine Stimme. Ein Überschuß von mindestens 500000 Einwohnern wird einer Million gleichgerechnet. Deutsch-Österreich erhält nach seinem Anschluß an das Deutsche Reich das Recht der Teilnahme am Länderrat mit der seiner Bevölkerung entsprechenden Stimmenzahl. Bis dahin haben die Vertreter Deutsch-Österreichs beratende Stimme.

Die dem Reichsland zustehenden Stimmen werden auf die Provinzen durch Reichsgesetz verteilt. Dabei muß jede Provinz mindestens eine Stimme erhalten. Für eine besondere Berücksichtigung der volksärmeren Provinzen ist Sorge zu tragen.

Art. 61 a.

In den Ausschüssen, die der Länderrat aus seiner Mitte bildet, führt kein Land (bei Fassung B: „und keine Provinz“) mehr als eine Stimme.

Art. 61 b.

Fassung A:

Die Länder werden im Länderrat durch Mitglieder ihrer Regierungen vertreten. Jedoch wird die Hälfte der preußischen Stimmen nach Maßgabe eines Landesgesetzes von den preußischen Provinzialverwaltungen bestellt.

Die Länder sind berechtigt, so viele Vertreter in den Länderrat zu entsenden, wie sie Stimmen führen.

Fassung B:

Die Länder mit Ausnahme des Reichslandes werden im Länderrat durch Mitglieder ihrer Regierungen und die Provinzen des Reichslandes durch Bevollmächtigte der Provinzialverwaltungen vertreten. Die Stimmabgabe für jedes Land und jede Provinz kann nur einheitlich erfolgen. Die Regierungen der Länder und die Provinzialverwaltungen sind berechtigt, den Länderratsbevollmächtigten Weisungen zu erteilen.

Die Länder und Provinzialverwaltungen sind berechtigt, so viele Vertreter in den Länderrat zu entsenden, wie sie Stimmen führen.

Art. 61 c.

Die Reichsregierung muß den Länderrat auf Verlangen von einem Drittel seiner Mitglieder einberufen.

Art. 61 d.

Den Vorsitz im Länderrat und in seinen Ausschüssen führt ein Mitglied der Reichsregierung. Die Mitglieder der Reichsregierung haben das Recht und auf Verlangen die Pflicht, an den Verhandlungen des Länderrates und seiner Ausschüsse teilzunehmen. Sie müssen während der Beratung auf Verlangen jederzeit gehört werden.

Art. 61 e.

Die Reichsregierung sowie jedes Mitglied des Länderrates sind befugt, im Länderrat Anträge zu stellen.

Der Länderrat regelt seinen Geschäftsgang durch eine Geschäftsordnung.

Bei der Abstimmung entscheidet die einfache Mehrheit der Abstimmenden.

Art. 61 f.

Der Länderrat ist von den Reichsministerien über die Führung der Reichsgeschäfte auf dem Laufenden zu halten. Zu Beratungen über wichtige Gegenstände sollen von den Reichsministerien die zuständigen Ausschüsse des Länderrats zugezogen werden. Die Reichsregierung bedarf zu den nach Art. 77 von ihr zu erlassenden allgemeinen Verwaltungsvorschriften der Zustimmung des Länderrates, wenn die Ausführung der Reichsgesetze den Landesbehörden zusteht.

Art. 62.

Fassung I.

Die vom Reichswirtschaftsrat zu wählenden Mitglieder des Reichsrats brauchen nicht Mitglieder des Reichswirtschaftsrats zu sein. Mindestens die Hälfte der vom Reichswirtschaftsrat gewählten Mitglieder des Reichsrates soll nach ihrer Zugehörigkeit zu den einzelnen Ländern und Provinzen gewählt werden.

Die vom Reichstag zu wählenden Mitglieder des Reichsrates müssen dem Reichstag jeder insgesamt mindestens zwölf Jahre angehört haben. Der Reichspräsident soll zu Mitgliedern des Reichsrats Persönlich-

Fassung II.

Die vom Reichswirtschaftsrat zu wählenden Mitglieder des Reichsrats brauchen nicht Mitglieder des Reichswirtschaftsrates zu sein.

keiten berufen, die durch anerkannte Leistungen im Volks- und Staatsleben hervorgetreten sind. Zu berücksichtigen sind vor allem solche Gruppen und Kreise, die durch die anderen Mitglieder des Reichsrats nicht oder nicht hinreichend vertreten erscheinen, wobei besonders Kirche, Schule, Wissenschaft, freie Berufe und Beamtentum sowie die Selbstverwaltung in Stadt und Land und das sonstige öffentliche Leben in Betracht kommen.

Art. 63.

Das Amt der vom Reichswirtschaftsrat oder vom Reichstag gewählten und der vom Reichspräsidenten berufenen Mitglieder des Reichsrats dauert acht Jahre. Einmalige Wiederwahl oder Wiederberufung ist zulässig. Die Mitglieder des Reichsrates können nicht zugleich Mitglieder des Reichstages sein.

Fällt ein Mitglied weg, so tritt in dem gleichen Drittel, dem das bisherige Mitglied angehörte, gemäß den für dieses Drittel geltenden Bestimmungen ein neues Mitglied ein, dessen Amtszeit ebenfalls acht Jahre beträgt.

Das Amt der vom Reichswirtschaftsrat gewählten Mitglieder des Reichsrats dauert acht Jahre. Einmalige Wiederwahl ist zulässig. Die Mitglieder des Reichsrates können nicht zugleich Mitglieder des Reichstages sein.

Fällt ein Mitglied weg, so tritt in der gleichen Hälfte, der das bisherige Mitglied angehörte, gemäß den für diese Hälfte geltenden Bestimmungen ein neues Mitglied ein, dessen Amtszeit ebenfalls acht Jahre beträgt.

Art. 64.

Die Mitglieder des Reichsrates sind, soweit es sich nicht um bevollmächtigte Vertreter der Landesregierungen (bei Fassung B: „und der Provinzialverwaltungen") handelt, unabhängig und nicht an Weisungen gebunden. Sie sind Vertreter des ganzen Volkes. Die Artt. 36—40 gelten entsprechend für die Mitglieder des Reichsrates.

Ebenso finden strafrechtliche Bestimmungen über gesetzgebende Körperschaften und deren Mitglieder sinngemäß Anwendung auf den Reichsrat und seine Mitglieder.

Art. 65.

Zum Präsidenten des Reichsrats ernennt der Reichspräsident eine Persönlichkeit von anerkanntem Ruf und höchstem Ansehen, die während der Dauer ihres Amtes weder dem Reichsrat selbst, noch dem Reichstag, noch der Reichsregierung angehören darf.

Das Amt des Reichsratspräsidenten dauert acht Jahre.

Die Stellvertreter des Reichsratspräsidenten werden vom Reichsrat aus seiner Mitte gewählt.

Art. 66.

Der Reichsrat gibt sich eine Geschäftsordnung. Die Sitzungen des Reichsrats sind öffentlich. Nach Maßgabe der Geschäftsordnung kann die Öffentlichkeit für einzelne Beratungsgegenstände ausgeschlossen werden.

Zu einem Beschluß des Reichsrates ist einfache Mehrheit der abgegebenen Stimmen erforderlich, soweit nicht die Verfassung ein anderes Stimmenverhältnis vorschreibt. Diejenigen Mitglieder des Reichsrats, die nicht Bevollmächtigte der Länder (bei Fassung B: „und Provinzialverwaltungen") sind, können sich nach Maßgabe der Geschäftsordnung untereinander vertreten.

Der Präsident des Reichsrats hat auf Verlangen von einem Drittel der Reichsratsmitglieder oder von der Mehrheit des Länderrats den Reichsrat einzuberufen.

Art. 67.

Die zur Ausführung der vorstehenden Bestimmungen dieses Abschnittes erforderliche nähere Regelung wird durch ein Ausführungsgesetz getroffen. In diesem Gesetz können auch zur Anpassung der bestehenden Verhältnisse an die vorstehenden Bestimmungen einzelne besondere Übergangsvorschriften getroffen werden.

Zweiter Teil.

Art. 74 erhält folgenden Zusatz: (Abs. 4) Ein Beschluß, durch den der Reichstag einen Einspruch des Reichsrats verwirft, kann erst zwei Wochen nach dem Eingang der Begründung des Einspruchsbeschlusses des Reichsrats beim Reichstag gefaßt werden.

(Abs. 5) Die Zustimmung des Reichsrats ist erforderlich, wenn der Reichstag Ausgaben beschließen will, die über den von der Reichsregierung vorgeschlagenen oder bewilligten Betrag hinausgehen. Stimmt der Reichsrat nicht zu, so ist der Beschluß des Reichstages nur wirksam, soweit er mit dem Vorschlag oder der Bewilligung der Reichsregierung übereinstimmt. Ein Volksentscheid ist in diesem Fall nicht zulässig.

III.

Art. 85, Abs. 5 erhält folgende Fassung: Die Vorschrift des Art. 74, Abs. 5 findet Anwendung.

IV.

Art. 179, Abs. 1, Satz 2 wird wie folgt geändert: An die Stelle des Staatenausschusses tritt, soweit es sich um die Ausführung von Reichsgesetzen handelt, der Länderrat.

Skizze zu einem Ausführungs- und Übergangsgesetz zu dem Verfassungsgesetz über den Reichsrat und den Länderrat.

Auf Grund des Art. 67 RVerf. hat der Reichstag das folgende Gesetz beschlossen, das mit Zustimmung des Reichsrates hiermit verkündet wird.

§ 1.

Fassung I.

Der Länderrat setzt die in Anwendung der gesetzlichen Bestimmung sich ergebende jeweilige Stimmenzahl des Länderrates nach jeder Volkszählung durch Beschluß fest.

Die in Anwendung der gesetzlichen Bestimmungen sich ergebende jeweilige Stimmenzahl des Reichsrates wird durch einen Beschluß des Reichsrates festgesetzt.

Ist die Stimmenzahl des Länderrates ungerade, so wird die Zahl der auf das dritte Drittel (Art. 60, Abs. 4) entfallenden Stimmen in der Weise erhöht, daß sich eine gerade Zahl ergibt. Diese Erhöhung wird auf eine später infolge einer Erhöhung der Stimmenzahl des Länderrates für das dritte Drittel des Reichsrates erforderlich werdende Erhöhung angerechnet.

Herabsetzungen der Stimmenzahl des Länderrates werden im zweiten und dritten Drittel nur in der Weise berücksichtigt, daß, wenn aus anderen Gründen ein Mitglied wegfällt, keine Neuwahl oder Neuberufung vorgenommen wird.

Fassung II.

Der Länderrat setzt die in Anwendung der gesetzlichen Bestimmungen sich ergebende jeweilige Stimmenzahl des Länderrates nach jeder Volkszählung durch Beschluß fest.

Die in Anwendung der gesetzlichen Bestimmungen sich ergebende jeweilige Stimmenzahl des Reichsrates wird durch einen Beschluß des Reichsrates festgesetzt.

Herabsetzung der Stimmenzahl des Länderrates werden in der zweiten Hälfte nur in der Weise berücksichtigt, daß, wenn aus anderen Gründen ein Mitglied wegfällt, keine Neuwahl vorgenommen wird.

§ 2.

Fassung I:

Soweit für Wahlen des Reichswirtschaftsrats zum Reichsrat die Zugehörigkeit zu einem Land oder einer Provinz zu berücksichtigen ist, bestimmt sich die Zugehörigkeit nach dem Hauptwohnsitz oder dem Hauptgeschäftssitz.

Im übrigen wird das Wahlverfahren des Reichswirtschaftsrats, insbesondere auch die Ausführung des Art. 62, Abs. 1, Satz 2 durch eine Geschäftsordnung des Reichswirtschaftsrats geregelt, welche der Genehmigung des

Fassung II:

Das Wahlverfahren des Reichswirtschaftsrats wird durch eine Geschäftsordnung des Reichswirtschaftsrats geregelt, welche der Genehmigung des Reichspräsidenten bedarf.

Reichspräsidenten bedarf. Dabei sind die Länder und Provinzen (bei Fassung B: „unter entsprechender Anwendung des Art. 61“) grundsätzlich nach ihrer Einwohnerzahl zu berücksichtigen, wobei die Zusammenlegung kleinerer Länder und Provinzen untereinander oder mit größeren Ländern oder Provinzen zulässig ist.

§ 3.

Die erstmalige Wahl der vom Reichstag zu wählenden Mitglieder des Reichsrats wird nach dem Grundsatz der Verhältniswahl vorgenommen, sofern nicht der Reichstag mit Zweidrittelmehrheit ein anderes Wahlverfahren beschließt. Für alle weiteren Wahlen ist erforderlich, daß sich auf das zu wählende Reichsratsmitglied die Mehrheit der gesetzlichen Mitgliederzahl des Reichstages vereinigt. Im übrigen wird das Wahlverfahren durch die Geschäftsordnung des Reichstages geregelt.

Wird ein Mitglied des Reichstages im Laufe einer Wahlperiode des Reichstages zum Mitglied des Reichsrats gewählt, so darf es bis zum Ablauf dieser Wahlperiode Mitglied des Reichstags bleiben.

Die Bundesschrift gibt eine Sonderbegründung zu der Skizze eines Verfassungsgesetzes (S. 79—96 der Bundesschrift), die eines Studiums wert, aber auch sehr bedürftig ist. Hier kann nur auf sie verwiesen und folgendes festgestellt werden.

8. Wie die Bundesschrift selber erklärt (S. 70 a. a. O.), lassen sich noch mancherlei andere Lösungen für die Zusammensetzung des Reichsrates finden. Es ist daher, soweit eine kritische grundsätzliche Stellungnahme an dieser Stelle angebracht erscheint, nur die Reformbedürftigkeit des Reichsrats zu betonen und im übrigen zu fragen, wie die wichtigsten Probleme der Reichsreform, soweit sie mit dem des Reichsrats zusammenhängen, beurteilt werden müssen. Hierbei muß ich etwas ausholen.

Der Blick haftet unwillkürlich zuerst auf den Schattenseiten — nicht der parlamentarischen Regierungsweise überhaupt, sondern — des gegenwärtigen in Deutschland geltenden Systems dieser Regierungsweise. Deshalb ist vorab zu überlegen, ob die aus der gegenwärtigen Verfassungsrechtsregelung und praktisch-politischen Handhabung sich ergebende Schwäche der Reichsregierung nicht durch organisatorische Formen beseitigt werden kann.

Es ist wenig Aussicht vorhanden, daß das Grundübel, die heutige Gestaltung des Wahlrechts in Deutschland, in absehbarer Zeit wesentlich geändert werden könnte. Das Mindestalter für das aktive Wahlrecht ist zu niedrig. Parlamente mit einem solchen radikalen Wahlrecht wie in Deutschland versagen notwendigerweise und in vielen Beziehungen. So zunächst hinsichtlich der sachlichen Führung der Geschäfte. Liegt die Rechtfertigung des politischen Parlaments darin, daß Gelegenheit geboten wird zur öffentlichen Verhandlung, zur Erörterung von Gründen und Gegengründen, zur Diskussion, zum „Parlieren“ mit der Absicht, den für Staat und Volk besten Beschluß herbeizuführen, so fällt jene Rechtfertigung fort, wenn es — infolge Niveausinkens der Parlamente durch das heutige Wahlrecht — Führerpersönlichkeiten in ausreichendem Maße nicht gibt und jenes Parlieren mit geistig unzulänglichen Elementen und ungeeigneten Mitteln erfolgt. Es kann bei dieser Sachlage nur selten zu jenen Beschlüssen kommen, die das beste für Staat und Volk bedeuten. Die Auslese der Führerpersönlichkeiten erfolgt heute ohne Rücksicht auf Lebenserfahrung, Eignung, sittliche und intellektuelle Höhe, sondern lediglich durch Wahl einer, z. T. schon wegen ihrer Jugendlichkeit zum politischen Urteil nicht befähigten Masse. Weiterhin ist die Auslese noch erschwert durch das System der Wahllisten des Verhältniswahlsystems, die dem Diktatorwillen der Partei die Entscheidung über die Auswahl des Kandidaten überlassen. Bei der geringen Zahl bedeutender

Parlamentarier — als eine Folge der Wahl durch die unterschiedlos große Menge — zeigt sich das Unheil besonders, wenn eine Regierungspartei einen Minister stellen soll.

Bei der jetzigen Rechts- und Sachlage überwiegt weitaus die politische Macht des Reichstages zuungunsten der Reichsregierung und es ist daher das Problem dies: Wie kann dies geändert werden und das vom Bund zur Erneuerung des Reiches richtig aufgestellte Verlangen der starken und einheitlichen Führung durch die Reichsregierung verwirklicht werden? Ich weiß nur vier Mittel: Beschränkung der Aufgaben des Reichstages, Schaffung einer zweiten Kammer, Änderung der parlamentarischen Regierungsweise und Beseitigung des Verhältniswahlsystems.

A. Was die Beschränkung der Aufgaben des Reichstages angeht, so muß er entlastet werden. Die Reichstagsaufgaben erfordern von den Abgeordneten eine Vielseitigkeit, die über die Fähigkeit der meisten von ihnen weit hinausgeht und deshalb allzu oft zu Oberflächlichkeit und vielbeschäftigter Geschwätzigkeit führt. Da immer nur wenige Fachleute für eine wirtschaftliche, rechtliche oder technische Frage im weitesten Sinne vorhanden sind, kann von einer Beherrschung des Stoffes und des Problems nur bei ganz wenigen Angelegenheiten und nur bei wenigen Abgeordneten die Rede sein. Die Beschränkung der Aufgaben des Reichstages kann — von einer gleich zu behandelnden zweiten Parlamentskörperschaft abgesehen — nicht durch staatliche Dezentralisierung, sondern nur durch eine kommunale erfolgen. Das hätte u. a. die Wirkung und Bedeutung, daß die Ansprüche, die vom Standpunkt regionaler und kultureller Verschiedenheiten der Länder und Landschaften erhoben zu werden pflegen, in diese kommunale Dezentralisationsform und Dezentralisationsbetätigungen abgeleitet und dadurch ihrer hochpolitischen Spannung verlustig gehen würden. Es gibt keine wirksamere Form des Parteiwesens mit Abbiegung der Parteizersplitterung, als die Schaffung einer parlamentsähnlichen Körperschaft neben dem Reichstag, in der es keine politischen Parteien gibt, d. h. in der sie keine Betätigungsmöglichkeit und Durchsetzung eines ausschließlich politischen Prinzips finden, sondern Parteien vom Standpunkt der gesellschaftlichen, kulturellen, individuellen, gewerblichen, landwirtschaftlichen, handelspolitischen, technischen Interessen usw., natürlich vor allem der Arbeiterschafts- und Unternehmerschaftsbelange und der beruflichen Stände überhaupt. Diese Interessen werden durch politische Wahlsysteme nicht erfaßt, kommen deshalb auch in dem Reichstage zu kurz.

B. Ich habe mich schon häufiger für den Ausbau des Reichsrats ausgesprochen und denke daran, daß diese Aufgaben im wesentlichen bleiben, wie sie heute sind, daß sie aber verknüpft werden mit denen des ebenfalls zu reformierenden Reichswirtschaftsrats. Dieser soll im Reichsrat aufgehen, damit er als zweite Kammer ins Leben gerufen werden kann, als Vertreter der Länder und der Berufe. Auf den Namen darf es natürlich nicht ankommen. Um nicht Empfindlichkeiten zu verletzen, brauchte man nicht den Namen Reichsrat zu ändern und dafür Senat oder Zweite Kammer oder Oberhaus zu sagen; das Wesentliche ist, daß der Aufbau und Lebenskreis des Reichsrats ein wesentlich anderer sein muß als der des rein politischen Reichstages (vgl. auch unten zu 9).

C. Die Änderung der parlamentarischen Regierungsweise, wie sie heute im Deutschen Reiche gilt, muß in der Weise erfolgen, daß Reichsregierung und Reichstag gleichberechtigt werden müssen in der Gesetzgebung, dem Reichstage aber verbliebe, neben der gleichwertigen Mitwirkung bei der Legislative, die Aufsicht (Kontrolle) der Exekutivgewalt. Dagegen vorbeugende Unmöglichmachung des Parlamentsabsolutismus. Die Vorteile einer solchen Reform liegen auf der Hand. Wenn Art. 54 RVerf., durch Änderung nach Art. 76, fällt, so ist die Folge des heutigen politischen und Rechtszustandes beseitigt: der Mangel an Beständigkeit der parlamentarischen Regierungen, die Gefahr der Ministerstürzerei aus sachlichen und vielfach unsachlichen Gründen. Die Zerreißung des Lebensfadens eines Kabinetts infolge einer parlamentarischen Zufälligkeit oder Parteilaune hört auf. Ebenso der Unfug der vielfach plötzlich auftauchenden Forderung, die Zahl der einer bestimmten Partei angehörigen Minister zu vermehren oder anders umzustellen. Programme auf weite Sicht, staatsmännische Einstellung auf längere Zeit sind heute unmöglich, könnten aber bei einer anderen parlamentarischen Regierungsweise möglich werden. Jetzt muß von heute auf morgen gewirtschaftet werden, statt für Generationen. Die Gegenwartsinteressen im buchstäblichsten Sinne herrschen bei der heutigen parlamentarischen Regierungsweise vor; man denkt an die kurze Zeit des Mandats oder der Ministertätigkeit, widerstrebt nicht volkstümlichen aber schädlichen Meinungen und Forderungen, weil man sonst Amt und Stellung verlöre. Überall ist heute die Reichsregierung im ganzen und in ihren Mitgliedern durch die Vorherrschaft des Parlaments und der Parteien gehemmt.

Diese Hemmungen fallen weg, wenn die Reichsregierung gleichberechtigt ist mit dem

Reichstag bei der Gesetzgebung, wenn der Reichstag auch im Reichsrat als zweiter Kammer eine nicht unwesentliche Stütze findet und jedenfalls diese zweite Kammer das Gleichgewicht zwischen Parlament und Reichsregierung erleichtert.

Neben dieser Gleichberechtigungsfrage, die grundlegend ist, bestehen weitere Möglichkeiten der Befriedigung. Man denke vielleicht daran, daß die Bestellung der Regierung auf drei oder vier Jahre erfolgt und daß die Abberufung der Reichsregierung vor dieser Zeit verfassungsrechtlich unmöglich gemacht wird. Natürlich läßt sich auch gegen diesen Vorschlag manches sagen. Wohl der wichtigste Gegengrund ist, daß manche Regierungen oder Koalitionen nur dadurch von Mißbrauch abgehalten werden könnten, daß sie die tägliche Furcht, gestürzt zu werden, vor Augen haben. Dieses Argument wiegt nicht leicht. Trotzdem bin ich für einen gesetzgeberischen Versuch in jenem Sinne. Denn daß jenes Hauptbedenken in Deutschland durch die Wirklichkeit bestätigt würde, ist auch nicht ohne weiteres wahrscheinlich. Wenn der Fall aber eintreten sollte, so scheint mir öffentliche Meinung und Presse auch bei einem 3—4 Jahre „unstürzbaren" Ministerium doch mächtig genug zu sein, um eine Abdankung zu erzwingen, die äußerlich, dem Scheine nach, die Freiwilligkeit wahren könnte. Dazu kommen noch andere natürliche politische Möglichkeiten: Der Reichstag — und als zweite Kammer der Reichsrat — könnten einer Reichsregierung, die Mißbrauch treibt, die Mitwirkung versagen, besonders im Etatrecht und sie dadurch tatsächlich außer Wirksamkeit setzen oder zum Rücktritt zwingen.

D. Wesentlich halte ich auch die radikale Beseitigung des Verhältniswahlsystems, das durch Ermöglichung von Splitterparteien neben seinen vielen sonstigen Fehlern die Erschwerung der Regierungsbildung und infolgedessen die Häufigkeit der Krisenzustände der Kabinette bedeutet. Der Versuch, den der Wahlgesetzentwurf darstellt, der dem am 13. X. 1930 zusammengetretenen Reichstage vorgelegt wurde, hier Wandel zu schaffen, ist außerordentlich bescheiden und nur ein leichter Anfang. (Ende 1930 ist er noch nicht beraten worden). Es ist ja allbekannt, daß die Mehrheiten oder Koalitionen in den deutschen Parlamenten keine feste Grundlage haben, vielmehr unsicher, labil, künstlich bleiben. Der Vorwurf ist bekannt, daß man bei dem Überfluß an Parteien keine einheitliche und dauernde Regierungsmehrheit bilden kann. Die Ereignisse, welche zu den AusnahmeVOen vom 26. VII. u. 1. XII. 1930 geführt haben, sprechen eine deutliche Sprache. (Vgl. oben S. 519ff.)

9. Zur Kritik des Planes des Erneuerungsbundes, den Reichsrat auszugestalten, ist Folgendes auszuführen. Für das Zweikammersystem bin ich bereits in meiner Schrift „Die Verfassungsurkunde der Vereinigten Staaten von Deutschland" (Demokratische Reichsrepublik). Ein Entwurf mit Begründung". (Tübingen, 1919, J. C. B. Mohr) eingetreten. Auch heute ist m. E. ein dem Reichstag gegenüber gleichwertiges parlamentähnliches Gebilde, und nicht nur ein Schatten eines solchen, zu wünschen. Die Folgerungen aus diesem Satze sind sogleich zu ziehen. (Vgl. auch meine Abhandlung „Wege der Erneuerung der Weimarer Reichsverfassung", Zeitschr. f. d. ges. Staatswiss., 78. Jahrg., S. 496—585, 1924.) Meine heutige Auffassung ist die, daß der Reichsrat mit dem Reichswirtschaftsrat verschmolzen werden, der letztere mit seinem Namen beseitigt werden, mit einem wesentlichen Teile seiner Zuständigkeiten aber in den Reichsrat aufgehen soll. Die Vorschläge, die in der Schrift des Erneuerungsbundes gemacht werden, scheinen mir reichlich kompliziert. Davon kann ich mir keinen Erfolg versprechen, daß neben dem Reichstag der Reichswirtschaftsrat und der Reichsrat — die beiden letzten in eigenartiger Weise reformiert — nebeneinander bestehen sollen. Mir kann nur ein Dualismus einleuchten, d. h. ein solcher zwischen Reichstag und Reichsrat, aber nicht mit jener vorsichtigen politischen Bedenklichkeit, die eine Gleichberechtigung der beiden Körperschaften ablehnt. Über Einzelheiten hier zu diskutieren, scheint wenig zweckmäßig. Denn ist der Ausgangspunkt ein anderer, dann müssen auch die Sonderregelungen andere sein. Mein Ausgangspunkt ist aber von dem der Denkschrift des Erneuerungsbundes keineswegs grundsätzlich verschieden, es sind nur die Schlußfolgerungen. Ich habe schon in meinem Deutschen Reichs- und Landesstaatsrecht, Bd. I, 1924, S. 223—235 dargetan, daß wir das System der Sowjets nicht in die deutsche Gesellschafts-, Wirtschafts- und Verfassungsordnung aufgenommen haben, daß wir grundsätzlich hinsichtlich der wirtschaftlichen Fragen aber eine Art Rätegedanken eingebaut hatten, und zwar in dem auch von der Denkschrift des Bundes eingehend behandelten Art. 165 RVerf. Freilich ist es in formell-organisatorischer Beziehung zu einem ausgebauten wirtschaftlichen Rätesystem in der Praxis in Deutschland nicht durch die Reichsverfassung gekommen, sondern nur zu einem Grundriß. Ebenso habe ich dort dargelegt,

daß bei der Durchführung des deutschen wirtschaftlichen Rätegedankens zwar das russische Muster sicher von Bedeutung war, daß aber doch auch in deutschem Rechte Vorbilder vorhanden waren, die dann jene unrevolutionäre Form, die wir heute in jenem Art. 165 kennen, angenommen haben. Schon die verfassunggebende Reichsversammlung in der Paulskirche 1848/1849 zu Frankfurt a. M. hatte in ihrem Volkswirtschaftsausschuß einen Entwurf zu einer Gewerbeordnung gestaltet, die Fabrikräte und Fabrikräte-Arbeitskammern vorgesehen hatte. Einen weiteren Schritt bedeutet das ArbeitsschutzG. vom 1. VI. 1891 (jetzt Titel VII der GewO.), s. §§ 134b III, 134g u. h. Also das konstitutionelle Fabriksystem war auf dem Wege. Diese deutschen Vorbilder zeigen sich dann auch in den Arbeiterausschüssen im Bergrecht nach den deutschen BergG. vom 24. VII. 1905 und 28. VII. 1909 und durch das G. über den Vaterländischen Hilfsdienst vom 5. XII. 1916.

Kommt man hiernach zu dem Ergebnis, daß ein revolutionäres Sowjetsystem bei uns, jedenfalls in die Reichsverfassung nicht hineingekommen ist, so kann man doch wohl nicht bestreiten, daß die Ansätze einer berufsständischen zweiten Kammer vorhanden sind. Ist dies der Fall, so gibt es nur zwei Möglichkeiten für die Zukunft; entweder wird der vorläufige Reichswirtschaftsrat ganz im Sinne dieser berufsständischen Kammer ausgebaut (und das tat der 1930 vom Reichstag nicht angenommene Gesetzentwurf über den endgültigen Reichswirtschaftsrat auch nicht in ausreichendem Maße) oder aber, es wird der Gedanke des Wirtschaftsparlaments mit demjenigen des Reichsrats in einer angemessenen Weise verbunden. Man kann es so denken, daß man einen Länderrat im Sinne der Denkschrift des Erneuerungsbundes schafft und dann ein reines Wirtschaftsparlament, aber innerhalb des Reichsrats. Auf diese Weise wird der Reichsrat eine Vertretung der Länder und gleichzeitig der wirtschaftenden Berufe. Die Bedenken der Denkschrift, daß die kulturellen Elemente nicht berücksichtigt würden, könnte man dadurch ausschalten, daß auch Vertreter von Religionsgesellschaften, der Wissenschaft und Kunst, der Hochschulen, ebenfalls in dieses berufsständische Parlament kämen. Dagegen habe ich die allergrößten Bedenken, daß Mitglieder des Reichsrats, Abteilung Wirtschaftsparlament, sei es vom Reichspräsidenten, sei es von dem Reichstage oder von beiden ernannt würden. Von dem Reichspräsidenten deshalb nicht, weil das Ernennungsprinzip als undemokratisch dem wirtschaftlichen Parlament fern bleiben muß; von dem Reichstag deshalb nicht, weil ja der Reichsrat als ein Gegenstück des Reichstages wirksam werden und ein retardierendes oder mindestens ein Gleichgewicht schaffendes Parlament werden muß.

Wenn man bemängeln sollte, daß dann in dem Reichsrat zweierlei Elemente vorhanden wären, die Berufsvertreter und die Landesvertreter, so scheint mir das nicht irgendwie tadelnswert zu sein; denn schließlich sind die Abgesandten der Länder als Vertreter dieser Staatsinteressenten, und die Abgesandten der Abteilung des Reichsrats — Wirtschaftsparlament — sämtlich Vertreter irgendwie des deutschen Volkes in seiner sowohl landschaftlichen als auch beruflichen Gliederung. Man kann meine Ausführungen natürlich nur dann würdigen, wenn man sie mit denen über die Kritik des rein politischen Parlaments zusammenstellt. Dabei würde sich ergeben, daß die politischen, die beruflichen und die landesstaatlichen Interessen zur Auswirkung gelangen und mehr kann man von einer parlamentarischen Vertretung eines Volkes nicht verlangen. Vollkommen einig bin ich mit der Schrift des Erneuerungsbundes darin, daß sie und die von ihr später zitierten Schriftsteller das Dogma verwerfen, wonach das Einkammersystem allein die wahre Demokratie verkörpert. Wenn das aber nicht der Fall ist, dann vermag ich nicht einzusehen, warum man dieses zweite Parlament nicht schaffen, sondern ihm nur ein Schattendasein in dem Gehege des Reichstages gewähren will. Der einzige Grund, weshalb man es nicht tun wollte, wäre eine gewisse Rücksichtnahme auf augenblickliche politische Verhältnisse und ein Verzicht auf den Kampf, der darin besteht, den geistigen und politischen Mächten Deutschlands klarzumachen, daß auch das Zweikammersystem die wahre Demokratie verkörpern kann und daß das Einkammersystem mit seinem üblen Parlamentsabsolutismus notwendigerweise zum Ruin führt. Ebenso sind meine Ausführungen nur unter der Mitberücksichtigung des Gedankens zu verstehen, daß das parteipolitische System des Reichstages, und die Abhängigkeit auch der Reichsregierung von den politischen Parteien sowohl in allgemeinpolitischer wie in verwaltungsmäßiger Beziehung, schlechterdings versagt hat und dringend einer Korrektur bedarf.

Die Bestellung der Mitglieder des Reichsrats wäre, soweit es sich um die Ländervertreter handelt, in derselben Weise zu bewirken, wie bisher. Nur müßte unter allen Umständen die besonders nur für Preußen erfolgte Regelung durch Provinzialvertreter fortfallen. Ich brauche nicht im einzelnen darzulegen, zu welchen unerträglichen Konsequenzen dies schon geführt hat und weiterhin führen muß, wie die Uneinheitlichkeit der Stimmabgabe Preußen schädigt. Es ist aber auch die Vertretung der Provinzen nicht nötig im Reichsrate, wenn bei gleichzeitiger Verbindung des Länderrats mit dem berufsständischen Teile ohnedies auch alle lokalen und höher hinauf provinzialen Interessen ihre Vertretung finden würden. Der Reichsrat müßte in seinem die Berufsvertretung darstellenden Teile von gewissen Organisationen gewählt oder vorgeschlagen, von der Reichsregierung oder dem Reichspräsidenten bestätigt werden; also z. B. von den Handels- und Industrie-, Landwirtschafts-, Ärzte-, Anwalts-, Apotheker-Kammern usw. usw. Wo solche staatlich organisierte Berufsvertreter nicht ausreichen sollten, müssen anderweitige Wahlkörper geschaffen werden; z. B. für Universitäten deren Senate, für Kunsthochschulen die Gesamtheit der ordentlichen Lehrkräfte u. ä. m.

Es folgt aus meiner hier vertretenen Auffassung, daß ich es nicht billigen kann, wenn die Reform in bezug auf den Reichsrat sich, hinsichtlich der Einbringung der Gesetzesvorlagen der Reichsregierung, auch in Zukunft nur darauf beschränken soll, daß auch in Zukunft der Reichsrat nur gemäß Art. 69 ein Zustimmungsrecht haben soll, ohne daß dies irgendwelche Bedeutung hätte, daß vielmehr die Reichsregierung wie jetzt die Vorlage an den Reichstag bringen könnte. Die von mir verlangte Gleichberechtigung zwischen Reichsregierung und Reichsparlament müßte vielmehr sich auswirken in der Parallelerscheinung: Gleichberechtigung von Reichstag und Reichsrat auch bei Gesetzeseinbringung.

Was das Einspruchsrecht angeht, so möchte ich auf Grund der Erfahrungen seit der Reichsverfassung zwar nicht in Abrede stellen, daß, wie in der Bundesschrift behauptet wird, die Zweidrittelmehrheit vielfach schnell bei der Hand ist, aber doch darauf hinweisen, daß es eine ganze Fülle von politischen Situationen gibt, in denen der Reichsrat mit einiger Sicherheit von vornherein sich schon ausrechnen kann, daß eine Zweidrittelmehrheit im Falle des Einspruchs nicht zustandekommen wird; dann ergibt sich schon nach Art. 74 III Satz 3, daß das Gesetz als nicht zustandegekommen gilt, weil ja die Anordnung eines Volksentscheids durch den Reichspräsidenten doch wohl zu den äußersten Ausnahmen wird gehören müssen. Es ist demnach der Einfluß des Reichsrats in dieser Beziehung nicht gering. Ich muß aber weiter gehen und verlangen, daß eine vollkommene Übereinstimmung zwischen Reichsrat und Reichstag stattfinden muß, um ein Gesetz zustandezubringen. Es ist nicht einzusehen, warum nur die politischen Vertreter, nicht aber die Landesvertreter und die beruflichen Vertreter des deutschen Volkes entscheidende Mitwirkung haben sollten. Ich stimme also, von einer ganz anderen Seite herkommend, mit der Feststellung der Bundesschrift überein, daß das Gegengewicht gegen die weiten Machtbefugnisse des Reichstages, das die Verfassung gewollt hat, im Reichsrat nur in recht begrenztem Umfange verwirklicht worden ist und nach meiner Ansicht ganz erheblich besser verwirklicht werden muß.

Was die Frage der Teilung des Reichsrats in eine Gruppe, die Verwaltungsaufgaben zu erledigen hat, und in eine andere nicht mit solchen Aufgaben befaßte Gruppe, angeht, so ergibt sich die Beantwortung dieser Frage schon aus dem von mir geforderten Ausbau des Reichsrats zu einem gleichwertigen Parlament. Ebenso wie auch andere Parlamente, z. B. das engliche, neben der Gesetzesfunktion auch Verwaltungsfunktionen haben, so kann auch für den Reichsrat als zweite Kammer eine solche Doppeleigenschaft keineswegs als unorganisch angesehen werden, zumal ja auch schon im Art. 60 RVerf. der Reichsrat „bei der Gesetzesgebung und Verwaltung des Reiches“ Funktionen erhalten hat. Daß der Länderrat innerhalb des Reichsrats vorwiegend, aber nicht ausschließlich, zu dieser Verwaltungsaufgabe berufen scheint, leuchtet ohne weiteres ein.

Bedenklich und auch überflüssig, von meinem Standpunkte aus, halte ich es, wenn der Reichstag in seine Geschäftsordnung eine Vorschrift aufnähme, wonach im Falle eines Reichsratseinspruchs der Gegenstand der Gesetzgebung, um den es sich handelt, noch einmal in einem besonderen Ausschuß durchberaten werden muß. Bei der gewünschten Gleichberechtigung der beiden Kammern braucht sich der Reichsrat nicht mit einer solchen, von dem freien Willen des Reichstages abhängigen Geschäftsordnungsvorschrift zu begnügen; sie wäre auch überflüssig, wenn die Gleichberechtigung der beiden Kammern durchgeführt würde.

Die Stärkung der Reichsregierung wird auch durch den Reichsrat dadurch bewirkt, daß Landesvertreter einen Teil des Reichsrats, nämlich den Länderrat ausmachen würden. Wenn auch diese Ländervertreter in einen politischen Gegensatz zu der Reichsregierung gelangen können, so wird doch die sachliche Einflußnahme des Vorsitzenden des Reichsrats (Art. 65) ermöglicht werden können. Gewiß mag es eine nicht ganz reine parlamentarische Form sein, daß an die Spitze des Reichsrats ein Minister bei den Beratungen gestellt wird, aber es scheint doch bei der besonderen Art des deutschen Verfassungswesens keineswegs überraschend. Vielleicht könnte man den Reichskanzler selbst, bzw. seinen Stellvertreter, zum Vorsitzenden des Reichsrats wenigstens insoweit bestimmen, als es sich um die Funktionen der Verwaltung handelt.

Schrifttum:

im Text genannt.

Fritz Stier-Somlo.

Reichstag.

(HdR. V, 28ff.)

A. Zu Abschnitt VI (S. 31 Sp. 1 unten): Die Geschäftsordnung vom 12. XII. 1922 (RGBl. 1923 II, 101) ist mehrfach geändert worden. Bekanntmachung der neuesten Fassung RGBl. 1931 II, 221.

B. Zu Abschnitt VI, 1 (S. 31 Sp. 2 am Schluß): Die §§ 90, 91 der GO. in ihrer jetzigen Fassung sollen eine straffere Parlamentsdisziplin ermöglichen. Ist ein Redner dreimal in derselben Rede zur Sache oder zur Ordnung gerufen und beim zweiten Male auf die Folgen eines dritten Ordnungsrufs hingewiesen worden, so kann ihm der Präsident (früher das Haus auf Antrag des Präsidenten) das Wort entziehen. Ein Redner, dem das Wort entzogen ist, kann es in der gleichen Sitzung nicht wieder erhalten. Als Folge eines dritten Ordnungsrufes sowie wegen gröblicher Verletzung der Ordnung kann der Präsident einen Abgeordneten bis zu dreißig Sitzungstagen von der Teilnahme an den Verhandlungen ausschließen mit der Wirkung, daß für die Zeit bis zum Ablauf der Ausschlußfrist die Berechtigung des Abgeordneten zum Bezuge der Aufwandsentschädigung und zur Benutzung der Freifahrkarte ruht. Der Ausgeschlossene hat den Sitzungssaal sofort zu verlassen. Tut er dies trotz Aufforderung des Präsidenten nicht, so wird die Sitzung unterbrochen oder aufgehoben und der Abgeordnete zieht sich dadurch ohne weiteres den Ausschluß von weiteren dreißig Sitzungstagen mit den schon erwähnten Folgen zu. Der Präsident stellt alle diese Folgen bei Wiedereröffnung der Sitzung oder bei Beginn der nächsten fest. Der Ausgeschlossene darf während der Dauer der Ausschließung auch an den Ausschußsitzungen nicht teilnehmen und ist ferner in der Ausschlußzeit behindert, Anträge zu stellen (vgl. unten C). Die nach Art. 40 RVerf. erforderliche gesetzliche Grundlage für die Entziehung des Rechts auf Aufwandsentschädigung und freie Eisenbahnfahrt durch die Geschäftsordnung wurde durch das G. vom 27. XII. 1929 (RGBl. II, 762) zur Änderung des G. über die Entschädigung der Mitglieder des Reichstags vom 25. IV. 1927 (RGBl. II, 323) geschaffen. In das neue G. über die Entschädigung der Mitglieder des Reichstags vom 15. XII. 1930 (RGBl. II, 1275 ist eine entsprechende Vorschrift — offenbar aus Versehen — nicht übernommen worden.

C. Zu Abschnitt VI, 2 (S. 32 Sp. 1 am Schluß): Unterschriften unter Anträgen sind ungültig, wenn am Tage der Stellung des Antrags der Abgeordnete einen solchen Willen weder tatsächlich (z. B. bei längerer Abwesenheit) noch rechtlich (z. B. infolge Ausschlusses von den Verhandlungen) betätigen konnte. Denn auch der zeitweise Ausschluß eines Abgeordneten von den Sitzungen behindert ihn, in dieser Zeit rechtsgültige Anträge zu stellen, die ihre Erledigung im Plenum finden. Selbständige Anträge (GO. § 49) und Interpellationen (GO. § 55) müssen die in diesen Paragraphen geforderten einzelnen Unterschriften tragen, bei Änderungsanträgen (GO. §§ 41, 51) und kleinen Anfragen (GO. § 60) genügt die Unterstützung in der Form „X. und Fraktion" (vgl. RTDr. I. Wahlperiode Nr. 6309 und 6354 A sowie StenBer. des Reichstags 400. Sitzung vom 22. II. 1924, S. 12447ff.).

D. Zu Abschnitt VI, 2 (S. 32 Sp. 2 Zeile 15): Kleine Anfragen werden zur mündlichen Beantwortung auch dann auf die Tagesordnung des Reichstags gesetzt, wenn die Reichsregierung es wünscht (neue Fassung GO. § 61; vgl. RTDr. IV. Wahlperiode Nr. 909 sowie StenBer. des Reichstags 60. Sitzung vom 21. III. 1929, S. 1589ff.). Die nicht glückliche bisherige Fassung GO. § 61 stand der oft zweckmäßigen alsbaldigen mündlichen Antwort entgegen. Während früher in jeder Woche die erste Stunde einer Sitzung zur Beantwortung kleiner Anfragen verwendet werden konnte, kann zur Beschleunigung der mündlichen Antwort nunmehr nach Bedarf die erste Stunde jeder Sitzung hierzu verwendet werden (neue Fassung GO. § 62 Abs. 1 Satz 1; vgl. die oben erwähnten Drucksachen).

E. Zu Abschnitt VI, 2 Abs. 2 (S. 32 Sp. 2 Zeile 46): Jedes Reichstagsmitglied kann die Herbeirufung des Reichskanzlers oder eines Reichsministers beantragen. Der Antrag bedarf jedoch der Unterstützung von dreißig anwesenden Mitgliedern. Über den Antrag entscheidet der Reichstag (GO. § 95 in der Fassung des Beschlusses des Reichstags vom 11. XII. 1929,

RTDr. IV. Wahlperiode Nr. 1461 sowie StenBer. der 113. Sitzung S. 3508—3520).

F. Zu Abschnitt VI, 3 (S. 33 Sp. 2 Schluß des Abs. 2): Ist die Ausübung des Verordnungsrechts der Reichsregierung gesetzlich an die Zustimmung oder Anhörung eines Reichstagsausschusses gebunden, so tritt in der Zeit zwischen zwei Wahlperioden, im besonderen also auch in der Zeit zwischen einer Auflösung des Reichstags und dem Zusammentritt des neugewählten Reichstags, an die Stelle des gesetzlich vorgesehenen Reichstagsausschusses der Ausschuß zur Wahrung der Rechte der Volksvertretung (Art. 35 Abs. 2 RVerf.; vgl. VI, 3c S. 34 Sp. 1). Diese Staatspraxis ist zu billigen, da andernfalls das an einen Reichstagsausschuß gebundene Verordnungsrecht der Reichsregierung in der genannten Zeit völlig lahmgelegt wäre.

G. Zu Abschnitt VI, 3c (S. 34 Schluß des Abs. 3): Das Recht, die Aufhebung von Ausnahmeverordnungen des Reichspräsidenten oder der Landesregierungen zu verlangen (Art. 48 Abs. 3 und 4 RVerf.), steht dem Ausschuß zur Wahrung der Rechte der Volksvertretung nicht zu. Ergehen in der Zeit zwischen zwei Wahlperioden, im besonderen in der Zeit zwischen einer Auflösung des Reichstags und dem Zusammentritt des neugewählten Reichstags, solche Ausnahmeverordnungen, so werden sie nicht dem Ausschuß zur Wahrung der Rechte der Volksvertretung, sondern dem neugewählten Reichstag nach dessen Zusammentritt vorgelegt. Er allein kann ihre Aufhebung verlangen.

H. Grundlegende Neuerungen enthalten folgende vom Reichstag am 9. II. 1931 (Sten-Ber. der 21. Sitzung S. 781ff., RTDr. Nr. 698 V. Wahlperiode) beschlossene Änderungen und Ergänzungen der Geschäftsordnung:

1. Für Finanzvorlagen der neue eingefügte § 48a: Sie werden vom Präsidenten des Reichstags unmittelbar dem zuständigen Ausschuß und dem Haushaltsausschuß oder nur dem letzteren überwiesen, falls nicht die Reichsregierung einer abweichenden Behandlung zustimmt. Finanzvorlagen sind alle Vorlagen, die für die Gegenwart oder die Zukunft auf die öffentlichen Finanzen einwirken (z. B. Steuern, Aufwand für öffentliche Zwecke, Bürgschaften usw. betreffen). Ob es sich um eine Finanzvorlage handelt, entscheidet in Zweifelsfällen der Präsident des Reichstags nach Anhörung des Ältestenrats. Anträge, die sich als Finanzvorlagen darstellen und eine Ausgabenerhöhung oder eine Einnahmensenkung zum Gegenstande haben, werden nur zusammen mit den dazugehörigen Titeln des Haushaltsplanes und nur dann beraten, wenn sie mit einem Ausgleichsantrage zu ihrer Deckung verbunden sind. Eine anderweitige Schätzung der Einnahmen gilt nur dann als Deckung, wenn die Reichsregierung sie als richtig anerkannt hat. Antrag und Ausgleichsantrag sind für die Beratung und Abstimmung ein einheitlicher und unteilbarer Antrag.

2. Für die Vertrauensfrage die neu eingefügten Abs. 2 und 3 des § 54: Ein Antrag, der feststellen will, ob der Reichskanzler, die Reichsregierung oder einzelne ihrer Mitglieder das Vertrauen des Reichstags besitzen oder nicht (Art. 54 RVerf.), darf nur in der Fassung eingebracht werden: „Der Reichstag entzieht dem Reichskanzler (der Reichsregierung, dem Reichsminister) das Vertrauen.“ Anträge nach Art. 54 RVerf. können nur in der Vollversammlung gestellt werden.

3. Für Interpellationen der § 55 in seiner jetzigen Fassung: Sie sind dem Präsidenten des Reichstags schriftlich einzureichen. Sie müssen knapp und sachlich gefaßt und von 30 Mitgliedern unterzeichnet sein. Sie dürfen nur Tatsachen enthalten, die zur Kennzeichnung der gewünschten Auskunft notwendig sind. Interpellationen, durch deren Inhalt der Tatbestand einer strafbaren Handlung begründet wird oder die parlamentarisch unzulässige Wendungen oder über die Angabe des Sachverhalts hinaus eine Beurteilung enthalten, sind unstatthaft. Interpellationen, die gegen diese Vorschriften verstoßen, hat der Präsident zurückzuweisen. Über eine Beschwerde gegen seine Entscheidung befindet der Ältestenrat endgültig.

4. Für kleine Anfragen der geänderte § 60: Für ihre Fassung und ihren Inhalt gilt dasselbe wie bei den Interpellationen. Verstoßen sie hiergegen, so sind sie vom Präsidenten zurückzuweisen.

Hans-Heinrich Lammers.

Reichsversicherungsamt.

1. Bei dem starken Anwachsen der Geschäfte ist die Zahl der Abteilungen im Reichsversicherungsamt von 2 auf 3 erhöht worden. Die erste umfaßt die Unfallversicherung, die zweite Kranken- und Invalidenversicherung, die dritte die Angestellten- und Knappschaftsversicherung sowie den Senat für Arbeitslosenversicherung.

2. Zur Sicherstellung einheitlicher Rechtsübung hat das Reichsversicherungsamt durch die Vorschriften der §§ 1715a und 1789 RVO. (Art. 1 Nr. 10 und 11 des G. vom 29. III. 1928 [RGBl. I, 117]) die Befugnis erhalten, über

gesetzliche Vorschriften von grundsätzlicher Bedeutung, deren Auslegung noch nicht festgestellt ist, auch ohne daß ein Einzelfall Anlaß dazu bietet, eine grundsätzliche Entscheidung zu treffen. Diese Vorschriften bezwecken insbesondere bei neuen Gesetzen von vornherein eine gleichmäßige Durchführung zu gewährleisten und Streitigkeiten vorzubeugen.

3. Ein eigenartiges Verfahren ist nach der Zweiten VO. über Ausdehnung der Unfallversicherung auf Berufskrankheiten vom 11. II. 1929 (RGBl. I, 27) für die sogenannten Rückwirkungsfälle, d. h. Streitsachen geschaffen, in denen der Entschädigungsanspruch darauf gestützt wird, daß die beim Inkrafttreten der Verordnung bestehende Berufskrankheit wesentlich durch berufliche Tätigkeit nach dem 31. XII. 1919 verursacht sei. Für diese Fälle ist ein besonderer Senat für Berufskrankheiten beim Reichsversicherungsamt eingerichtet, der gegenüber einer den Anspruch ablehnenden Feststellung des Versicherungsträgers ohne Zwischeninstanz entscheidet und der abweichend von der sonstigen Organisation der Senate besetzt ist. Die Teilnahme eines Arztes als Mitgliedes des Senates ist hier ausdrücklich vorgeschrieben. Das Verfahren ist stark vereinfacht durch die VO. vom 18. VIII. 1930 (RGBl. I 353).

4. In Angelegenheiten der Arbeitslosenversicherung ist nach § 182 des G. über Arbeitsvermittlung und Arbeitslosenversicherung in der Fassung vom 12. X. 1929 (RGBl. I, 153) der Umfang der Spruchtätigkeit des Reichsversicherungsamts sehr erheblich, wenngleich an sich ein Rechtsmittel gegenüber den Entscheidungen der Spruchkammern nicht gegeben ist. Die Spruchkammern können danach Sachen an den Spruchsenat unter Darlegung ihrer Rechtsauffassung abgeben, wenn über die zu entscheidende Frage noch keine grundsätzliche Entscheidung veröffentlicht ist; sie haben die Sachen abzugeben, wenn die Spruchkammer von der veröffentlichten grundsätzlichen Entscheidung des Reichsversicherungsamts abweichen will. Auch für einzelne Beschlußsachen ist die Zuständigkeit des Senats des Reichsversicherungsamts begründet.

O. Bassenge.

Reichsversicherungsordnung s. Arbeiterversicherung.

Reklamerecht.

I. Der Begriff der Reklame. Reklame ist ein Vorhaben, das sich zur Verfolgung wirtschaftlicher Interessen an das Publikum wendet, um für eine unbestimmte Anzahl von Geschäften Aufmerksamkeit zu erwecken und eine Einwirkung dahin auszuüben, daß das Publikum im Bedarfsfalle von dem Reklamegegenstand Gebrauch macht. Zum Begriffe der Reklame gehört es also, daß wirtschaftliche Interessen verfolgt werden; dies leugnet eine Entscheidung des ObLG. (JW. 31, 473) mit Unrecht, indem es eine politische Propaganda für Reklame erklärte. An solchen wirtschaftlichen Interessen mangelt es also bei Kundgebungen idealistischer Natur und solchen zur Aufrechterhaltung der öffentlichen Ordnung; deshalb sind Wahlplakate und Warnungsschilder keine Reklamekundgebungen. Ferner gehört zum Begriff der Reklame, daß sie für eine unbestimmte Zahl von Geschäften gemacht wird; z. B. fällt ein öffentliches Submissionsverfahren nicht in das Gebiet der Reklame.

Ist die Reklame hiernach ein geistiger Vorgang, eine Idee, so kann sie keinen gesetzlichen Regelungen unterworfen werden, da Gedanken „zollfrei“ sind.

Um ihren Zweck zu erreichen, ist die Verkörperung der Reklameidee erforderlich. Diese Verkörperung setzt ein Doppeltes voraus, einmal etwas, wofür Reklame gemacht wird (den Reklamegegenstand), und zweitens etwas, womit Reklame gemacht wird (die Reklamekundgebung).

II. Das Reklamerecht ist die Zusammenfassung aller der Rechtsvorschriften, die sich mit dem Reklamegegenstand und der Reklamekundgebung befassen. Wenn es auch eine Systematik dieses Reklamerechts, d. h. ein nach bestimmten Grundsätzen geordnetes Rechtsgebiet nicht gibt, sondern sich die betreffenden Rechtsvorschriften über das gesamte Recht verstreut finden, so ist nicht einzusehen, weshalb eine Zusammenfassung dieser einzelnen Vorschriften unter der Bezeichnung „Reklamerecht“ nicht möglich sein soll, was Elster in HdR. VI, 892, GRUR. 29, 445 (ZStrR. 50, 780) zwar nicht geleugnet, aber nur in praktischem Sinne gutgeheißen hat.

III. Der an sich freien Reklamebetätigung setzt der Gesetzgeber dann eine Schranke, wenn sie mißbräuchlich wird, d. h. gegen öffentliche oder private Interessen verstößt. Diese rechtlichen Schranken können der Reklamebetätigung dadurch gesetzt werden, daß der Gesetzgeber die Ausübung einer bestimmten Reklamebetätigung an bestimmte Voraussetzungen knüpft oder daß er bestimmte Reklamebetätigungen überhaupt verbietet.

Das Reklamerecht befaßt sich zunächst mit den rechtlichen Schranken der Reklamebetätigungen. Daneben hat das Reklamerecht diejenigen Rechtsvorschriften zu umfassen, die die Rechtsverhältnisse der Reklametreibenden unter sich und ihren Vertragsgegnern (die Rechtsnatur der Reklamekundgebung und den Reklamevertrag) betreffen.

IV. Die vorliegenden Ausführungen können in dem zur Verfügung stehenden Raum das angedeutete gewaltige Rechtsgebiet nur in einem kursorischen Überblick behandeln und nur den Reklamevertrag etwas eingehender darstellen. Bezüglich der nur im Überblick behandelten Teile ist auf die übrigen Artikel des Handwörterbuchs (z. B. Name, Firma, Patent, Warenzeichen, Wettbewerb usw.) zu verweisen.

V. Bei der Betrachtung der rechtlichen Schranken der Reklamebetätigung ist von der oben behandelten Einteilung in Reklameobjekt und Reklamekundgebung auszugehen:

A. Als Reklameobjekt kommt nur der Name, die Firma, die Geschäftsbezeichnung, die Leistung oder Ware des Reklametreibenden oder die von ihm vertriebene Ware in Betracht. Das Reklameobjekt unterliegt den allgemeinen Schranken, die der Gesetzgeber dem Erwerb und der Benutzung des Namens, der Firma usw. setzt; ebenso bestehen für die Leistungen und Waren des Gewerbetreibenden keine anderen als die allgemeinen Schranken.

B. Die Reklamekundgebungen können sich dagegen der mannigfachsten Ausdrucksform bedienen. Die Reklamekundgebung kann mündlich, z. B. durch Ausrufer, Reisende, oder schriftlich, durch Plakate, Inserate, Schilder, Lichtreklame, Film, oder durch besondere Veranstaltungen, z. B. Ausstellungen, Erregung von Sensationen usw. erfolgen.

Die Beschränkungen dieser mannigfachen Ausdrucksformen der Reklamekundgebungen sind in öffentlichrechtliche und privatrechtliche einzuteilen.

a) Die öffentlichrechtlichen Beschränkungen können sich im allgemeinen auf Reklamekundgebungen, auf solche bestimmter Berufe oder auf einzelne Arten beziehen.

1. Als allgemeine öffentlichrechtliche Beschränkungen kommen zunächst allgemeine Strafvorschriften in Betracht. So kann eine Reklamekundgebung unsittlich sein (gegen die §§ 184, 184a StGB. verstoßen), oder eine Beleidigung oder Betrug darstellen (§§ 185ff., 263, 360 Ziff. 7 und 8 StGB.; 313 Ziff. 2 HGB.; 45, 88ff. BörsenG.; 82 Ziff. 3 GmbHG.). Auch kann eine Reklamekundgebung wegen unzulässiger Ausspielung strafbar sein (286 StGB.; 6, 9 RennwettG.). Ferner kann eine Reklamekundgebung gegen allgemeine polizeirechtliche Normen verstoßen, so kommen als Schranken die §§ 10, II, 17 ALR.; 6b, c, f PolVerG.; 360 Ziff. 6, 10, 11 StGB. in Betracht. Auch die gewerberechtlichen Polizeiverordnungen betreffend die Ausverkäufe auf Grund von §§ 6, 9 UWG. und die Bekanntmachungen betreffend Kerzen, Garn, Schokolade usw. auf Grund des § 11 UWG. stellen allgemeine Reklamebeschränkungen dar. Ebenso enthalten die gesundheitspolizeilichen Vorschriften für den Verkehr mit Lebens- und Arzneimitteln Reklamebeschränkungen.

2. Bestimmte Berufe unterliegen erheblichen Einschränkungen ihrer Reklame in einzelnen Gesetzen, so die Beamten (§ 10 RBG., § 2 PrBG.), die Richter (§ 1 des PrG. vom 7. V. 1851), die Geistlichen (§ 2 des PrG. vom 16. VII. 1886), die Rechtsanwälte (§ 28 RAnwO.), die Patentanwälte (§ 5 d. G. vom 21. V. 1900), die Notare (§ 1 des PrG. vom 7. V. 1851), die Ärzte (§ 3 des PrG. vom 25. XI. 1899), die Zahnärzte (§ 1 des PrG. vom 30. VI. 1923), die Tierärzte (PrVO. vom 2. IV. 1911), die Hebammen (§ 10 der Ausführungsbestimmungen des PrG. vom 20. VII. 1922) und die Börsenbesucher (§ 10 BörsenG.).

3. Bei der Betrachtung der Beschränkungen der einzelnen Arten von Reklamekundgebungen ist die mündliche, die schriftliche und die Reklame durch besondere Veranstaltungen gesondert zu betrachten.

Die mündliche Reklame wird durch Ausrufer, Reisende, oder im Straßen- und Hausierhandel betrieben. Die Ausrufer unterliegen meist nur örtlichen Polizeivorschriften, vgl. z. B. für Berlin § 68 BerlStrO. Die Reisenden dagegen unterliegen den für das ganze Reich gültigen Bestimmungen der §§ 55, 43, 44, 44a RGewO. Der Straßen- und Hausierhandel unterfällt als Wandergewerbe oder als ambulanter Gewerbebetrieb den allgemeinen gewerberechtlichen Vorschriften der §§ 42, 42a, 42b, 43, 44, 44a und 55—64 RGewO. und häufig auch örtlichen verkehrspolizeilichen Vorschriften (z. B. §§ 69, 72 BerlStrO. für Berlin).

Bei der schriftlichen Reklame unterliegen die Druckschriften nur dem PreßG. Für die Plakate sind § 30 RPG. und die VerunstaltungsG. (in Preußen vom 16. VI. 1902 und 15. V. 1907) zu beachten. Die schriftliche ungedruckte Reklame unterliegt häufig polizeilichen Vorschriften. Die Reklame für und durch den Film beschränkt das LichtspielG.; die Rauchreklame durch Flugzeuge ist nach § 11 Ziff. 1 LuftverkehrsG. genehmigungspflichtig. Die Reklame durch Flugzeuge unterliegt außerdem den Vorschriften des § 57 LuftvVO, vom 19. VII. 1930 (RGBl. I, 363ff.) mit der Preuß. Ausführungsanweisung vom 30. V. 1930 (MBl. i.V. 1930 Nr. 47 Ziff. VII).

Die Reklame durch besondere Veranstaltung ist mancherlei Beschränkungen unterworfen.

Die Laden- und Schaufensterreklame unterliegt neben den allgemeinen Beschränkungen — sie kann z. B. wegen Verstoß gegen 184 StGB. strafbar sein — aus örtlichen sicherheitspolizeilichen Beschränkungen, für Berlin sind z. B. die §§ 77 II, 3 I BerlStrO. maßgebend. Ebenso liegt es mit den Reklamekundgebungen an Mauern, Zäunen, Häusern, Vorgartenbefriedigungen, für die für Berlin § 65 BerlStrO. maßgebend ist. Die Automaten unterliegen den gewerbepolizeilichen Vorschriften der §§ 14, 41a, 139c—f RGewO. und örtlichen Polizeivorschriften, z. B. § 65 BerlStrO. Die Märkte, Messen und Ausstellungen werden durch die Vorschriften der §§ 64—71 RGewO. geregelt, daneben greifen für sie in Preußen die Erlasse vom 5. IV. 1904 (HMBl. 98), 22. XI. 1919 (HMBl. 331) und 8. II. 1928 (HMBl. 18) Platz.

Der Ausschank von Getränken — z. B. Reklametees — bedarf der Schankkonzession nach § 33 RGewO., ebenso bedarf der Veranstalter von Singspielen, Personenschaustellungen in der Regel einer Konzession nach § 33a RGewO.

Das Umhertragen und Umherfahren von Ankündigungsmitteln (Sandwichmen) unterliegt nur sicherheitspolizeilichen Beschränkungen; es ist in Berlin in der Bekanntmachung des Polizeipräsidenten vom 15. I. 29 zum § 66 BerlStrO. geregelt. Auch ist das Musizieren auf der Straße oft durch sicherheitspolizeiliche Vorschriften beschränkt, in Berlin z. B. durch § 68 BerlStrO. die Erregung von Sensationen kann schließlich nach § 360 Ziff. 11 StGB. strafbar sein.

b) Die privatrechtlichen Beschränkungen einer Reklamebetätigung liegen darin, daß der Einzelne oder gewisse Organisationen sich unzulässige Eingriffe in ihre Rechtskreise nicht gefallen zu lassen brauchen, sondern Unterlassung einer solchen Störung und Schadensersatz verlangen können. Daß im Einzelfalle eine Reklamebetätigung strafbar sein kann, hindert die Geltendmachung von zivilrechtlichen Ansprüchen nach der neuen Rechtsprechung des RG. nicht (RGZ. 115, 84).

Die Vorschriften, die einen Schutz gegen unzulässige Eingriffe durch Reklamebetätigungen gewähren, sind nicht selten und finden sich über das ganze Privatrecht verstreut. So gewährt § 12 BGB. Schutz gegen unzulässige Eingriffe in das Namensrecht; das Firmenrecht wird durch §§ 30, 37 HGB. geschützt. Auch kann eine Reklamebetätigung in unzulässiger Weise in das Eigentum oder den Besitz eingreifen; hier gewähren die §§ 906ff. BGB. (OLGR. 9, 295) Schutz. Die Vorschriften des G. über den unlauteren Wettbewerb enthalten in den §§ 1, 3, 4, 14, 15, 16 in mannigfacher Hinsicht Schutz gegen eine unzulässige Reklamebetätigung. Unzulässige Eingriffe in ein Warenzeichen, in ein Patent, in ein Urheberrecht werden nach dem WZG., PatG., LitUG. und KunstUG. geschützt.

VI. Bei dem Reklamevertrage sind die Rechtsbeziehungen zwischen den Reklametreibenden untereinander und ihren Vertragsgegnern gegenüber zu betrachten.

A. Zunächst ist die Rechtsnatur der Reklamekundgebung zu untersuchen; d. h. es ist zu prüfen, ob in einer Reklamekundgebung eine vom Publikum annehmbare Offerte oder nur eine Aufforderung zur Abgabe von Offerten von seiten des Publikums an den Reklametreibenden zu sehen ist. Als Kriterium dafür, ob im Einzelfalle eine Offerte oder eine Einladung zu einer solchen vorliegt, gilt, ob die Reklamekundgebung in einer Form erscheint, die auf die Bestimmung hinweist, unmittelbar angenommen zu werden und zu einem Vertragsschluß zu führen. Dazu wird in der Regel Bestimmtheit der Sache und Bestimmtheit des Preises erforderlich sein, im übrigen entscheidet über die Rechtsnatur der Reklamekundgebung die Verkehrsanschauung.

Nach der Verkehrsanschauung wird im allgemeinen bei Angeboten und Nachfragen von und nach persönlichen Diensten, bei Reklamekundgebungen in Zeitungsannoncen, Preislisten, Katalogen, Anschlägen nur eine Einladung zur Offertenabgabe vorliegen. Schaufensterauslagen sind in der Regel nur dann als Offerten anzusehen, wenn sie mit Preisen versehen sind. Theateranzeigen werden bis zum Ausverkauf der Karten dann als Offerten gelten, wenn sie die Preise im einzelnen und genau enthalten. Die Aufstellung von Automaten enthält Offerten für den Kauf der in den Automaten enthaltenen Waren. Ebenso ist in der Zusendung einer unbestellten Ware eine Offerte zu erblicken. Der Empfänger wird im allgemeinen durch die Annahme der Waren nur zu deren Aufbewahrung mit diligentia quam suis verpflichtet. Der Gebrauch oder eine grobfahrlässige Beschädigung der Ware würde aber zur Annahme der in der Zusendung liegenden Offerte führen.

B. Die Rechtsbeziehungen der bei der Reklameausübung beteiligten Personen stellen sich im allgemeinen als Miete, Pacht, Dienst-, Werkvertrag oder Modifikationen dieser Vertragstypen dar.

a) Soweit die Rechtsbeziehungen den Gegenstand einer Miete, Pacht, eines Dienstvertrages oder eines reinen Werkvertrages bilden, bestehen für ihre rechtliche Würdigung und die daraus zu ziehenden Konsequenzen keine großen Besonderheiten, sodaß an dieser Stelle eine Verweisung auf die betreffenden Artikel ausreichend erscheint.

b) Lediglich der sogenannte Inseratenvertrag, der spezifisch seinen Zweck in der Reklame hat, ist größeren Besonderheiten unterworfen.

1. Die Rechtsnatur des Inseratenvertrages ist in der Literatur fast durchweg als Werkvertrag angesehen worden (so Wolff-Crisolli „Das Recht der Reklame" S. 345; Ebner „Anzeigenrecht" S. 145; Hoeniger „Inseratenrecht" S. 38; Staub HGB. 1921, Anm. 15 zu § 381; Staudinger Vorb. e zu § 631; OLG. Dresden im Sächs. Arch. 2, 344; Jaeger KO. Anm. 1 zu § 17; Pfafferott „Der Anzeigenvertrag im Konkurse" S. 12; Hachmeister „Der Inseratenvertrag als Werkvertrag" S. 6; vgl. auch RGZ. 70, 24; a. A. Elster in HdR. 1 Sp. 246 und GRUR. 1915, 189ff., der auch Mietrechtsregelungen angewendet wissen will).

Der Inseratenbesteller hat das Inserat, d. h. die Reklameworte, aufzugeben und zu bezahlen, der Unternehmer hat es an der vereinbarten Stelle — z. B. in der Zeitung, an oder in bestimmten Fahrzeugen oder in bestimmten Räumen — zur vereinbarten Zeit in der vereinbarten Form zur Verbreitung zu bringen. Daß das Publikum von dem Inserat wirklich Kenntnis nimmt, ist nicht zum Inhalt der Leistung des Unternehmers geworden; dies ist nur der Zweck des Vertrages (so RG. in DJZ. 16, 1168; Rosenthal in DJZ. 14, 1163; a. A. Recken LZ. 8, 16, 96; JW. 15, 253). Der Reklamezweck beim Inseratenvertrag ist, wenn er auch nicht zum Inhalt des Vertrages geworden ist, deshalb rechtlich nicht unbeachtlich. Aus dem beiden Parteien bekannten Reklamezweck folgt, daß der Unternehmer alles zu unterlassen hat, was diesen Zweck vereitelt oder beeinträchtigt, soweit dies nach Treu und Glauben mit Rücksicht auf die Verkehrssitte geboten erscheint, was nur nach Lage des Einzelfalles zu entscheiden ist. Regelmäßig wird man nach der Verkehrssitte es nicht ohne weiteres als verboten ansehen, daß der Unternehmer bei Zeitungsinseraten, Wagenplakaten, Kinoreklamen — aber nicht bei Aussendung von Sandwichmen —, neben dem Inserat des Bestellers noch andere Inserate verbreitet. Bestritten ist, ob ein Zeitungsunternehmer, in dem redaktionellen Teil eine abfällige Kritik des Unternehmens des Inseratenbestellers bringen darf. Hier ist nach der Verkehrssitte nur eine über das zulässige Maß hinausgehende Kritik als verboten anzusehen (RG. in LZ. 26, 1070).

2. Die rechtliche Besonderheit des Inseratenvertrags liegt darin, daß er ein Werkvertrag mit einer „ideellen, immateriellen" Leistung ist. Die Leistung des Unternehmers, die Verbreitung, besteht nämlich nicht darin, daß er das Inserat an der vereinbarten Stelle bringt, sondern daß er es „verbreitet". Seine Leistung liegt in dem Zur-Kenntnis-Bringen, körperlich, materiell ist sie nicht faßbar.

Aus dieser rechtlichen Besonderheit folgt, daß der Besteller bei einer mangelhaften Leistung des Unternehmers, eine ihm sonst nach dem Werkvertrage zustehende Nachbesserung oder Wandlung nicht verlangen kann, da die mangelhafte Leistung, weil sie körperlich nicht faßbar ist, irreparabel ist und nicht zurückgewährt werden kann.

Hiernach kann der Besteller bei mangelhafter Leistung des Unternehmers nur Minderung verlangen, da der Minderungsanspruch im Gegensatz zur Wandlung eine Rückgängigmachung nicht zur Folge hat (Crisolli ZHR. 93, 239).

Der Minderungsanspruch führt dazu, daß der Werklohn des Unternehmers in dem Verhältnis herabgesetzt wird, in welchem der Wert seiner Leistung in mangelfreiem Zustand zu dem Wert der mangelhaften steht. Dies Wertverhältnis ist im Inseratenvertrag außerordentlich schwer festzustellen. Es kann sein, daß ein Inserat durch einen Fehler gänzlich wertlos wird, z. B. ein Inserat eines Mädchenpensionats erhält als Druckchiffre das Zeichen „§ 11"; andererseits ist aber auch möglich, daß der Druckfehlerteufel ein sonst wenig auffallendes Inserat durch einen Druckfehler witzig macht und dadurch in seinem Wert erhöht.

3. Eine andere Besonderheit des Zeitungsinseratenvertrages ist schließlich, daß der Zeitungsunternehmer im allgemeinen im Falle der Nichtlieferung des Inseratentextes durch den Besteller nach § 642 BGB., oder im Falle der Kündigung durch den Unternehmer nach § 649 BGB. die volle Vergütung als Entschädigung verlangen kann, da der Zeitungsunternehmer

durch den Ausfall eines Inserates nichts erspart.

Schrifttum:

Eine zusammenfassende Darstellung des Reklamerechts ist bisher außer Wolff-Crisolli, Das Recht der Reklame, Berlin 1929, aus dem einige Stellen hier entnommen sind, nicht erschienen. Es sei daher bezüglich des Reklamerechts im allgemeinen nur auf die allgemeinen Lehrbücher und Kommentare verwiesen.

Bezüglich des Inseratenrechts: Elster, Art. Anzeigenrecht in Bd. I Sp. 246ff. und Zur Lehre vom Inseratenvertrag (GRUR. 15, 184ff.). — Hoeniger, Das Inseratenrecht, Berlin 1909. — Ebner, Anzeigenrecht, Berlin 1929. — Pfafferott, Der Anzeigenvertrag im Konkurse, Berlin 1924. — Hachmeister, Der Inseratenvertrag als Werkvertrag, München 1916.

Karl-August Crisolli.

Rentengüter s. Landesrentenbank.

Republikschutzgesetz.

(HdR. V, 99.)

1. Das Republikschutzgesetz vom 21. VII. 1922 (RGBl. I, 585), das durch G. vom 2. VII. 1927 (RGBl. I, 125) um zwei Jahre verlängert war, ist am 22. VII. 1929 außer Kraft getreten. Nachdem am 30. XI. 1929 ein Entwurf eines Gesetzes zum Schutze und zur Befriedung des politischen Lebens dem Reichstag unterbreitet war, ist das Gesetz am 25. III. (RGBl. I 91) erlassen, am 28. III. 1930 verkündet und nach § 15 mit dem Tage nach der Verkündung, und zwar mit der alten Überschrift in Kraft getreten. Auch dieses Gesetz ist zeitlich begrenzt. Es soll nach § 15 Satz 2 mit dem Inkrafttreten des neuen allgemeinen deutschen Strafgesetzbuches, spätestens am 21. XII. 1932 außer Kraft treten. Die Anwendung des alten Gesetzes (a. G.) auf die zur Zeit des Inkrafttretens des neuen Gesetzes (n. G.) noch nicht abgeurteilten Zuwiderhandlungen ist nur beseitigt worden, insoweit das n. G. gegenüber dem a. G. das mildere Gesetz ist, weil § 2 Abs. 2 StGB. auf Zeitgesetze nicht ohne weiteres anwendbar ist (RGSt. 57, 209; 61, 223).

2. Die Strafvorschriften der §§ 1—4 a. G. sind durch § 1 n. G. ersetzt. Danach wird mit Gefängnis nicht unter drei Monaten bestraft, wer an einer Verbindung oder Verabredung teilnimmt, die Verbrechen wider das Leben bezweckt oder als Mittel für andere Zwecke in Aussicht nimmt, oder wer eine solche Verbindung unterstützt. In besonders schweren Fällen ist die Strafe Zuchthaus bis zu zehn Jahren. Diese Bestimmungen entsprechen wörtlich dem § 176 StGB.-Entwurf und beschränken in wesentlicher Abweichung vom a. G. den Kreis der geschützten Personen nicht mehr auf Regierungsmitglieder. Der Begriff der Verbindung entspricht den §§ 128, 129 StGB. (s. § 4 Abs. 4[1] n. G.), der der Verabredung u. A. dem § 83 StGB. Beide müssen ein Verbrechen wider das Leben bezwecken, und zwar nur das Verbrechen gegen § 211 StGB. Die Verabredung eines Totschlages (§ 212 StGB.) erscheint ausgeschlossen, aber auch dann tritt Strafbarkeit ein, wenn der Mordplan nur als Mittel für andere Zwecke in Aussicht genommen ist. In gleicher Weise wird die Unterstützung einer solchen Verbindung bestraft. Hier liegt eine Abweichung von § 4 a. G. vor, weil jetzt nicht mehr wie früher die Mittel der Unterstützung (Rat oder Tat, insbesondere Geld) erwähnt werden, weil jetzt nicht mehr wie früher die Unterstützung eines an einer Verabredung Beteiligten mit Strafe bedroht ist. Der Begriff der Unterstützung geht weiter als der der Beihilfe und umfaßt jede Maßnahme, die geeignet ist, zur Erhaltung der Verbindung und zur Förderung ihrer Ziele beizutragen (Kiesow-Zweigert, Anm. III zu § 4). Auch eine mittelbare Unterstützung ist denkbar. Die in Abs. 2 erwähnte Strafandrohung für besonders schwere Fälle entspricht dem § 7 Abs. 2 a. G. und dem § 77 Abs. 1 Entwurf-StGB. Ein besonders schwerer Fall liegt vor, wenn der verbrecherische Wille ungewöhnlich stark und verwerflich und die Tat wegen der besonderen Umstände ihrer Begehung oder wegen ihrer verschuldeten Folgen besonders strafwürdig ist. Nach § 6 Abs. 1 n. G. liegt dann ein Verbrechen im technischen Sinne vor (RGSt. 52, 218; 60, 215). Für den Fall, daß eine beabsichtigte Tötung begangen oder versucht wurde, sind im Gegensatz zu § 1 Abs. 2 a. G. keine besonderen Rechtsfolgen vorgesehen. Es gelten daher die allgemeinen Bestimmungen; nur hat der Rücktritt vom Versuche (§ 46 StGB.) Straflosigkeit wegen der nach § 1 n. G. verwirkten Strafe nicht zur Folge. Denn in § 1 Abs. 3 sind die Voraussetzungen, unter denen Befreiung der Teilnehmer usw. erfolgen kann, ausdrücklich genannt. Diese Straffreiheit tritt nur dann ein, wenn der Teilnehmer usw. der Behörde oder dem Bedrohten so rechtzeitig Nachricht gibt, daß ein in Verfolgung der Bestrebungen der Verbindung oder Verabredung beabsichtigtes Verbrechen wider das Leben verhindert werden kann. Eine ähnliche Bestimmung enthielt § 3 a. G. (s. §§ 175, 176 Entwurf z. StGB.). Wesentlich ist besonders auch die Rechtzeitigkeit der Nachricht, be-

züglich welcher es auf die tatsächlich erlangte Kenntnis ankommt.

3. Der § 2 n. G. entspricht dem § 5 a. G. und dem § 199 des Entwurfes zum StGB. und enthält Bestimmungen über die Anzeigepflicht, für die Voraussetzung ist, daß eine Verbindung oder Verabredung im Sinne des § 1, also bereits eine strafbare Handlung vorliegt, oder daß ein Plan oder ein Vorhaben, eine Person zu töten, besteht. Im Gegensatz zu § 139 StGB., wonach das Verbrechen oder ein strafbarer Versuch des Verbrechens begangen sein muß, damit die Strafbarkeit eintritt, ist diese Voraussetzung in § 2 n. G. nicht erwähnt. Voraussetzung ist nur glaubhafte Kenntnis von den Tatsachen:

Die Anzeigepflicht besteht also nur für denjenigen, dem die zu seiner Kenntnis gelangte Tatsache glaubhaft erscheint. Dann muß er rechtzeitig Anzeige machen, damit die Ausführung des geplanten Verbrechens verhindert wird.

In den Absätzen 2 und 3 sind bestimmte Personen von der Anzeigepflicht befreit: In erster Reihe die einzelnen Täter, Anstifter Gehilfen usw. selbst (RGSt. 57 398 sowie § 138 StGB.); ferner die Geistlichen hinsichtlich dessen, was ihnen bei Ausübung der Seelsorge anvertraut ist (§ 5 a. G.); ebenso Rechtsanwälte, Verteidiger und Ärzte, die nicht anzuzeigen brauchen, was ihnen bei Ausübung ihres Berufes anvertraut ist, sofern sie sich ernstlich bemüht haben, die Täter usw. von der Tat abzubringen oder den Erfolg abzuwenden, es sei denn, daß es zu einer Tötung oder einem Versuch gekommen ist, was bei rechtzeitiger Erstattung der Anzeige hätte verhindert werden können. Die zuletzt Genannten sind den Verwandten auf- und absteigender Linie, dem Ehemann und Geschwistern gleichgestellt. Es liegt also hier nur eine bedingte Ausnahme vor; Bestrafung kann nur erfolgen, wenn ein ursächlicher Zusammenhang zwischen der Tat und der Unterlassung der Anzeige besteht.

4. In § 3 n. G. ist eine besondere Strafbestimmung enthalten bei einem Angriff auf Leib oder Leben, Gewalttätigkeit gegen den Reichspräsidenten oder Mitglieder einer Reichs- oder einer Landesregierung. Die Bestimmung entspricht § 7 Ziff. 1 u. 3 a. G. Sie kommt aber nur in Frage, soweit nicht andere Vorschriften eine schwerere Strafe androhen. Die Fassung des § 24 a. G. ist nicht übernommen. Aus dem Zwecke der Vorschrift ergibt sich aber, daß der Begriff der Mitglieder der Landesregierung kaum ein anderer als früher sein kann. Geschützt werden nur die zur Zeit der Tat im Amte befindlichen Regierungsmitglieder (RGSt. 57, 415).

Der Begriff „Angriff auf Leib oder Leben“ steht auch in § 7 Nr. 1 a. G. und umfaßt alle vorsätzlichen Angriffe auf die körperliche Unversehrtheit, mögen sie auch im Rahmen eines anderen Deliktes, z. B. eines Raubes begangen sein (Erkl. des Reg.-Vertreters in der 103. Sitzung). Der im Gesetz erwähnte technische Begriff der Gewalttätigkeit entspricht der bisherigen Gesetzessprache (§ 107 a. G., §§ 122 Abs. 3, 124, 125 Abs. 2 StGB.). Eine Verletzung ist hierzu nicht erforderlich. Die Strafen sind nach Abs. 1 Gefängnis nicht unter drei Monaten und nach Abs. 2, sofern die Gewalttätigkeit verabredet ist, oder nachher eine Belohnung erfolgt, Gefängnis bis zu drei Jahren, aber nicht unter einem Monat.

5. In § 4 n. G., durch den § 7 Ziff. 4 und 5 a. G. wörtlich ersetzt wird, sind Strafvorschriften enthalten für die Teilnahme an einer geheimen oder staatsfeindlichen Verbindung (§§ 128, 129 StGB.), die die Bestrebungen verfolgt, die verfassungsmäßig festgestellte republikanische Staatsform des Reiches oder eines Landes zu untergraben, oder gegen die Unterstützung einer solchen Verbindung. Der Anschluß an eine solche Verbindung, deren Mitglieder unbefugt Waffen besitzt, wird mit Strafe bedroht. Es muß hier zunächst geprüft werden, ob ein Vergehen gegen §§ 128, 129 StGB. vorliegt; erst dann kommt es auf die Qualifikation der Tat an. Der Begriff des Untergrabens der Staatsform ist bestehen geblieben. Im Ausschuß ist der Standpunkt vertreten worden, daß nicht nur ungesetzliche Tätigkeit, sondern eine an sich erlaubte Tätigkeit unter diesem Begriffe gebraucht werden kann (vgl. besonders Cohn-Schäfer-Wichards, Anm. III, 3 S. 57, und Lehmann, JW. 1930, S. 1149). Ziff. 2 setzt voraus, daß ein unbefugter Waffenbesitz erwiesen wird. Wichtig ist, daß zwischen dem Inkrafttreten der beiden Gesetze der Erlaß des Gesetzes über das Tragen von Schußwaffen und Munition vom 22. IV. 1928 (RGBl. I, 143) liegt, das im § 4 nur in beschränkten Fällen (§§ 17, 23, 24) einen unbefugten Waffenbesitz annimmt. Die Unterstützung einer Verbindung im Sinne der Ziff. 2 reicht nicht aus, gefordert wird, daß der Täter sich einer solchen Verbindung anschließt (s. auch § 27 StGB.).

6. Sehr wichtig sind die Bestimmungen des § 5 n. G., wonach mit Gefängnis nicht unter drei Monaten neben dem auf Geldstrafe anerkannt werden darf, erkannt wird:

a) wenn jemand öffentlich oder in einer Versammlung die verfassungsmäßig festgesetzte republikanische Verfassungsform eines Reiches oder eines Landes beschimpft oder mit Willen und Überlegung verächtlich macht, oder dadurch herabwürdigt, daß er den Reichspräsidenten oder ein Mitglied der

Reichs- oder Landesregierung beschimpft oder verleumdet.

Hier ist davon auszugehen, daß das Reichsgericht in der Entscheidung RGSt. 57, 209 den Begriff der Staatsform festgelegt hat und daß dieser Begriff auch für das n. G. ausdrücklich beibehalten werden soll, da alle entgegenstehenden Anträge abgelehnt worden sind. Betroffen werden sollen in erster Reihe die Beschimpfungen, also durch ihre Form und Inhalt besonders verletzende rohe Ausdrücke der Mißachtung (RGSt. 57, 209; 61, 308 usw.), die nicht nur durch Worte, sondern auch durch Gesten erfolgen können. Da nach dem a. G. gewisse Fälle nicht betroffen werden konnten, ist jetzt die Begehungsart des mit Überlegung Verächtlichmachens in den Tatbestand eingefügt worden.

Schließlich kommt die Herabwürdigung der Staatsform durch Beschimpfung oder Verleumdung der in Ziff. 1 genannten Personen in Betracht. Also diese Beschimpfung oder Verleumdung muß dem Zwecke der Herabwürdigung der Staatsform dienen (RGSt. 57, 185);

b) wenn jemand die Farben und Flaggen des Reichs oder Landes beschimpft oder böswillig und mit Überlegung herabzusetzen versucht. Es sollen nicht nur die Farben Schwarz-Rot-Gold, sondern auch die Handelsflagge und andere Flaggen, z. B. die Reichskriegsflagge, geschützt werden. Da jetzt nicht nur die Beschimpfungen, sondern auch die mit Überlegung erfolgte Herabsetzung mit Strafe bedroht wird, ist die Verfolgung von Äußerungen ermöglicht, die nach dem a. G. oft nicht möglich war;

c) wenn jemand einen verstorbenen Reichspräsidenten oder ein verstorbenes Mitglied einer Reichs- oder Landesregierung in Beziehung auf sein Amt beschimpft oder verleumdet. Hierdurch ist die Bestimmung des § 7 Ziff. 2 a. G. erweitert, aber nur, wenn eine Beziehung auf das Amt vorliegt. Eine solche Beziehung kann auch mittelbarer Art sein. Endlich wird

d) in § 5 Ziff. 4 die Aufforderung zur Begehung gewisser Taten und die Verherrlichung oder ausdrückliche Billigung begangener Taten mit Strafe bedroht im Einklang mit § 7 Ziff. 1 u. 3 a. G. Alle in § 5 a. G. erwähnten Handlungen sind nur strafbar, wenn sie öffentlich oder in einer Versammlung begangen werden. Versammlung ist das Zusammensein oder Zusammenhalten einer größeren Personenmehrheit, die an einem bestimmten Ort zusammentritt zu einem gemeinsamen Zwecke (RGSt. 63, 136; 46, 32).

7. § 6 n. G. entspricht § 10 a. G. und droht als Folge der Verurteilung zu Zuchthaus bei Hochverrat oder bei einem Verbrechen aus § 1 Abs. 2 in Ergänzung des § 31 StGB. den Verlust der aus öffentlichen Wahlen hervorgegangenen Rechte als notwendige Folge an.

Nach § 2 kann bei Verurteilung zu Gefängnis wegen Hochverrates oder wegen strafbarer Handlungen aus § 1 Abs. 5 n. G. zugleich auf Unfähigkeit zur Bekleidung öffentlicher Ämter und bei Soldaten auf Lösung des Dienstverhältnisses erkannt werden, unbeschadet der Bestimmungen des Strafgesetzbuches (§§ 32, 33 das.).

8. § 7 n. G. ersetzt den § 11 a. G., wonach die Verfolgung von Deutschen und Ausländern auch möglich ist, wenn die Tat im Auslande begangen ist (sogenannte Weltverbrechen).

9. In den §§ 8—11 sind Vorschriften über Versammlungen und Vereine enthalten. § 8 knüpft die Zulässigkeit von Auflösungen von Versammlungen, in denen Zuwiderhandlungen gegen die §§ 1, 3, 4, 5 vorkommen, an die Voraussetzung, daß dadurch der Frieden gestört wird, und gewährt den Schutz des Art. 123 RVerf. nur den Versammlungen, zu denen sich die Teilnehmer friedlich und ohne Waffen versammeln. Es liegt also eine Ergänzung des Reichsvereinsgesetzes vor. In Abs. 2 sind für Mitteilung der Gründe der Auflösung, für das Beschwerdeverfahren und für die Bestrebungen von Zuwiderhandlungen die maßgebenden Bestimmungen dieses Gesetzes aufrechterhalten worden. Der § 9 n. G. ersetzt die §§ 14 Abs. 2 und 17 a. G. über die Auflösung von Vereinen. Während nach dem a. G. Vereine, Verbindungen unter bestimmten Voraussetzungen verboten und aufgelöst werden konnten, verweist § 9 n. G. auf die Bestimmungen des Reichsvereinsgesetzes und regelt das Beschwerdeverfahren. Zuständig sind die obersten Landesbehörden oder die von ihnen bestimmten Stellen. Nach Abs. 2 kann der Reichsminister die oberste Landesbehörde um Auflösung ersuchen. Falls seinen Anordnungen nicht entsprochen werden sollte, muß die oberste Landesbehörde das Reichsverwaltungsgericht, zur Zeit das Reichsgericht (4. Strafsenat), anrufen. Das Beschwerdeverfahren ist in Abs. 3 geregelt. Auch der Reichsinnenminister kann das Reichsverwaltungsgericht anrufen, wenn die oberste Landesbehörde der Beschwerde des Vereins abgeholfen hat.

In § 10 ist die Beschlagnahme und Einziehung des Vermögens des aufgelösten Vereins für zulässig erklärt, doch müssen zur Vermeidung von Härten Gläubiger des Vereins aus dem Vereinsvermögen befriedigt werden. Endlich wird in § 11 entsprechend dem § 19 a. G. derjenige mit Strafe bedroht, der sich an einem aufgelösten Verein als Mitglied beteiligt oder ihn auf andere Weise unterstützt oder seine durch den Verein geschaffenen organisatorischen Zusammenhänge weiter aufrecht erhält. Gesellschaftliche Beziehungen können aufrecht erhalten bleiben.

10. In den §§ 12 bis 14 sind Vorschriften über die Presse enthalten. § 12 ergänzt die Vorschriften des § 23ff. des Reichspreßgesetzes dahin, daß bei Vorliegen der in §§ 1, 4, 5 des Gesetzes sowie §§ 81—86 und 110 StGB. bezeichneten starfbaren Handlungen ebenfalls die Beschlagnahme von Druckschriften zulässig sein soll, mit der Maßgabe, daß der Staatsanwaltschaft gegen den die Beschlagnahme aufhebenden Beschluß des Gerichtes sofortige Beschwerde mit aufschiebender Wirkung zusteht. Besonders wichtig erscheint die Erwähnung des § 110 StGB. Der § 13 gibt der obersten Landesbehörde unter gewissen Voraussetzungen das Recht des Verbotes periodischer Druckschriften, und zwar mit Wirkung für das ganze Reich. Die Reichsregierung hat ausdrücklich anerkannt, daß § 13 mit Art. 118 RVerf. vereinbar ist und dies durch die ausführliche Erklärung zum § 14 der Reichstagsvorlage betont (106. Sitzung des Ausschusses S. 5). Das Verbot der Druckschriften umfaßt nach § 13 Abs. 2 auch jede angeblich neue Druckschrift, die sich sachlich als die erste darstellt. Endlich enthält § 14 Strafandrohungen gegen die Herausgabe verbotener Druckschriften und wendet die Vorschriften des § 12 auf die Beschlagnahme solcher Druckschriften an.

11. Zu dem neuen Gesetz zum Schutze der Republik sind ausführliche Ausführungsbestimmungen des Reiches, die in §§ 9 Abs. 4, 13 Abs. 1 für zulässig erklärt sind, ergangen, ferner solche, die von mehreren Ländern erlassen worden sind. Endlich sind in der VO. des Reichspräsidenten zur Bekämpfung politischer Ausschreitungen vom 28. III. 1931 (RGBl. I, 79) im § 12 Abs. 3 Hinweise auf das Republikschutzgesetz enthalten.

Schrifttum:

Kommentare zum n. G. von Cohn-Schäfer-Wichards und von Haentzschel-Schoenner, Lehmann, Das n. G. zum Schutze der Republik, JW. 1930, S. 1146 bis 1153.

Erich Weigert.

Revision im Strafprozeß.

(HdR. V, 118.)

Durch das G. vom 27. XII. 1926 (RGBl. I, 529) sind im bisherigen § 340 StPO. die Worte „an Stelle der Berufung stattfindet (§ 334) oder" gestrichen. Diese Bestimmung hat für die Revision folgende Bedeutung:

Nach § 313 StPO. in der Fassung des G. vom 22. XII. 1925 (RGBl. I, 475) kann ein Urteil des Amtsrichters nicht mit der Berufung angefochten werden, wenn es ausschließlich Übertretungen zum Gegenstande hat und der Angeklagte entweder freigesprochen oder ausschließlich zu Geldstrafe verurteilt worden ist. Gegen solche Urteile ist gemäß § 334 StPO. nur die Revision zulässig. Sie konnte aber bisher nur auf materielle Rechtsverletzung oder darauf gestützt werden, daß das Amtsgericht, wenn sein Urteil bereits einmal in der Revisionsinstanz aufgehoben war, bei seiner neuen Verhandlung und Entscheidung die rechtliche Beurteilung des Revisionsgerichts, die der Aufhebung des ersten Urteils zugrunde gelegt war, nicht beachtet hatte (§ 358 Abs. 1 StPO.). Nach der neuen Fassung sind diese Beschränkungen fortgefallen und es kann nunmehr die Revision, auch wenn sie sich gegen Urteile des Amtsrichters, die mit der Berufung nicht anfechtbar sind, richtet, außer auf materielle Rechtsverletzung, auch auf Verletzung von Verfahrensvorschriften allgemein gestützt werden. Für die Sprungrevision, die vom Beschwerdeführer auf Grund eigener Wahl statt der Berufung eingelegt wird, verbleibt es dagegen bei der bisherigen Vorschrift, wonach sie auf Verletzung einer Verfahrensvorschrift nur im Falle des § 358 StPO. gestützt werden kann.

Siegfr. Löwenstein.

Rezeß.

Der Ausdruck „Rezeß" kommt im Rechtsleben in verschiedenen Bedeutungen vor:

I. Im Staatsrecht:

a) Im alten „Heiligen Römischen Reich Teutscher Nation" verstand man unter einem Reichsabschied oder „Recessus imperii" die Gesamtheit der auf dem Reichstage gefaßten, von „Kaiser und Reich" ausgehenden Beschlüsse. Das hörte auf, als im Jahre 1663 der Reichstag ein ständiges Kollegium wurde. Der letzte sogenannte „jüngste Reichsabschied" — Recessus imperii novissimus — ist der von 1654 gewesen (vgl. Schröder-Künssberg, Deutsche Rechtsgeschichte, 6. Aufl., 1922, S. 908).

b) Die Regelung der Rechtsverhältnisse der in den Jahren 1803, 1806 und 1815 mediatisierten, bis dahin souveränen Reichsfürsten und Reichsgrafen — der Standesherrn — erfolgte in Preußen auf Grund des G. vom 10. VI. 1854 und der Kgl. VO. vom 12. XI. 1855 durch förmliche Verträge mit ihnen. Im ehemaligen Herzogtum Nassau wurden gleichfalls die Rechtsverhältnisse der Standesherren durch einzelne, nicht veröffentlichte Konventionen geregelt, desgleichen im ehemaligen Königreich Sachsen (Schönburg - Waldenburgsche „Rezeßherrschaften"). Auch diese Abmachungen werden als Rezesse bezeichnet. Über ihren Inhalt vgl. Art. Adel, HdR. I, 59ff.

c) Die Bundesgewalt der Hansa wurde von den Städtetagen, Versammlungen von abgeordneten Ratsmitgliedern der einzelnen Städte ausgeübt. Die Beschlüsse wurden in Rezessen niedergelegt (vgl. Schröder-Künssberg a. a. O. S. 706). In den Rezessen von 1591 und 1614 traf der Hansabund umfassende, bedeutungsvolle seerechtliche Bestimmungen, die sich z. T. bis zum Allgemeinen deutschen Handelsgesetzbuch in Geltung erhalten haben (Schröder-Künssberg a. a. O. S. 959).

II. Im Landesprivatrecht. Nach preußischem Landesrecht bedeutet Rezeß die Zusammenfassung des Ergebnisses der Auseinandersetzung im landwirtschaftlichen Regulierungs- und Umlegungsverfahren durch den Kulturamtsvorsteher. Maßgebend für den heutigen Rechtszustand in Preußen sind das G. über die Landeskulturbehörden vom 9. VI. 1919 (GS. 101) und das G. über die Umlegung von Grundstücken (Umlegungsordnung) vom 21. IX. 1920 (GS. 453), das einheitliches Recht für ganz Preußen schafft. Das ersterwähnte Gesetz regelt zwar die Organisation der Landeskulturbehörden fast erschöpfend, hinsichtlich des Verfahrens beschränkt es sich aber darauf, für die Behandlung der Auseinandersetzungsangelegenheiten nur einige wenige Vorschriften zu geben. In Abweichung vom früheren Recht liegt heute das landwirtschaftliche Auseinandersetzungsverfahren einschließlich der Erledigung von Streitigkeiten beim Kulturamtsvorsteher, er entscheidet durch Beschluß. Für dieses erstinstanzliche Verfahren läßt § 17 des G. vom 8. VI. 1919 das bisherige Recht im wesentlichen unverändert. Die Verfahrensvorschriften sind daher äußerst unübersichtlich. Die für das erstinstanzliche Verfahren geltenden Vorschriften sind in zahlreichen älteren Gesetzen und Verordnungen zerstreut. Die wichtigste Rechtsquelle ist die Kgl. VO. vom 20. VI. 1817 (GS. 161ff.).

Während bis zum Erlaß der Umlegungsordnung in Preußen das Auseinandersetzungs-Verkoppelungs-Konsolidationsverfahren stets eines Antrags der Beteiligten bedurfte, kann seit dem Inkrafttreten dieses Gesetzes in den weitaus wichtigsten Fällen, nämlich dann, wenn „davon eine erhebliche Verbesserung der Landeskultur zu erwarten ist" (§ 1 Uml.-Ordn.) zwecks Umlegung das Verfahren von Amts wegen eingeleitet werden. Gegenüber diesem Unterfall der landwirtschaftlichen Auseinandersetzung treten alle anderen Abarten heute an Bedeutung weit zurück. Zuständig für die Einleitung des Verfahrens — das sogenannte „Vorverfahren" (§§ 4—9 UmlOrdn.) ist der Präsident des Landeskulturamts. Er ernennt beim Vorliegen der obigen Voraussetzungen einen Kommissar, in der Regel den Vorsteher des Kulturamts, in dessen Bezirk die umzulegenden Grundstücke belegen sind. Das eingeleitete Verfahren ist in allen seinen Teilen von Amts wegen zu leiten und möglichst im Weg der Güte durchzuführen. Es gilt „Offizialmaxime". Unabhängig von den Beteiligten hat der Kulturamtsvorsteher alle erforderlichen Nachrichten, Schriftstücke und sonstigen Unterlagen von Amts wegen zu beschaffen. Im Umlegungsverfahren hat der Kommissar in einem mindestens vier Wochen vorher öffentlich bekanntzumachenden Ortstermin, von dem auch der Landrat und die Gemeindevorsteher in Kenntnis zu setzen sind, die Beteiligten über die Voraussetzungen der Umlegung und die Bildung des Umlegungsbezirkes zu hören (§ 5 UmlOrdn.). Die Einwendungen sind mit den Widersprechenden zu erörtern. Beträgt die nach Größe und Grundsteuerreinertrag zu berechnende Mehrheit der Widersprechenden drei Viertel, so muß in einem besonderen Termin über den Widerspruch verhandelt werden. Wird der Widerspruch aufrechterhalten, so ist das Umlegungsverfahren einzustellen. Nach Abschluß der (Vor-) Verhandlungen des Kommissars im Umlegungsverfahren entscheidet die Spruchkammer des Landeskulturamts über die Zulässigkeit des Verfahrens und Feststellung des Umlegungsbezirks. Gegen ihren Beschluß steht den Beteiligten binnen 4 Wochen die Beschwerde an das Oberlandeskulturamt zu (§§ 5—7 UmlOrdn.).

Sind die nötigen Unterlagen beschafft und ist im Umlegungsverfahren ein — rechtskräftig gewordener — Beschluß der Spruchkammer des Landeskulturamts ergangen, so schreitet der Kulturamtsvorsteher — Kommissar — zur Aufstellung des Auseinandersetzungsplanes. Dieser hat sich den örtlichen Verhältnissen anzupassen und soll auf die Wünsche der Beteiligten möglichst Rücksicht nehmen. Bei Umlegungssachen liegt seine Aufstellung großenteils in Händen des Sachlandmessers. Bei Streitigkeiten über die Planlage entscheidet der Kulturamtsvorsteher durch Beschluß. Vorher hat er — natürlich — notfalls durch Zeugenvernehmungen, Urkundenbeschaffungen von Amts wegen den Sach- und Streitstand nach allen Richtungen hin klarzustellen. In die Zuständigkeit der ordentlichen Gerichte — etwa bei Streitigkeiten über das Eigentumsrecht an den für die Umlegung bestimmten Grundstücken — darf er aber nicht eingreifen, er muß dann in einem mit Gründen versehenen Beschluß den Streit auf den ordentlichen Rechtsweg verweisen. An Weisungen seiner vorgesetzten Dienstbehörde (Präsidenten des Landeskulturamts) ist der Kulturamtsvorsteher bei Aufstellung des Auseinandersetzungsplanes nicht gebunden, er hat eine selbständige Stellung. In Umlegungssachen ist der Kulturamtsvorsteher bei Streitigkeiten über den Auseinandersetzungsplan, seiner Vorbereitung und Ausführung an die Mitwirkung der von den Beteiligten gewählten gemeinschaftlichen Vertreter gebunden.

Gegen den Beschluß des Kulturamtsvorstehers findet das Verwaltungsstreitverfahren nicht statt, vielmehr ist binnen 2 Wochen die Beschwerde an die Spruchkammer des Landeskulturamts und gegen deren Beschluß die weitere Beschwerde an das Oberlandeskulturamt zulässig.

Die Regel der VO. von 1817, daß die Ausführung des Auseinandersetzungsplanes erst nach der Rezeßbestätigung erfolgen solle, ist durch fortgesetzte ständige Praxis zur Ausnahme geworden. „Zur Ausführung der Auseinandersetzung gehört nicht allein die Übergabe der neuen Abfindungen, deren Grenzversteinung sowie die erstmalige Instandsetzung der gemeinschaftlichen Anlagen, Wege, Gräben usw., sondern auch die Berichtigung des Grundbuchs und überhaupt die Ordnung aller derjenigen Rechtsverhältnisse, welche zufolge der Auseinandersetzung nicht in ihrer seitherigen Lage verbleiben können" (Art. Auseinandersetzungsverfahren in Bitter: Hdw. d. Preuß. Verw. I, 118 unten, 3. Aufl.). Über die Ausführung der Auseinandersetzung und die Art der Abfindung der Beteiligten im Umlegungsverfahren vgl. §§ 10—22 UmlOrdn. Selbstverständlich wird die Abfindung grundsätzlich und ganz vorwiegend in Land bestehen. Doch kann auch eine Geldausgleichung nebenher gewährt werden, wenn die als Abfindung gewährten Grundstücke und Rechte den hingegebenen Grundstücken und Rechten nicht gleichwertig sind. Das Eigentum an den zur Abfindung gewährten Grundstücken geht nach den allgemeinen Vorschriften des BGB. über. § 19 S. 1 UmlOrdn. regelt nur den **Zeitpunkt** des Eigentumsübergangs, an den Voraussetzungen desselben ändert er nichts (vgl. Peltzer, G. über die Umlegung von Grundstücken Anm. 1 Abs. 1 zu § 19 S. 97 unten).

Nach Durchführung der Auseinandersetzung errichtet der Kulturamtsvorsteher den Rezeß (der also mit dem Auseinandersetzungsplan gar nichts zu tun hat). Er muß eine deutliche und bestimmte Beschreibung des Ergebnisses der Auseinandersetzung hinsichtlich des Hauptgegenstandes und aller Nebenpunkte enthalten und den demnächst auf der Feldmark geltenden neuen Zustand und die Rechtsverhältnisse der dem Verfahren unterworfen gewesenen Grundstücke erkennen lassen. Er enthält sowohl privates wie auch öffentliches Recht „und bildet in dieser Beziehung einen Teil der Ortsverfassung" (Bitter, a. a. O.). Alle Beteiligten haben diese öffentliche, konstitutive Urkunde vor dem Kulturamtsvorsteher zu vollziehen, d. h. zu unterschreiben und der Kulturamtsvorsteher hat ihn zu bestätigen. Der Theorie nach ausnahmsweise, praktisch jedoch in der Mehrzahl der Fälle, nämlich in allen Gemeinheitsteilungs-, Umlegungs- und Schulzendienstlandsachen liegt die Bestätigung des Rezesses dem Präsidenten des Landeskulturamts ob, desgleichen die Bestätigung über die Ablösung von Dienstbarkeiten (§ 16 II 6 des G. vom 9. VI. 1919). Der so vollzogene — bestätigte — Rezeß schließt das Verfahren — worauf die Beteiligten besonders aufmerksam zu machen sind — dergestalt ab, daß die zugezogenen Beteiligten nicht nur mit keinen Einwendungen wegen der in ihm bestimmten Gegenstände, sondern auch mit keinen Nachforderungen auf Rechte, die den Gegenstand des Verfahrens bildeten oder darin zu regeln waren, weiter gehört werden können (§ 170 VO. vom 20. VI. 1817). Auf Grundlage des bestätigten Rezesses ist das Grundbuch endgültig zu berichtigen (§ 197 VO. vom 20. VI. 1817, § 39 GrBO., Artt. 12 u. 13 AG. z. GrBO.). Der Rezeß hat die Wirkungen einer gerichtlich bestätigten Urkunde, aus der ohne weiteres die Zwangsvollstreckung auch gegen etwaige Besitznachfolger (AKO. vom 18. XII. 1841, Pr. GS. 1842, S. 17) und zwar durch den Kulturamtsvorsteher stattfindet (§ 205 VO. vom 20. VI. 1817). Eine Ausfertigung des Rezesses und der dazu gehörigen Karten übersendet der Kulturamtsvorsteher dem Landratsamt zur Aufbewahrung, auch jeder der Beteiligten erhält eine Ausfertigung.

Schrifttum:

Art. Auseinandersetzungsverfahren in Bitter: Hdw. d. Preuß. Verw. I, 110—123, 3. Aufl., 1928. — Holzapfel, Gesetz über Landeskulturbehörden, Berlin 1919. — Peltzer, Gesetz über Landeskulturbehörden, 1923. — Derselbe, Gesetz über die Umlegung von Grundstücken, Berlin 1921.

Rudolf Bovensiepen.

Russisches Recht.

A. Das Recht Sowjetrußlands.

1. Staats- und Verwaltungsrecht. a) Seit 1927 ist eine Reihe organisatorischer Umformungen in der Union und den sie bildenden Republiken vorgenommen worden. Was den formalen Aufbau der Union, als solchen, betrifft, so ist seit 1929 aus der vorherigen „autonomen" eine „selbständige" Tadjickrepublik entstanden. Die Aufnahme dieser neuen selbständigen Republik in die Union erfolgte am 5. XII. 1929. Reformen im Bereiche der Unionsvolkskommissariate fanden in der Richtung statt, daß zunächst ein neues Unionsvolkskommissariat für Landwirtschaft im Dezember 1929 gebildet wurde. Ferner zerfiel das Handelskommissariat in zwei Volkskommissariate: Das Volkskommissariat für Versorgung und das Volkskommissariat für Außenhandel (22. XI. 1930). Am 11. XII. 1930 wurde dementsprechend das Volkskommissariat für Handel der RSFSR ebenfalls in das Volkskommissariat für Versorgung umgenannt. Am 30. 1. 1931 ist ein neues Unionsvolkskommissariat für Wassertransport geschaffen worden. Die Zentrale Statistische Verwaltung, deren Leiter zum Rate der Volkskommissare der Union gehörte, wurde am 23. I. 1930 aufgehoben und durch ein dem „Staatsplan" unterstelltes Statistisches Amt ersetzt. Gleichzeitig wurde der Vorsitzende des Staatsplanes in den Rat der Volkskommissare der Union aufgenommen. Durch Unionsbeschluß vom 15. XII. 1930 wurden die Volkskommissariate für Inneres bei den Unionsrepubliken abgeschafft (ein Unionsvolkskommissariat für Inneres besteht, wie bekannt, ebenfalls nicht). Ihre bisherigen Funktionen wurden vom 1. I. 1931 ab verteilt zwischen den bei den Räten der Volkskommissare der Republiken neugeschaffenen Hauptverwaltungen für kommunale Wirtschaft, den Präsidien der Zentralexekutivausschüsse der Republiken, den Volkskommissariaten für Arbeit und den neu bei den Räten der Volkskommissare der Republiken organisierten Verwaltungen der Miliz und der Kriminaluntersuchung. Die wichtigeren Polizeifunktionen sind nach wie vor der GPU, die bei der Union zentralisiert verbleibt, vorbehalten. Am 24. XII. 1930 wurde ein neues ständiges Staatsorgan der Union, welches ebenso wie die bisherigen Arbeits- und Schutzrat und der Staatsplan als Kommission beim Rat der Volkskommissare der Union bezeichnet wird, unter dem Namen der „Ausführungskommission" gebildet. Als ihre Grundfunktion wird „die Kontrolle über die tatsächliche Ausführung der Regierungsdirektiven und die Festigung der Disziplin in allen staatlichen, insbesondere in den wirtschaftlichen Organisationen von oben bis unten" angegeben. Zu dieser Regierungsstelle wurden außer dem Vorsitzenden des Rates der Volkskommissare der Union und den Volkskommissaren der Arbeiter- und Bauerninspektion auch noch Vertreter der kommunistischen Partei als solchen, des Zentralorgans der Gewerkschaften und des Verbandes der landwirtschaftlichen Kollektive berufen. Nach denselben Grundsätzen wurde auch eine entsprechende Ausführungskommission in der RSFSR am 20. I. 1931 gebildet. Der Unionsbeschluß vom 13. II. 1931 bestimmte, daß nach dem Muster der Ausführungskommission der Union auch die anderen selbständigen und autonomen Republiken Ausführungskommissionen zu organisieren haben. Dementsprechend kam die Verordnung der RSFSR vom 20. II. 1931, die die Bildung von Ausführungskommissionen in den autonomen Republiken und Gebieten der RSFSR vorschrieb. Zur weiteren engeren Verbindung der Unionsrepubliken unter sich wurde durch Unionsbeschluß vom 4. II. 1931 verordnet, daß an den Sitzungen des Rates der Volkskommissare der Union, des Arbeits- und Schutzrates und der Ausführungskommission der Union die von den Räten der Volkskommissare der Unionsrepubliken bestimmten und vom Rat der Volkskommissare der Union bestätigten Vertreter mit beratender Stimme teilzunehmen haben. Bei alledem ist noch die charakteristische Tatsache zu verzeichnen, daß in den letzten Jahren das Zentralkomitee der Kommunistischen Partei oft unmittelbar in die Gesetzgebung eingreift und im eigenen Namen Bestimmungen mit Gesetzeskraft erläßt.

Am 15. V. 1929 wurden die Ukrainische und am 18. V. 1929 die Verfassung der RSFSR teilweise geändert. Von grundsätzlicher Bedeutung ist die erfolgte Aufhebung der bisherigen Bestimmungen über die freie religiöse Propaganda zu erwähnen. Weitere vorwiegend formale Änderungen der Verfassung der RSFSR erfolgten am 4. III. 1931.

b) Eine Reform der verwaltungsmäßigen Einteilung der gesamten Union, als Rayonierung bezeichnet, begann noch im Jahre 1922, zunächst in der Ukrainischen Republik und bald daraufhin in der RSFSR. Die neugeschaffenen Gebiete (in der Ukraine wurde die Einteilung nach Gebieten nicht durchgeführt) umfaßten in den meisten Fällen einige frühere Gouvernements, während in die neuen Bezirke einige frühere Kreise und in die Rayons einige Gemeinden eingegliedert wurden. Dadurch wurden die Verwaltungseinheiten bedeutend größer. Die Durchführung der Rayonierung wurde im Jahre 1929 beendet. Nach kurzer Zeit wurde laut Unionsbeschluß vom 23. VII. 1930 zum 1. X. 1930 eine weitere Verwaltungsreform angeordnet, durch die die Bezirke aufgehoben wurden und das bisherige noch aus der vorrevolutionären Zeit übernommene fünfstufige Verwaltungssystem in ein vierstufiges umgeändert wurde. Die dieser Reform entsprechenden Änderungen der Wahlbezirke wurden durch Unionsbeschluß vom 28. IX. 1930 vorgenommen. Neue grundsätzliche Bestimmungen der Union über die Rayonsrätekongresse und ihre Exekutivausschüsse, auf die ein Teil der früheren Funktionen der Bezirke übergingen, sind am 13. X. 1930 gegeben worden. Eine entsprechende Bestimmung über die Rayons wurde auch in der RSFSR am 1. I. 1931 erlassen.

Aus dem Bereiche des örtlichen Verwaltungsrechts sind die „Grundsätze der Union über die städtischen Räte“ vom 2. II. 1928 und die später erlassenen „Grundsätze der Union bei der Organisierung der Dorfräte“ vom 3. II. 1930 anzuführen. Diese letzteren waren zum Zweck der Koordinierung der Organisation der Dorfräte mit der aktiven Kollektivierung der Bauernwirtschaften erlassen. Als eine Form zur Bekämpfung der „Kulaken“ (wohlhabendere Bauern) wird von den Dorfräten die Organisierung von „Gruppen der armen Bauern“ vorgeschrieben. Diese „Gruppen“ werden als Hauptstützen der Dorfräte bei der Durchführung ihrer Maßnahmen bezeichnet. Die Dorfräte sollen mindestens dreimal jährlich eine Rechenschaft über ihre Tätigkeit ihren Wählern abgeben. Außerdem sollen Generalversammlungen der Landbewohner, unter Ausschluß der Wahlunberechtigten, d. h. der Kulaken, regulär einberufen werden. Zur Lösung wichtigerer Fragen haben die Dorfräte erweiterte Plena der Dorfräte unter Hinzuziehung der proletarischen und mittleren bäuerlichen Elemente, vorwiegend aus den Mitgliedern der Kollektivwirtschaften einzuberufen. Entsprechende Bestimmungen über die Dorfräte der RSFSR wurden am 1. I. 1931 aufgenommen.

c) Unter Hinweis auf die Notwendigkeit, der ländlichen Bevölkerung die Möglichkeit zu geben, ihre Kultur- und Wirtschaftsbedürfnisse zu befriedigen, wurde durch die Unionsbestimmungen vom 24. VIII. 1927 und die Novellen aus den Jahren 1928 und 1929 die sogenannte „Selbstbesteuerung“ eingeführt. Ein weiteres diesbezügliches UnionsG. wurde am 16. VIII. 1930 erlassen (vom 1. X. 1930 ab in Kraft gesetzt), dem ein entsprechendes Gesetz der RSFSR vom 6. IX. 1930 folgte. Die Selbstbesteuerung soll in der Weise durchgeführt werden, daß sie entsprechend den allgemeinen Grundsätzen, d. h. unter Ausschluß der Kulaken, durch die Dorfversammlungen aufzunehmen ist. Die Kulaken aber haben natürlich die durch die wahlberechtigten Dorfbewohner für das Dorf aufgenommene Selbstbesteuerung mitzutragen und ihrem Wohlstande entsprechende Beiträge zu entrichten. Diese Selbstbesteuerungslasten beziehen sich nur auf die bäuerlichen Einzelwirtschaften, indem die Mitglieder der Kollektivwirtschaften davon befreit sind.

Die Gesetze über die Selbstbesteuerung stellen den gesetzgebenden Organen der Unionsrepubliken anheim, eine entsprechende Selbstbesteuerung auch auf die städtische Bevölkerung zu erstrecken.

d) Dem Wahlrecht sind neue Instruktionen der Union vom 3. X. 1930 und der RSFSR vom 20. X. 1930 gewidmet. Sie enthalten u. a. Änderungen in den Kennzeichen von Personen, denen das Wahlrecht entzogen ist. Diese Bestimmungen wiederholen zum größten Teil die Merkmale der Kulaken, die in anderen Gesetzen der letzten Jahre schon gegeben waren (s. unter Agrarrecht). Die Führung von ständigen Listen der zu den Wahlen nicht zuzulassenden Personen wird den Dorf- bzw. den Stadtsowjets auferlegt. Personen, denen das Wahlrecht entzogen ist, weil sie „zur Klasse der Ausbeuter gehörten“ oder weil sie im früheren Subalterndienst der Polizei, der Gefängnisverwaltung oder der Gendarmerie standen, können das Wahlrecht erhalten, wenn sie nicht unter 5 Jahren „mit produktiver und öffentlich-nützlicher Arbeit“ sich befaßten und „ihre Loyalität der Sowjetmacht gegenüber bewiesen haben.“ Einzelne weitere Erläuterungen der neuen Instruktionen wurden seitens des Präsidiums des Zentralexekutivausschusses der Union im Dezember 1930 gegeben.

e) An Stelle des bisherigen StaatsangehörigkeitsG. vom 29. X. 1924 ist ein neues G. vom 13. VI. 1930 in Kraft getreten. Außer der allgemeinen Unionsstaatsangehörigkeit besitzt jeder Sowjetstaatsangehörige (mit Ausnahme von Ausländern, die außerhalb der Sowjetstaatsgrenzen die Sowjetstaatsangehörigkeit erwerben) die Staatsangehörigkeit derjenigen Unionsrepublik, in der er seinen Wohnsitz hat. Ausnahmen sind zulässig in Fällen, in denen der Betreffende sich ausdrücklich zum Angehörigen einer anderen Unionsrepublik erklärt. Wie auch nach dem Gesetz 1924 behält jeder der Ehegatten bei Schließung der Ehe weiterhin seine frühere

Staatsangehörigkeit. Das neue Gesetz gibt ein vereinfachtes Verfahren für den Erwerb und Verlust der Staatsangehörigkeit bei Eheschließung mit einem anderen Staatsangehörigen an. Auch die Frage der Staatsangehörigkeit der Kinder bei Ehen zwischen In- und Ausländern wird im Staatsangehörigkeitsgesetz reguliert. Die Entziehung der Sowjetstaatsangehörigkeit kann nur auf Grund eines Beschlusses des Zentralexekutivausschusses der Union erfolgen.

f) Im Bereiche des Vereinsrechts trat an Stelle des diesbezüglichen Gesetzes vom Jahre 1922 zunächst das Gesetz der RSFSR „über Vereine und Verbände, die keinen wirtschaftlichen Zweck verfolgen“ vom 6. II. 1928 in Kraft. Das letztere ist aber wieder durch das spätere Gesetz der RSFSR vom 30. VIII. 1930 über „die freiwilligen Vereine und Verbände“ ersetzt worden. Solche Vereine und Verbände haben „ihre Tätigkeit in Übereinstimmung mit dem allgemeinen Staatsplan der Volkswirtschaft und des sozialen und kulturellen Aufbaus zu richten“ und sind der „Kontrolle der Massen“ in Form von Rechenschaftsberichten „in breiten Versammlungen von Arbeitern, Bauern und Mitgliedern von Kollektivwirtschaften“, insbesondere von Revisionen über ihre Tätigkeit seitens der „Arbeiterbrigaden“ unterstellt. An erster Stelle sollen sie aber durch diejenigen Organe, die ihre Statuten prüfen und bestätigen, beaufsichtigt werden. Für religiöse Vereinigungen wurde in der RSFSR ein neues spezielles G. vom 8. IV. 1929 erlassen (auch eine Instruktion des Volkskommissariates für Inneres vom 1. X. 1929). Religiöse Vereinigungen dürfen ebenfalls nur nach ihrer Registrierung funktionieren, wobei Verträge, durch die der Staat solchen Vereinigungen Gebäude und Kultusgegenstände zum Gebrauch überläßt, auf Grund eines Beschlusses des Zentralexekutivausschusses des Gebietes oder der autonomen Republik ohne weiteres aufgehoben werden können.

g) Durch Dekret vom 10. XI. 1917 sind die früheren Orden und Titel für aufgehoben erklärt worden. An Stelle der alten Orden und Titel kamen bald darauf Orden und Titel der Neuzeit. Es wurde der Titel „Held der Arbeit“ mit eigenen Statuten vom 27. VII. 1927 geschaffen. Dieser Titel, der für Verdienste in der Produktion, in der Wissenschaft und im Staats- und Militärdienst zu verleihen ist, gewährt besondere Vorrechte im Bereiche der Steuern, Pensionen usw. Es wurden gleichfalls neue Orden eingeführt, und zwar zunächst die Orden „Das rote Banner“ und „Das rote Arbeiterbanner“. Am 30. IV. 1930 ist das „Allgemeine Gesetz über die Orden der UdSSR“ bestätigt worden. Das neue Gesetz gibt außer den erwähnten vorhandenen Orden auch noch neue an und zwar den „Leninorden“ und den „Roten Stern“. Eine Reihe von Vorrechten wird aufgestellt, die die Träger solcher Orden zu genießen haben. Sie erhalten u. a. festgesetzte monatliche Auszahlungen für jeden Orden, den sie besitzen, sie werden früher, als es sonst vom Gesetze vorgesehen ist, pensionsberechtigt, haben weitgehende Steuererleichterungen usw. Unter anderen Vorteilen wird auch das Recht der unentgeltlichen Benutzung der Trambahnen in allen Städten der Sowjetunion angeführt. Eine Reihe der mit den Orden verbundenen Rechte geht nach dem Tode ihrer Inhaber auf ihre Frauen und minderjährigen Kinder über. Durch die Bestimmung der RSFSR vom 20. III. 1931 sind weitere Privilegien den Trägern des „Roten Arbeiterbanners“ gewährt worden.

Zu erwähnen wäre noch die „Ehrenkriegswaffe“, die nicht nur im Militärdienst, sondern auch im Verwaltungsdienst verteilt wird, und die „Revolutionäre Ehrenwaffe“ mit dem aufgeprägten Orden „Rotes Banner“, der schon durch Unionsbeschluß vom 12. XII. 1924 die Bedeutung einer außergewöhnlichen Belohnung beigegeben wurde.

2. Agrarrecht. Der Anfang eines neuen Umschwunges in der Agrarpolitik der Sowjetregierung fand äußerlich seinen formalen Ausdruck in den Direktiven des Zentralkomitees der Kommunistischen Partei vom 20. X. 1927, durch die der Beginn einer aktiveren Kollektivierung der Bauernwirtschaften und die Verhinderung des Anwachsens des Kulakentums proklamiert wurde. Durch Unionsbeschluß vom 18. VII. 1928 sind zunächst die zulässigen Landpachtfristen bis auf höchstens 6 Jahre herabgesetzt worden. Auch ist ein neues Strafgesetz vom 26. III. 1928 zur Bekämpfung von Verletzungen des Gesetzes über die Nationalisierung des Bodens aufgenommen worden. (Vor der Veröffentlichung dieses Gesetzes waren solche Handlungen durch die Entscheidung des Plenums des Obersten Gerichtes der RSFSR vom 24. XI. 1924 zu einem strafbaren Delikt erklärt worden.) Dem folgten „die Unionsgrundsätze der Landeinrichtung und Landnutzung“ vom 15. XII. 1928 unter Wiederholung des größeren Teiles der schon bekannten wichtigeren Sowjetprinzipien über die Landnutzung. Diese „Grundsätze“ führen auch einige neue Regeln im Zusammenhang mit dem neueingesetzten agrarpolitischen Kurs ein. Besonders werden hervorgehoben verschiedene wirtschaftliche Vorrechte der landwirtschaftlichen Kollektive und des ärmeren Teiles der Landbevölkerung im

Lippert & Co. G.m.b.H., Naumburg (Saale)

FSC
www.fsc.org
MIX
Papier | Fördert gute Waldnutzung
FSC® C083411

Kolibri 360 GmbH
Ferdinand-Jühlke-Straße 7
99095 Erfurt, Deutschland
produktsicherheit@kolibri360.de